U0488532

单身社会

Happy Singlehood

[以] 伊利亚金·奇斯列夫——著

林怡婷 陈依萍 罗椀龄——译

中信出版集团 | 北京

图书在版编目（CIP）数据

单身社会 / (以) 伊利亚金·奇斯列夫著；林怡婷，陈依萍，罗椀龄译. -- 北京：中信出版社，2021.3

书名原文：Happy Singlehood：The Rising Acceptance and Celebration of Solo Living

ISBN 978-7-5217-2838-5

Ⅰ.①单… Ⅱ.①伊… ②林… ③陈… ④罗… Ⅲ.①单身－研究 Ⅳ.①C913.13

中国版本图书馆CIP数据核字(2021)第034077号

Copyright © 2019 Elyakim Kislev
Published by arrangement with University of California Press
Simplified Chinese translation copyright © 2021 by CITIC Press Corporation
ALL RIGHTS RESERVED
本书仅限中国大陆地区发行销售
本书中文译稿由台湾城邦文化事业股份有限公司商周出版事业部授权使用

单身社会

著　　者：[以] 伊利亚金·奇斯列夫
译　　者：林怡婷　陈依萍　罗椀龄
出版发行：中信出版集团股份有限公司
（北京市朝阳区惠新东街甲4号富盛大厦2座　邮编　100029）
承 印 者：天津市仁浩印刷有限公司

开　　本：880mm × 1230mm　1/32　　印　　张：8　　字　　数：170千字
版　　次：2021年3月第1版　　印　　次：2021年3月第1次印刷
京权图字：01-2018-7852
书　　号：ISBN 978-7-5217-2838-5
定　　价：48.00元

版权所有・侵权必究
如有印刷、装订问题，本公司负责调换。
服务热线：400-600-8099
投稿邮箱：author@citicpub.com

我们的责任是，让孩子们成长在一个能够包容他们婚姻状况的社会。

社会已经进步了这么多，能够接受多元族群。我们就只差这一步，而我们也一定能够再多跨出这一步。

目录

前　言

在我还小的时候，某个周五晚上，气氛仍很保守的耶路撒冷城里响起了公共警报声（通报袭击事件也是用这个铃声），持续两分钟的响声，告知整座城市安息日来临了。我们全家早已预备好，餐桌也已精心布置，母亲准备了周五晚上的美味大餐，整个房间弥漫着浓郁香气。我们都换上了干净的白领衫，母亲点燃五支蜡烛，她和父亲各一支，其他三支给我们兄弟三个。我踮起脚尖，望向窗外，看见小区灯火点点。家家户户似乎都住着美满的一家人，在干净的房间中享用美食。男男女女、大人小孩都准备好共度今夜和第二天的时光，没有人在用手机、看电视，而是享受纯粹的家庭时间。

我和父亲步行到犹太会堂，每户人家在那里都有自己的预订位置。人人看起来都很满足，甚至有种庄严圣洁的气息，不过我总会看见角落有一名男子，和他的独生儿子站在一起。这个人是30多岁的单身男士，妻子已经过世多年。大家都认识他们的儿子，也都知道这位男士单身。我每次看见他们，都很想知道他们心中有什么感受，以及如何度过夜晚。他们看起来从没快乐过，至少在我眼里是这样。

如今 20 年过去了，我去探望父母并和父亲回到小时候的颂祷位置时，还是会看见这对父子。那位父亲现在已经驼背了，还是和儿子同住，他们父子俩都单身，而且孤僻，从不主动与他人亲近。

我长大后迁居到纽约攻读博士学位，发现了全然不同的新世界。这里有许多单身人士，就像电视剧《大胆而美丽》（*The Bold and the Beautiful*）的剧中人物。纽约步调迅速，竞争激烈，生活节奏快到难以想象；每个人都忙完一件事紧接着做下一件事，一场艳遇结束又投入下一个人的怀抱。大家都在充分享受五光十色的“大都会生活”，他们可不需要为了融入社会而结婚。其实，在曼哈顿遇到有家室的人还比较少见呢。假如听到有人说：“嘿，朋友们，我要结婚了！”大家都心知肚明他的意思就是“我玩够了，再会”。

现在回想起来，我才发现自己过去对结婚和单身世界的区分太过天真。小时候，镇上邻居的感情都很深厚，我知道并不是每个人都过着幸福快乐的日子，有些人经历婚变，像我自己的两个兄弟都离了婚，也有些人在不幸的痛苦婚姻中继续煎熬。仔细想想，我认为后者的处境更难受。我常想到那位年迈的男子以及他的未婚儿子，他们活在自己的世界里，我应该要同情他们吗？我是否被根深蒂固的婚姻家庭观念影响太深？

我也常想起纽约客，他们一场接着一场地约会，迅速开始一段感情，又马上想要从中脱身，因为觉得待在二人世界里就快要窒息了，必须赶紧呼吸自由的空气。我自己到现在也还没有结婚，和那部剧中人相比，我既不大胆也不美丽。我们每天茫然奔走，没有明确目标，就像是隧道中的老鼠，流离失所，心惊胆战。

显然，始终保持单身是我们最难坦然接受的事。我们能认同多元性别，欢迎不同族裔，也包容多样的政治立场，但身处社会，单身人士，尤其是年纪大的单身人士，还是有"要尽快找对象否则就会遭人指指点点"的观念。譬如，一项研究找来 1000 名大学生，让他们列出与已婚和单身人士相关联的特征，结果显示，大家认为已婚的人成熟、幸福、快乐、和善、诚实、慈爱、温暖；相反地，单身人士给人的感觉是不成熟、缺乏安全感、以自我为中心、不快乐、孤单，甚至丑陋。

这些刻板印象不仅伤害单身人士，也对已婚夫妇有所危害。单身人士，不论是离婚、丧偶或是从未嫁娶，明显会受到严重的打击，但这不表示已婚人士就更快乐。这样的刻板印象，往往逼迫人尽快结婚，但其实他们未必已准备好与对方共度一生，也许对于对方是不是对的人仍心存怀疑。已婚人士可能结了婚才发现当时的决定是错的或太过仓促，于是他们只能选择离婚。接着，离婚的人当中七到八成会再婚，而他们面临再次离婚的可能性更大。

本书研究了现代人单身现象的多个方面，分析接受甚至享受单身的案例。社会对单身人士的负面印象已深入人心，单身人士往往会自责没有结婚。我在为本书进行访谈的过程中时不时听到有人说："我不知道自己到底有什么毛病。"如我之后会详细解释的，选择把负面刻板印象内化，还是选择不在意这些看法，是决定单身人士快乐与否的关键。

也有些婚姻草率而且不美满，婚姻双方不是迫于社会舆论的压力才结婚，而是因为难以忍受的孤独感。其实，研究显示，已婚人士就算有了伴侣，大部分还是和单身的人一样孤单。许多人没有正视孤独感的根本原因，成家后才发现孤独是一个独立的问题。正如研究人员一再主张的，治愈孤独主要靠自己。

虽然社会和心理因素都在催促人结婚，但现实在迅速地发生变化。如今，许多国家的未婚人口都呈快速增长的趋势。根据预测，美国四分之一的新生儿未来将终身不结婚。中国的官方统计数字显示，单人家庭的比例在 1990 年仅占 4.9%，但 2010 年时已攀升至 14.5%。欧洲几个大城市的单人家庭比例已经超过半数，而瑞典、挪威、丹麦和德国等国的家庭形态中，约莫四成是单人家庭。成年人晚婚、离婚更为盛行，而在大众眼里，婚姻的重要性也不如从前。即使饱受偏见和反对，全球各地的单身现象仍呈日益增长的趋势。

说到这方面的问题，已婚人士也不好过。当然有些人和另一半过着幸福快乐的日子，但也有一些人则是羡慕自由自在的单身人士，想要逃离爱情的坟墓。我的研究结果显示，不快乐的单身人士和不快乐的已婚人士，这两个族群都不快乐且深陷悲惨情境，一边是因为没结婚而被羞辱，一边是暗自羡慕单身生活的洒脱。

我们常做出一些自己也没完全察觉的行为，心里想的和实际行动有差异。我们明明渴望成双成对，最终却是以单身方式生活。我们还没能够辨清出于自身真正的感受和迫于社会压力之间的差异。

这个矛盾是因为还是有不少人不敢接受单身。他们惧怕单身，看不到这种生活形态的好处。本书将着重讲述接受和享受一人生活背后的心理动机。

单身人士如何克服对孤独终老的恐惧？单身人士如何面对歧视？相较于有伴侣的人，社交活动对单身人士的幸福感有何影响？后物质时代的价值观，如何帮助单身人士拥抱生活？在提升生活满意度方面，自愿单身人士、因故单身人士、离婚人士、丧偶人士、同居伴侣以及已婚人士等有何不同？最后，面对单身人士数量增长，政策制定者要如何应变以保证他们的福利？

这些问题对单身相关的学术研究而言相当新颖，因为先前学术界往往避而不谈这些问题，只是单纯估算和观察单身现象，以及讨论结婚率及出生率下滑、离婚率增加的现象。与此同时，大众媒体和心理健康产业主要只讨论了如何排解孤独感，但未以完整的研究为佐证。因此，本书将现有的文献延展到提出叙述性的问题之外，探讨单身人士在面临社会歧视时，如何于日常生活中获得幸福。

本书还针对日益增加的单身人口，分析了他们的特定需求，并列出提议，包含创新的起居安排、社群和社会互动，从而为幸福单身铺设道路。因此，欢迎读者从最感兴趣的章节开始读。

或许不久之后，社会将更加重视影响单身人士幸福与安全感的问题，并开始着手寻求满足这个族群需求的方法。

因此，我写作本书，呼吁社会多关注单身人士的数量增长、他们所遭遇的阻碍。他们独特的需求、生活形态和起居安排都应得到更多关注。我希望这本书能尽到绵薄之力，来帮助被单身或选择单身的人。

本书采用的研究方法

本书所述的发现及观点，是对现存文献的仔细评估，以及进行新的定量及定性调查后的结果。在定量方面，我使用了先进的统计模型，分析来自 30 多个国家、具有代表性的大型数据库，让我能够以确切的实证数据来回答单身也可以幸福的问题（关于“幸福”一词的讨论请见后述）。我使用整合式数据库的多重模型，这些数据库取自多个调查过数十万名对象的研究，包含欧洲社会调查（European Social Survey，ESS）、美国小区调查（American Community Survey，ACS）、美国人口普查局、世界银行、联合国，以及经济合作与发展组织（OECD）。这项统计调查如实呈现单身人士的当前趋势，并以分布图、统计图表和示例的形式，深入浅出地供研究人员及一般读者参考。

在定性资料方面，我在美国及数个欧洲国家访谈了 142 名单身人士。为此，我请来优秀的研究团队。我们一起访问不同地区的人，包含男性和女性、年轻人和老年人、同性恋和异性恋、城市居民和小镇居民，这些人社会经济地位各异，族裔背景也很多元。受访者的平均年龄是 43.9 岁，其中年纪最大的是 78 岁，年纪最小的是 30 岁（以 30 岁为下限的原因请见后述）。此外，其中女性受访者占总数 56%，而受访对象自我报告的收入水平为 4.7 分（满分为 10 分，最低分为 1 分）。当然，本书中访谈者的称呼都经过匿名处理；访谈口述内容有录音记录，与研究问题有关的核心主题以系统化的方式标示和分类。访谈被设计得尽可能公正，经过谨慎处理以确保提问用语传达出的情绪中立，且在涉及单身动机及对单身状态的感受好坏时，避免问题中隐含既定立场。

在访谈之余，我还以系统化方式分析了涉及单身议题的数据，涵盖 400 多篇博客文章、300 多份报纸杂志文章，以及数千条评论和脸书帖文。研究使用滚雪球抽样方法来辨别单身人士博客及文章。之所以此情境适用这种取样策略，是因为母群体数未知而无法使用真实随机取样法，只能搜集有特定特征的样本（如单身人士相关博客）。

研究中，我们尽可能参阅作者的个人档案来判断他们自称的年龄、性别和所在地区是否有误。多数发文者的特征容易辨别，但也有些信息必须要细究多个博客或多篇文章内容才可取得。接着我们会分析主题内容以辨别单身人士所谈论的议题。我请两位经过训练、熟悉编码簿的助手将内容独立编码，让我能审视其可靠度。在后续阶段，除此分析和学术文献分析外，我还以有关单身人士的报纸杂志内容做补充参照，让本书获得当代最新信息的佐证。所有定性数据的编码系统采用的是类似扎根理论的由下至上归纳法。

本书采用的定义

为便于此研究讨论，我把单身人士定义为离婚、丧偶或从未结过婚的人，并通篇将这三类单身人士分开讨论。从人口特征的角度来说，只从数据库中选取 30 岁以上的人，访谈、博客和其他发表文章的分析也是如此。选定 30 岁作为分界点，是因为 30 岁以上超过平均初婚年龄，这些单身人士已经历过一般人所认定的社会压力，因此面临不结婚的后果。相较之下，年纪较轻者可能还在适应状态，而完全不用考虑婚姻问题。

此外，我将正与情人同居的人独立成一个类别，这类人群约占总人口的十分之一。所以，本书将同居视为中立类别，而不算在单身人士之内。一方面，现在同居在社会和法律身份上都较接近婚姻，在许多地区，比如美国、澳大利亚、加拿大和多个欧洲国家，普通婚姻法都提供同居人士类似正式婚姻法的权利保障；另一方面，同居又和单身很相似，因为多多少少也反映了大众对婚姻体制感到无奈和幻灭。恐惧婚姻承诺和规避离婚风险让越来越多的伴侣选择长期共同居住而不结婚。再者，某些地区同居会直接影响到单身人口的占比。同居关系较婚姻关系更不稳定且短暂，最后更可能会分开，且这点无关伴侣的年龄、收入或子女数目。因此，他们开始同居前，以及结束同居生活后，会长时间处于单身状态。读者应了解此类状况的复杂性，而我在分析时也会尽可能将同居人士和单身人士分开来谈。

其他要特别提到的是，虽然各类单身人士面临许多共同的困境，但他们在更细微的社会和家庭情境差异下，受到的影响也有所不同。譬如，有无子女就是一大关注要点。例如，有能就近提供协助的子女或孙辈的单身人士，现状就不同于无子嗣的单身人士。因此，在所有的统计分析中，我用一个特殊变量来代表有子女的单身人士。而且，我也把曾经同居过和从未与他人共住的单身人士区别开来。比起分析统计数据，通过访谈分辨这些差别会容易许多，因为受访者通常愿意详细描述婚姻状态，我将在相关处陈述这些信息。

当然，一定还有其他要谨慎处理的子群体，比如，有正式交往对象但独自居住的单身人士。本书在某些统计分析的估算中，要辨别这些群体和非单一对象的单身人士，实非易事。有鉴于此，此处所用的定性数据相当重要，因为可以分辨这些子群体，从而补充我们对单身人士的认识。

还需要注意的是，单身、未婚和独居者之间虽然有许多重叠处，但仍有些许差别。单身研究的不同分支，会视研究需求和可取得资料的性质来决定如何下定义。举例来说，许多大型人口特征数据群里头，看重的是单人家庭。单人家庭的成员通常是单身，但并非全都是。尤其印度等国家国内迁居比例很高，家中的一个成员（通常是丈夫）会因工作缘故而永久或半永久居住在另一处，同时尽量寄钱回家里。因此，使用单人家庭数据时，我会尽可能明确说明。

所谓“快乐 / 幸福感”，是一种主观感受，也是贯彻本书的核心概念，所以要在此简明讨论并加以定义。我将此词视为个人认定自身生活顺心如意的程度。各种文化和哲学家对“快乐”一词赋予了伦理美德、社会奉献，甚至是超脱尘世的意义，相较之下，这里的定义颇为单薄，但我选择使用这个简化的说法。众多研究表明这是个取得广泛共识且整合各种文化解读的定义。譬如，有项研究比较了 30 个国家在 150 年里各辞典如何定义“快乐”，可以说兼顾了文化差异和时间沿革。结果发现，定义中最广获认同的层面是“感到幸运，顺心如意”。

不过，无可否认的是，对快乐的理解见仁见智，没人说得准受调查者回答“你感到多快乐？”的量表问题时，他的答案背后代表什么。来自不同文化或年龄层的受试对象对“快乐”所认定的意义也可能有所不同。譬如，研究显示年轻人将其关联到“欣喜”，而年纪较大的人将其关联到“祥和”。

为了应对这些难处，本书纳入大型样本，横跨各年龄和地区，考虑社会、文化和个人差异，以及各国的平均快乐程度。大型数据库的好处在于特异值通常会自己打平，如此一来，分析受调查者的回复仍可行。因此，虽然仍有不尽完美处，但本研究判定，大体而言欧洲社会调查的提问能派上用场，因为这项研究不仅在统计上坚实有力，且同时使用多重分析来顾及各文化的差异，因而可根据各文化提出整体结论。在我对单身主题的多篇研究文章里头，以详细且严谨的方式深入探讨了这些考虑，有兴趣的人可以找到更多与本书呈现的研究结果相关的信息。

近年来积极心理学兴起，此学科意图一改传统方法，关注如何增进个人与整体人口的幸福感。因此，我力荐读者把本书提出的定义作为实际可用且有益的分析工具，好好判断这些研究发现是否能获得你的认同。

第一章　我们为什么不再憧憬婚姻？

婚姻制度历经深远的改变。家庭身为社会的基本单位，其地位不容挑战，因此新家庭的起始点——婚姻，更是焦点所在。

在一年当中某个特别的日子，你会看到一群单身男子穿着内衣（甚至一丝不挂）跳进河里，而大城市的单身女性穿着婚纱跑上街。在中国有单身的节日，人们在这一天以购物、庆祝活动、与朋友相聚来欢庆单身。这个节日源自 1993 年，南京各大学的单身人士会在这一天和单身朋友狂欢，后来逐渐演变为世界最大的在线购物活动，也成为现代中国社会的文化标记。这个节日是每年的 11 月 11 日，之所以选在这一天，是因为数字“1”代表着单身。这个单身节庆在中国被叫作“光棍节”，因为其日期形似孤零零的树枝或棍子，“光棍”在中文里是单身人士的代称。这些年来，光棍节已演变成反情人节，而这个节日的单身庆典包装也确实大获成功。2017 年光棍节当天，在线零售巨头阿里巴巴的收益达到 250 亿元，是当年美国最大在线购物节“网络星期一”的 4 倍之多。

有鉴于美国的单身比例更高，单身节的活动居然起始于中国，有点令人意外。不过美国也很快加入了这股潮流。美国版本的全国单身节首次出现于 2013 年 1 月 11 日，数字“1”再次成为单身的有力象征。俄亥俄州的七叶树单身协会自 1980 年代起便开始庆祝全国单身周，2017 年时，全国单身节为配合这个活动，改期至 9 月。全国单身节发起人凯伦·里德接受《单身杂志》访问时表示：

“其实在美国发起单身节最初的灵感是来自中国的光棍节……我也觉得有必要建立一个新鲜、新颖的单身节庆，因为近年来的变化很大。21 世纪的单身人士是一个全新的物种。现在的单身人士充满活力，包括各形各色的族群，应该受到重视……单身的定义很复杂，包括自愿单身或被迫单身；法律意义的单身或暧昧不清的单身；永远单身或暂时单身。”

几十年前，庆祝单身的节日简直难以想象，今昔的差异令人惊讶。然而婚姻制度历经深远的改变，在现代社会也连带改头换面。中国的单身节也不是凭空出现的，中国的家庭平均人口数历经陡降，自 1947 年每个家庭 5.4 人降至 2005 年的 3.1 人，社会形态也从农业社会转变成现代都市社会。你很难想象，一个在乡村地区长大的青年，所有的亲人都以种田为生，而他长大后的生活环境却迥然不同：也许住在巨型城市中高楼大厦的一间狭小公寓里，在大公司工作，很晚才下班。事实上，2014 年中国有超过 6000 万家庭登记为独居户，而 1982 年时则只有 1700 万单人家庭，而同时期中国人口增长率只有 40%。

在慕尼黑、法兰克福、巴黎等欧洲大城市，50% 以上的家庭为单人户。1950 年的美国成人有 22% 单身，今天的单身比例已跃升至超过 50%，据预测，每 4 个美国新生儿中就有一个终身未婚。与此同时，发达国家中先结婚再生小孩的比例逐渐降低，与双亲同住的美国儿童比例从 1960 年代初期的 87% 降至 2015 年的

69%。

在单身人口的增长方面，日本大概在世界各国中名列前茅。日本国立社会保障和人口问题研究所最新的一份调查显示，2015年时，30岁以下的日本成人约有三分之一从未约会过，超过40%从未有性经验。此外，在日本18岁至24岁的未婚人口中，将近60%的女性及70%的男性于调查当时并无交往关系，比起2010年的调查提升了10%，而与2005年相比更是跃升了20%。事实上，甚至有30%的男性及26%的女性表示自己无意寻找对象。

2006年，日本的热门作家深泽真纪在一篇文章中提到，有越来越多男性对亲密关系不感兴趣，他把这类人称为“草食男”。由于在日文中，对亲密及肉体关系的渴望被称为“肉欲”，因此草食男的标签代表他们自亲密关系中撤退。此外，这个名词还意味着日本男子气概的瓦解，战后日本奇迹时代曾经精力充沛、繁殖力旺盛的男性变得了无生气。值得一提的是，草食男登上2009年全国“年度热门词”的决选名单，至2010年时已普遍获得认可，成为一般名词。有一项调查显示，20岁至39岁的日本单身男子中有75%认为自己是草食男。

这种趋势快速扩散，在发达国家尤其如此，本章稍后将讨论单身比例提高的主要原因，而这些因素在发达国家出现的时间点比其他地区早得多。19世纪晚期至20世纪初，个人主义、大规模都市化、寿命延长、通信革命、女权运动等过程皆在发达国家奠定基础。这种趋势曾在美国出现短暂例外，也就是1950年代的“黄金年代”，第二次世界大战及城市郊区的发展使得人们结婚年龄降低，出生率提高。不过单身的生活形态于1970年代又开始兴盛，当时强调个人主义、消费主义及资本主义的社会风气在美国、欧洲等发达国家扩散开来，因此又使人们远离婚姻，向后家庭文化迈进。过去数十年来，南美洲、中东，甚至非洲国家的单身人数都有所增长。许多亚洲国家，包括印度、韩国、越南、巴基斯坦、孟加拉国、马来西亚的数据皆显示人民的结婚年龄提高，离婚比例提升，更重要的是，有越来越多人选择独自生活。事实上，在许多国家，单身都是现今成长最快速的关系形态。也难怪有一份报告预测至2030年，世界单身人口比例的跃升幅度将是惊人的20%。

遥远如中东等保守及超保守的社会也显现了类似的趋势。例如，伊朗的单身模式就正经历前所未见的改变。伊朗的传统关系形态受到宗教及文化期许的强烈影响，法律及社会观念鼓吹早婚及从一而终的婚姻形态，不鼓励离婚。不过观察人口数据可知，过去30年来，伊朗在总体及个体的层次上都历经了巨大的社会变革。生育率经历了史无前例的降幅，1996年平均每位女性生育7个子女，2000年时降至2.1个。虽然部分原因是政府倡导避孕措施，不过数据分析显示，只有6.1%的降幅来自避孕观念及避孕方式的普及，其余的31%是婚姻形态改变所造成。伊朗的年轻人口（尤其是女性）晚婚、离婚比例上升，生育年龄提高，甚至选择不婚。

另一个保守社会单身比例反常提升的例子来自阿拉伯联合酋长国（阿联酋）。2014年，30岁以上的大公国女性有60%单身，离婚率为40%，不过20年前，离婚率只有20%。晚婚或不婚的趋势从 1980 年代就开始显露迹象，阿联酋的男性为了逃避当地婚约常见的高额聘金，开始到国外寻找结婚对象，或选择根本不结婚。晚婚或与外国人士结婚的现象驱使政府设立资金来鼓励国民结婚。现今，阿拉伯联合酋长国的男性若与本国女子结婚，可获得补助金，每生育一个小孩可获得额外福利，政府也出资补助婚友社及婚礼。以下段落摘自该国政府的官方网站：

> 阿拉伯联合酋长国政府为建立并维护稳定坚固的本国家庭，为强化本国社会及人口结构，故鼓励本国男女缔结婚姻。在此方面，本国根据 1992 年通过的第 47 条联邦法律成立婚姻基金，贯彻本国总统扎耶德·本·苏丹·阿勒纳哈扬（Sheikh Zayed Bin Sultan Al Nahyan）所提出的社会政策……除婚姻基金外，各酋长国皆设有相关机构，提供的服务包括婚介、提供小区中心及伊斯兰议会作为婚礼场地，以及婚前与婚后之婚姻咨询。

实施政策的头 10 年有 3.2 万个家庭获得补助金，不过该国的婚姻数据显示，在减缓单身人数增长的方面，这项法律效果不明显。与此同时，中东及北非各阿拉伯及伊斯兰国家皆呈现同样的趋势，与阿拉伯联合酋长国的婚姻基金类似的计划及举措也都成效甚微，巴林、沙特阿拉伯、卡塔尔等国皆一再印证这个现象。

似乎各地晚婚、独居或选择单身的人数都逐渐提升。要解开快乐单身的秘诀，关键在于了解婚姻形态改变背后的机制及特定情况中的因素，本章后续段落将详加说明。不过读者也可以略过这个旨在说明背景的章节，直接跳到第二章讨论快乐单身的部分。

为什么我们不再憧憬婚姻?

单身比例提高只是冰山一角。综观历史，人类的生活和生计通常涉及三个基本架构，由内向外推展分别是：核心家庭、扩展家庭，以及由家庭组成的地方社群。家庭身为社会的基本单位，其地位不容挑战，因此新家庭的起始点——婚姻，更是焦点所在。现今由地方政府及机关提供的服务，过去是家庭肩负的责任：家庭照料个人的温饱、健康、教育及住屋。个人的职业也离不开家庭，通常牵涉到家族历史及家族在地方社群所扮演的角色，假如偏离这样的角色，很可能会影响或打乱社群的平衡。

不过这种现象在工业革命及现代福利国家出现后有了急剧的改变。传统家庭在照顾个人方面曾扮演不可或缺的角色，不过逐渐被蓬勃发展的国家及市场力量所取代。由于家庭不再是个人生存所必需，一连串影响家庭及婚姻的变化开始出现。

在接下来的段落中，我将讨论促成婚姻地位改变的八大原因：一是人口变化；二是女性的社会角色改变；三是在离婚兴盛的年代回避风险；四是经济因素；五是宗教变迁；六是大众文化、媒体及社群网络的发展；七是都市化；八是国际移民。这八项因素当然不是全部的原因，也不是互相独立，很可能彼此牵涉、相互影响。不过我的主要论点是，这些因素同时发挥影响力，使单身比例上升变成确确实实、持续发生的趋势。

人口变化

近来各地人口组成的变化大幅推动单身比例的提升，世界各国出生率急剧下降就是一大因素。以下是几个生育率降低的明显例子：根据经济合作与发展组织的数据库，1970 年墨西哥平均每位女性生育 6.6 个子女，2016 年降至 2.2 个；印度尼西亚同时期从 5.4 个降至 2.4 个；土耳其则自 5 个降至 2.1 个。

在西方国家中，这样的变化出现得更早。大多数西欧国家的生育率约于 1970 至 1980 年代开始大幅降低，甚至跌至人口替代率以下。今日的数据更是创下史无前例的新低，举例而言，西班牙的生育率为 1.3，意大利、德国、奥地利为 1.4，加拿大 1.6，荷兰、丹麦 1.7，美国、英国、澳大利亚则为 1.8。

低生育率会引发一系列影响，导致单身人数上升。第一，如果生育的子女较少，夫妻就可以较晚结婚，也就是说，整个生育年龄只需生一两个小孩，而不是六七个，那首次生产的年龄就可以延后。第二，孩子较少的话，离婚时照顾孩子的负担也比较轻，甚至可能没有子女需要照顾。第三，低生育率代表有些人根本不必结婚或缔结伴侣关系：单亲照顾一两个小孩要比抚养 6 个子女轻松得多。第四，这样的情形会延续到下一代，在小家庭中成长和未来建立小家庭具有相关性，因此这样的现象会持续下去。

另一个影响到单身人数人口变化的是预期寿命的提高，导致许多老年人独自生活的时间延长。现代医学的奇迹大幅延长平均寿命，在发达国家尤为明显。1940 年时，美国社会约有 11% 为 65 岁以上人口。至 1970 年代，老年人口比率提高到 17%，2010

年的比率大约为21%。经济合作与发展组织最新的数据指出，成员国国民的出生时预期寿命将近80岁。随着寿命延长，个人离婚或丧偶后独自生活的年数很可能会随之增加。举例来说，“欧洲健康、老化及退休状况调查”的数据指出，2015年欧洲75岁以上的民众有57%为丧偶人士。此外，2010年离婚的美国人中，50岁以上的人数是1990年的两倍之多。

在发展中国家，预期寿命快速延长，预计将扩大老年人口，因此使单身人数急剧增长。以中国为例，该国的平均寿命由1990年的68.5岁延长至2010年的74.8岁，因此老年独居户也有相当大的增幅。此外，这个现象引发一连串连锁反应，独居老人所面临的健康、经济及社会问题为年青一代带来不小的社会及财务负担，这样的负担很可能使年轻人延后结婚，逃避成家的责任。这在中国社会中尤为明显，由于长期的计划生育政策，造成老年及青年人口的比例失衡。

部分地区的性别比也对单身人数有大幅影响。性别比失衡会使当地潜在伴侣的人数减少，使许多人找不到对象。举例来说，印度部分地区的性别比严重失调，每100位男性相对只有62位女性。即便是印度北方最富裕、开发程度最高的哈里亚纳邦，当地的性别比也高度失衡：各年龄层每100位男性相对只有88位女性。在这种性别比失衡的环境中，年轻男性可能无法找到另一半。事实上，由于失衡过于严重，2015年某地方议会决定放宽跨种姓婚姻的禁令，以便村民就近与邻居结婚，这在传统印度是前所未见的举措。

现今的性别失衡问题主要发生于三个情境。首先，偏好男孩导致中国、韩国、印度部分地区及世界各地某些较小型的社群出现性别比失衡的现象。其次，国内的人口迁移或国际移民也有性别不均的情形。比方说，2016 年欧洲统计局（欧盟的统计机关）的报告显示，14 岁至 34 岁寻求欧洲庇护者有 75% 为男性，35 岁至 64 岁的年龄区间则有 60% 为男性。除非能克服语言及文化障碍，否则这种性别不均的现象会限制他们的择偶范围。最后，流向城市的国内人口也会造成性别失衡。举例来说，威廉姆斯研究所（Williams Institute）的报告显示，在美国，受过大学教育的女性及同性恋男性大多集中于城市。以曼哈顿为例，当地的大学毕业单身女性比男性多了 32%。此外，曼哈顿有 9% 至 12% 的男性为同性恋，而同地区女同性恋只有 1% 至 2%，这自然缩减了女性的潜在对象人数。

这几项近年来的人口发展改变了婚姻制度的基础。有些变动是不可逆的，比方说，许多研究者都预测出生率会持续下降，预期寿命也将继续增加。而性别失衡等现象可能只是暂时性的，也许会随着移民融入社会或中国二胎政策等政府措施而缓解。不过这些因素共同作用，拆解了过去建立家庭的基础条件。

女性的社会角色改变

20 世纪女性社会角色的变迁是另一个促使单身比例提高的重大原因。尤其是在西方性别较为平等的社会中，女性婚育的压力较低，同时拥有更多机会追求职业与学术成就。过去女性对于是否结婚没有太多选择，因为她们在财务方面必须依赖男性。过去女性若无法自给自足或独自抚养小孩，就必须留在家庭中，借此确保经济来源。不过如今性别趋于平等，尤其是在西方的劳动市场中，有越来越多女性能在传统婚姻关系之外蓬勃发展，因此迈入交往或婚姻关系的人数下降，有时甚至将事业置于家庭之前。

结婚率降低的另一个类似原因是女性的受教育的水平。研究发现，女性受教育程度越高，第一次结婚的年纪就越大。研究也显示，职位空缺增加与女性延后或避免生育具有相关性。这些趋势背后所显现的观念是，就读大学或处于职业生涯初期的女性还没准备好面对婚育。

此外，社会对于单身女性的看法变得不那么严苛。声援单身女性的社会团体及活动纷纷出现，对抗“老处女”的污名，让单身女子不必感觉自己像局外人。因此，虽然单身女性仍会受到负面的社会批判，但这种新论述鼓舞更多女性不必因为单身而羞愧。

有些社会较为传统，当地法律严重歧视女性并禁止她们与丈夫离婚，但即便在这些社会中，女性主义发展也影响了家庭结构及交往或婚姻关系。举例来说，阿拉伯女子赋权的程度越来越高，尤其是在 2010 年至 2012 年的阿拉伯之春期间及之后，参加这场社会运动的女性人数达到前所未有的高峰。虽然部分阿拉伯世界目前正在经历反抗过程，年青一代变得更为保守，不过女性地位仍逐步提高，对于结婚的时机及对象拥有更多自主选择的权利，这导致生育率陡降，平均初婚年龄稳定上升。即便是有意结婚的女性也不一定能找到合适的伴侣，女性地位及独立程度的提升对某些男性来说并不是好事，这些男性可能偏好抱持传统价值观的女子。不可否认，这些观念正在逐渐改变，不过在许多社会仍然是普遍现象，且对婚姻模式有负面的影响。

此外，医学及科技的进展也会影响女性交往、结婚、建立家庭的决定。随着当今不孕症治疗的进展及普及，女性不再觉得有必要为了把握生育年龄而早早进入婚姻、生儿育女。部分国家的政府甚至补助单身女性接受不孕治疗，为生育下一代提供更多选择。因此，女性即便有意生小孩，也能推迟进入婚姻的时间。观察辅助生殖科技的保险承保发现，不孕症治疗的普及与初婚年龄上升之间具有相关性。此现象在保险承保范围较为全面的富裕人口中更为明显。

在离婚兴盛的年代回避风险

这个因素较少被考虑到，不过同样重要，那就是回避离婚的风险，因为离婚的经历可能带来严重的情绪、心理、财务创伤。离婚率陡升的同时，越来越多人也干脆不结婚。在个人主义的社会中，个人的幸福安康是最重要的事，人们可能在不知不觉中计算各种人生大事的利与弊。计算之后就会发现，离婚会危及个人的幸福，而婚姻带来的好处不足以弥补。

理查德·卢卡斯及其团队的研究前后长达15年，这份获得奖项肯定且具开创性的纵向研究发现，婚姻能暂时提升快乐感，不过结婚两年之后，快乐感通常又会降回婚前的基准。惊人的是，这样的发现也有生物学的依据，与幸福感相关的脑部化学物质苯乙胺会在这个过程中出现相应的波动。研究人员主张，快乐感的降低（以及性生活频率的下降）可能有两个原因：神经元开始适应苯乙胺的作用，或是苯乙胺的浓度随时间逐渐下降。就算某些研究显示婚姻会使快乐感长期小幅提升，研究者也承认，这可能是选择效应所造成。也就是说，这是因为比较快乐的人结婚概率较高，而不是因为婚姻能让长期坏脾气的人变得开心。

另一方面，离婚所带来的负面影响则较为持久。卢卡斯的研究团队并未发现结婚能对幸福感造成长期的影响，不过在离婚方面，幸福感会在正式离婚之前就开始下降，离婚期间幸福感降至谷底，虽然之后会逐渐回升，但不会恢复到基准水平。后来的研究一再证明这样的结果。即便是显示结婚能使幸福感长期小幅上升的研究，也指出离婚会大幅降低幸福感，超过结婚所提升的幅度。

这些研究结果令人印象深刻，启发不只限于学术层面，还反映了现实情况：婚姻对于幸福感的正面影响比一般认知小得多。首先，结婚两年后，满足感就下滑到基准点；其次，离婚的人会比原来更不快乐，幸福感降到基准以下，而且也不会再回升。

年轻男女衡量利弊之后决定审慎看待婚姻。在这个不太受传统束缚的年代，人们更重视自己的幸福，于是人们剥去婚姻假想优点的外衣，审视婚姻有何确定的益处，然后发现也许这不值得冒险，而且风险还很高：近来的数据显示，有 40% 到 60% 的西方夫妇离婚，而发展中国家的离婚数字也紧追其后。

回避离婚风险对于社会中的单身人口有直接与间接的长期影响。直接影响是，由于避免离婚的思维变得普及，结婚率因此下降。间接的影响是，有更多孩子是在婚姻关系之外出生，或是在离婚后的单亲家庭中成长。因此，单亲家庭的孩子也可能对于婚姻缺乏兴趣，更热衷于婚姻以外的选项。在此情况下，避免离婚的策略间接却必然地将单身状态延续到下一代。

此外，为了避免风险，与其干脆不结婚，也有许多人选择延后结婚。不过讽刺的是，晚婚的人更容易离婚。证据显示，结婚年龄在32岁以上的伴侣，每晚一年结婚，离婚率约增加5%。因此，如果有位年轻人为了避免离婚而逃避婚姻，于是延后到30多岁才结婚，那他/她离婚的概率就更高了。而后，随着离婚越来越普遍，又对其他人进入婚姻产生阻碍。有鉴于多数工业化国家的初婚年龄正逐渐接近（或已超过）30岁，可以预期的是，上述现象会进一步推升离婚率。

把逃避结婚当作回避风险的手段，这在不同类型的社会中可能会有不一样的表现方式。保守国家的工业化程度通常较低，社会较注重群体，离婚这个禁忌以及随之而来的污名让人们不敢轻易走入婚姻。这种现象可能在无意间鼓励延长青春期或推迟结婚，借此管控风险，避免离婚带来的严重社会后果。

在较注重个人、工业化程度较高的社会中，人们选择以同居取代婚姻。由于解除同居关系比起离婚容易又常见得多，这能缓和关系结束的痛苦与风险。同居提供了在交往关系中搬进搬出的自由，离开之后就与交往对象无牵无挂。开放的国家对于同居的接受度高，因此同居及单身人数都不少。

1998年，荷兰通过下议院立法正式承认登记同居，是少数的先行国家之一，那在当时被视为政策方面的突破。不过有些研究者提出疑问，认为这项立法引发了交往及婚姻关系的根本变革。有一份评鉴研究试图厘清这项立法行动的影响。这份研究进行了7

次群体焦点访谈，访谈对象共 40 人，研究发现受访者大致赞同通过同居降低风险的策略，因为比起婚姻，同居的约束力较低，变动性较大，提供更多弹性与独立空间。换言之，同居作为一种降低风险的策略，某种程度上已取代婚姻，在荷兰的高离婚率社会中更是如此。

担忧离婚与倾向单身之间的关联在不同族群中也存在差异。研究显示美国民众的少数族群身份、教育程度、性别、社会经济地位等因素会影响他们对婚姻制度的信任程度与对离婚的担忧程度。比方说，有一份关于性别及社会阶层的差异对离婚观念影响的研究，虽然整体有超过三分之二的受试者担心离婚，不过低收入的女性对于婚姻最没有安全感，因为离婚会为她们带来巨大的财务损失。也难怪在某些社会中，低收入族群的风险规避比例与单身人口上升幅度最大。已有研究注意到并证实社会经济因素对于单身的影响出现在各种语境中，尽管各自稍有差异，但都显示单身与经济的交互效应。

经济因素

山田昌弘在其 1999 年出版的著作《单身寄生时代》（*The Age of Parasite Singles*）中打破禁忌，使日本大众注意到有越来越多 30 多岁的单身人士仍与父母同住。山田先生发明了“单身寄生族”这个词汇，用来形容这些 30 多岁仍与父母同住的日本年轻人，他们不仅因此省下房租，还逃避分担家务的责任。1995 年，约有 1000 万年轻日本男女符合单身寄生族的定义。虽然日本人口逐渐萎缩，但这个数据至今已增长三成，累计 1300 万人，约占总人口的 10%。根据最近一份调查，在日本的单身人士中，男性约有 60%，女性约有 80% 属于单身寄生族。

日本年轻单身人士绝对不是唯一维持这种生活形态的族群。在英语国家中，“地下室寄居者”（basement dweller）这个词也有同样的含义；意大利称这种族群为“成年巨婴”（bamboccioni）。虽然这些称呼带有不以为然的贬低意味，不认同年轻单身人士及其家人的自主选择，但的确透露出单身与经济之间的关系。这个现象越来越普遍，这些单身人士中有不少人的收入是可自由支配的，因此他们才能维持这种惬意、经济稳定的生活方式。假如搬出父母家或结婚，就得放弃这种随性的富裕生活。

经济因素对于单身有各种不同的影响，不论经济状况是困顿、稳定还是富有，这三种情况都提供了人们维持单身的充分理由。

经济困顿与近来的经济危机改变了单身人士交往或结婚的方式。许多单身人士推迟婚姻，担心收入不足以养家。经济弱势者即便肯定婚姻价值，也不太相信自己有能力维持财务稳定，进而维系婚姻。许多社会视财务稳定为结婚的先决条件，因此假如社会出现经济危机或缺乏就业机会，年轻人保持单身的时间会延长。如果同样的时间与资源拿来追求财务稳定，就较难用以维持稳定的交往关系。

2008 年经济危机后，西班牙及意大利等部分欧洲国家的年轻人受到经济衰颓及房价上涨两方面的冲击。在欧洲，住房成本会占掉一大半的可支配收入，所以许多年轻人干脆延后结婚，把交往约会的时间用来赚钱。在今天的巴塞罗那或米兰，经常能见到成年单身人士在派对狂欢过后在车上做爱。之所以选择在车中单纯是因为他们没别的地方好去。天亮后，他们各自回家，也就是自己爸妈的家。

即便政府减轻了年轻人的经济不安感，单身人士也不急着进入婚姻——因为与另一半共同生活的经济动机减少了。举例来说，高福利国家瑞典提供在高中毕业后搬进自己公寓、独立生活的经济条件。瑞典年轻人把握了这项福利，把它当成维持单身的动力，也难怪斯德哥尔摩独居户比例达 60%，高居世界之冠。

而经济发展也有促进单身的效果，印度就是一个很好的例子。虽然印度普遍仍十分传统，但是该国的经济发展使许多年轻人获得经济独立，新的家庭形态也因此越来越普遍。印度年轻人购买力提高，拥有独自生活的条件，这在过去是很罕见的情况。许多印度单身人士离家搬到就业机会多的大城市生活。

此外，独自生活不仅成为可能的选项，社会的接受度也越来越高。由于媒体及影视传播，现代印度对于西方价值观的接受度越来越高。经济发展、独自生活的普遍与个人主义的出现同时发生，这都与延后交往及婚姻关系有所关联，下一个段落将对此做进一步讨论。

不论是要开源节流，还是提高消费，年轻单身人士都把婚姻看成“不划算”的奢侈品。然而经济因素不只限于表面的收入 / 支出计算，下一段我们将探讨更深层的价值观、文化，以及它们对单身兴起的影响。

资本主义与消费主义

我前面提到一本畅销书，书中描述日本年轻人借由与父母同住、维持单身状态来让可支配收入最大化。不过单身寄生族这个词具有贬义，并未充分呈现年轻人的偏好选择。当今日本的年轻单身人士喜欢改变，也重新排列了人生的优先次序。他们更乐于与朋友外出、追求事业、培养时尚鉴赏力，然后才考虑进入一段稳定关系。

调查显示这样的选择不光是出于经济考虑，价值观的改变也是一大因素。16 岁至 24 岁的年轻人中，有 45% 的女性及 25% 的男性表示自己对于性关系没有兴趣，甚至带有鄙视或不置可否。此外，近半数受访者表示调查的前一个月未曾有性行为。因此今日的日本是价值观变迁的显著例子：渐离传统与宗教，步向市场导向、追求事业、消费主义的文化。

日本是极端例子，但世界各地的资本主义及消费主义趋势都加速了单身人口的增长。这其中涉及几个因素。首先，消费主义的兴起，使社会更推崇在自由市场中从事买卖的个体，这些人对家庭承担义务较少。在消费主义的影响下，一些人一心追求自己而非他人的利益，因此偏离传统价值观，转而思考婚姻是否于己有利。事业的重要性提升，与女性的独立与追求自我实现息息相关。虽然有些研究指出已婚人士的财务状况较好，但许多人更想成为拥有个人品位的独立消费者，对通过两性交往或婚姻关系获得财务保障已渐失兴趣。

其次，资本主义促使人们思考并比较不同生活方式的价值。隐私变成受欢迎的“商品”，而随着收入提高，人们有能力独自生活。一方面，资本主义让人们将传统观念放在一旁，依照理性思考来为自己的偏好排列优先次序，并列出重要性。其次，资本主义体系所带来的财富让人们有能力依循自己的价值观生活，而现代人通常选择独立而非婚姻，更注重隐私而非家庭生活。

最后，分工及劳动市场的变化创造出新的弹性与机会。人们开始从事家族事业以外的工作，同事不再是亲戚。此外，生育下一代来延续家族事业及供养父母的需求越来越少。此外，在今日的全球化社会中，有些职业需要离开家到外地工作，因此对许多年轻人来说，结婚会是追求事业发展的一项阻碍。

甚至可以说，市场更欢迎单身人士，因为比起家庭单位中的个人，单身人士能消费更多资源。单身人士独自居住，提高公寓租赁的需求，促进不动产市场增长。一份美国报告指出，比起四口之家中的个人，单身人士消费的农产品多出38%，包装材料多42%，电力多55%，汽油多61%。而离婚人士更被视为具有消费潜力的族群，因为离婚的双方各自变成单身，需要以较高价格购买产品并重新安排居住事宜，而且通常不会寻找室友。虽然这个观点可能稍嫌偏激，不过纯粹从经济观点来看，单身人士的物质消费庞大，导致市场不断进行调整以迎合他们的需求，甚至鼓励单身，形成一个循环。

从各大媒体中明显可见这种情况所造成的反应。虽然社会整体仍持续歧视单身人士，但媒体正调整舆论方向，单身人士逐渐成为广告的目标对象，在住房、约会、旅游方面尤其明显。单身人士的消费文化逐渐发展成型，为维持单身提供了更多条件和理由。

教育因素

受教育程度越高者，越常放弃建立关系，转而追求个人及事业目标。某项研究发现，拥有至少一个学士学位的族群，独居的比例最高（15%），且多数受过一些大学教育。我自己对欧洲社会调查的分析也证实未婚族群的受教育程度最高。在 30 岁以上的族群中，已婚人士平均受过 12.2 年的教育，离婚人士平均拥有 12.5 年的教育，从未结婚的族群为 13 年，而同居者的教育程度最高，平均为 13.8 年（丧偶人士的平均教育程度最低，不过他们年纪也较高，因此排除在讨论之外）。

这些数据背后的原因十分复杂。较高的教育程度对于结婚率有几个直接及间接的影响：在直接影响方面，仍在求学的族群结婚的概率较低（因为受教育程度越高，进入婚姻市场的时间越短）；间接影响，例如，受教育程度较高的族群可能更重视职业生涯。因此有一份研究显示，高等教育的高注册率会显著降低结婚与出生率，在一些鼓励求学同时建立家庭的国家，也有这种现象。

另一个原因可能是，受教育程度较高的个人拥有独立与个人主义等价值观，进而较少有结婚成家的压力。比方说，有一份研究发现，教育及成熟认知有助培养包容的心态，提高社会扩展公民权利的意愿，保障不循常规的族群。另一份跨国研究主张，教育在各个国家及文化中皆对推广开明态度有所帮助。即便其他社会重视隐私及独立的程度不如西方，教育仍能影响人们对于交往及婚姻关系的看法。

而教育程度提升，事业与婚姻冲突的可能性也会提高；这在双薪家庭中尤其明显。之所以产生冲突，是因为个人得兼顾各方需求，一面要在职场中寻求发展，一面要建立长期关系，维持事业及私人生活的平衡。有数份研究以事业与婚姻冲突的起因及后果为主题，发现在正规教育的最后几年，维持关系与事业平衡所带来的负担过重。这个情况导致许多曾专注于寻找伴侣的年轻人转而将事业置于婚姻之前，或是选择先求得学位再来投入关系。

此外，高等教育程度与高收入具有关联性，社会经济地位较高者能够负担独自生活的开销，进而影响了他们的关系模式。前面提过，隐私是一项公共利益，高收入者较容易享有，而较高的受教育程度也反映出社会经济优势，因此，东亚及北美国家独居的比例较高。

宗教变迁

许多宗教社会十分重视礼仪及传统，而这正是组成家庭的基础。他们宁愿较晚结婚，也不愿单亲或未婚抚养子女，且不鼓励婚外性行为。集体主义通常是宗教社会的特征，对维系关系及家庭非常重要。相比之下，没有宗教信仰的个人对于单身抱持较开放的态度，认同个人主义的比例较高，导致不婚或未婚人数攀升。研究显示，美国及西欧国家选择不婚的人数比以往更高，同时生育率降低，这和宗教力量式微有关。我个人对欧洲社会调查的分析显示，已婚人士中有 12% 无宗教信仰（依虔诚程度由 0 至 10 分给分，0 分代表无信仰者），同居者有 23% 为无信仰，不婚及离婚人士分别为 18% 及 17%。

即便是反对单身的宗教制度也无法阻止人们选择单身。比如，有证据显示在普遍信仰天主教的墨西哥，虽然宗教反对同居，但当地同居比例仍在提升。研究也显示虽然意大利社会有深厚的天主教历史，不过在关系的选择方面，宗教的影响力有限：当地单身极为普遍，且意大利的生育率为世界倒数。

其中一种解释是，虽然宗教一般来说与婚姻有正相关，但宗教对成家、生子及离婚设有严格的限制，可能迫使个人因此放弃婚姻。研究显示有越来越多墨西哥人不再交换天主教婚誓，以避免未来离婚所要面临的麻烦。他们更倾向同居，以搬家来开始或结束关系，中间可能有单身的空当。由于教会法的规定，在教堂结婚但后来离婚的人只能保持单身，或虽然与下一任伴侣共同生活，却不能正式再婚。墨西哥并不是唯一的例子，西班牙、加拿大及拉丁美洲国家也出现类似的模式。

即便是信仰虔诚的人，近来社会自由化及世代变迁也影响了他们的婚姻决定。比如，今天美国的年轻基督教福音派信徒对于婚前性行为及单身生活抱持开明的态度。研究发现信徒心里的道德权威有所改变，年轻的福音派信徒相信自己的良知，不再总是把上帝当成对错的唯一决断者。同样，虔诚的穆斯林及犹太教徒要求女性地位应有所改变，允许女性延后结婚，也准许对伴侣感到不满的女性选择离婚。在极度保守的印度教或极端正统的犹太教社群中，传统上婚姻是由家长安排且结婚年龄偏早，不过近来宗教的支配权也受到挑战，年轻男女得以在婚前以较自由的方式互相认识。

更有意思的是，宗教对于婚姻的态度逐渐转向开放，不只体现在社会及个人层面，宗教领导阶层也出现类似的现象。梵蒂冈是一个明显的例子，部分原因是有越来越多年轻人不再信奉天主教，因此他们近年来对于交往或婚姻关系的相关议题采取较为宽容的态度。从梵蒂冈第二届大公会议开始，罗马天主教会在措辞方面对于同性恋的态度有大幅转变，将同性行为和同性恋区分开来，虽然仍将前者视为罪恶，不过对后者已展现接纳的态度。宗教自由化整体上削弱了传统家庭价值，因此各个宗教社群也越来越接受独居、晚婚及离婚者。

大众文化、媒体及社群网络的发展

1995年9月21日，美国热门电视节目《宋飞正传》(*Seinfeld*)第七季第一集“订婚”中的台词就充分表达了这部剧集对于婚姻的态度：

克拉玛：“你是不是在想，人生就只是这样吗？”

杰瑞：“当然不是！”

克拉玛：“我来告诉你：就只有这样！”

杰瑞：“只有这样？”

克拉玛：“没错。杰瑞，你到底在想什么？结婚？家庭？”

杰瑞：“这个嘛……”

克拉玛：“婚姻就是监狱！人造牢笼！结婚就跟服刑一样！你早上起床，她在旁边；晚上去睡觉，她还在旁边，连上个厕所都要先问她！”

早在1980年代，媒体上就开始出现20岁至30多岁不需要另一半也过得很快乐的单身人士，影响大众对于交往及婚姻的看法。上一代人的成长过程是由描绘无瑕浪漫关系的电影、书籍、故事陪伴，其中的角色最后总是过着幸福快乐的生活，至1990年代及21世纪的头10年，美国电视产业开始播出《宋飞正传》《欲望都市》《威尔与格蕾丝》等剧集，让全国人民一起欣赏这些迈入30大关却仍保持单身的人。大众媒体开始赞扬单身女子，其形象从“老处女”变成中性的“单身人士”。举例来说，电视评论家认为《欲望都市》在电视上塑造了女性的全新形象，肯定单身女性的友谊与文化。这部剧集宣传甚至鼓励女性追求欢愉的性爱，而无须附加任何条件。《威尔与格蕾丝》《甜心俏佳人》《女孩我最大》等电视剧都把单身女子描绘成时尚、有品位的模样。《宋飞正传》《老友记》《生活大爆炸》等剧集里的单身人士也都社交活跃，生活充满欢笑，身旁有朋友陪伴，形成一个紧密的社群。

正是因为单身人士及单身生活经历了许多困难，单身人士现在可以在电影、电视及平面媒体中见到自己的身影。大众媒体展现甚至赞扬单身人士爬升至社会的显赫地位，这样一来年轻的观众对于选择单身的生活方式就更有自信，于是又推动了更多人选择单身。

这些节目大受欢迎，其影响力扩展到西方世界以外。非西方的影视剧也同样出现类似的单身角色。印度的娱乐产业规模在全世界数一数二，有一份三年期的研究调查了印度有线电视对于印度女性的影响，研究发现，越常接触印度媒体及外国娱乐文化的女性，越具有高自主性及低生育欲望。另一份巴西的研究发现，环球电视网（Globo，垄断的肥皂剧电视联播网）成立之后，女性分居或离婚的比例上升。在原本较少接触到自由价值观的小型城镇中，这种现象更为明显。世界趋向全球化，很少有国家能逃过个人主义的浪潮，许多社会逐渐接触到与根深蒂固的传统家庭价值观相冲突的生活方式。

现今网络也是另一个接触不同家庭形态及关系类型的渠道。有一份针对脸书使用者的研究发现，脸书的使用频率与负面的关系结果（如冲突、离婚及分居）具有相关性。另一份研究发现，频繁使用推特会增加情侣间的冲突，进而可能导致不忠、分手或离婚。

这些现代的通信方式让用户接触到不一样的生活方式，挑战着传统及婚姻制度。人们一旦看见其他互动方式能满足自己的情感需求，他们会重新思考亲密关系及家庭状态。剧烈改变的不一定是人类本性，科技发展只是让原本就存在的人类需求显露出来。科技提供人类更多表达自我及追寻基本欲望的方式，因此导致单身的兴起。

都市化

都市的繁荣扩张也导致越来越多的人选择单身。这种趋势在北美及许多欧洲国家尤其明显，城市家庭数量增长的速度超越城市人口。有越来越多单身人士居住在大城市，和其他地区不成比例。我分析美国人口普查及美国社区调查后发现，单身人士高度集中于人口密集区。图 1 显示美国单身人口（包括从未结婚、离婚及丧偶者）倾向住在大城市中。

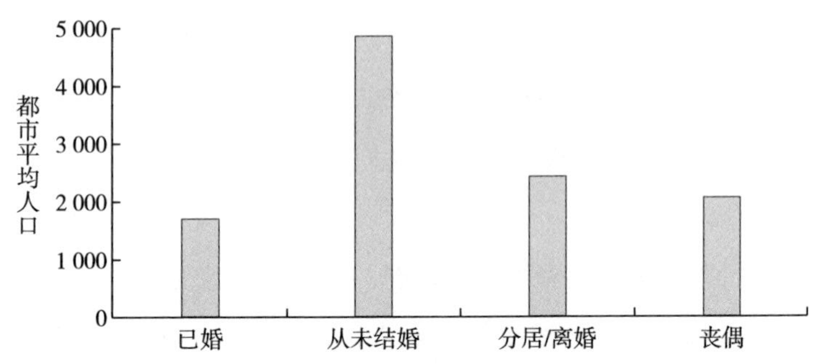

图 1 美国都市平均人口（以婚姻状态区分）

资料来源：2000 年美国普查及 2001~2013 年美国社区调查。

城市发展带动单身比例上升，这种现象不只出现在西方：有充足的证据显示南亚、东亚、南美等地的单身人士也在向城市聚集。尤其令人惊讶的是阿拉伯及伊斯兰世界的变化，即便是极度保守的伊朗，当地的都市化也和家庭自由化有关。

都市化对于家庭结构及后家庭文化有显著的影响，原因包括以下几点。首先，近几十年经济发展，大城市随之扩张，世界各地的都市人口比例都有所上升。因此，都市的房屋价格升高，而家庭通常需要较大的空间，因此都市环境变得不利于家庭生活。另外，都市提供大量小型公寓，可以容纳越来越多的独居人士，而这样的过程循环不断。

此外，居住于大城市的人口越来越多，这种环境孕育出的多样性扬弃了循规蹈矩的传统价值观。都市具有高度的包容性，鼓励个性，因此越来越多的人抛弃了传统家庭价值观。都市化提高了居住模式的多样性，使人们逐渐偏离传统家庭单位，迈向更现代的家庭形式，独居户的数量大幅增加。

离开乡村的国内迁徙浪潮同样促成大城市单身族群的兴起。在世界各地，经济发展及前所未见的地域流动促使大规模人口拥入都市。比起本地人，这批外来者对移居地的人际交往圈并不熟悉，同时又远离家族强加的婚姻义务，因此有更高的概率独自生活，对大城市的社交、性生活、休闲娱乐感到眼花缭乱。这对年轻人来说尤其具有吸引力，他们倾向于追求事业发展及个人探索，稳定的家庭生活并非他们的目标。

的确，早在 1980 年代就有一份研究发现，美国各州的国内迁徙率与单身、未婚、丧偶人口比例呈正相关。中国也有一份研究发现，北京有 41% 的外地人为独居者，且过去 20 年这个比例仍持续快速上升。观察撒哈拉沙漠以南的非洲地区，我们可以看到这个过程的初期阶段。此处乡下及村庄中的居民一直到最近仍从事农业工作，依赖家庭提供支持，不过他们也逐渐开始在发展中的城市找到新机会，移入城市，寻找二级产业的工作。发展中国家的大城市所提供的工作多数属于低技术含量的职业，这些新移入城市的未婚人口拥有独自生活的经济能力，所以越来越多人过起单身生活。

同样，乡下家庭的成员如果搬到大城市工作并寄钱回家，就意味着大家庭分居，有时甚至与自己的小家庭分隔两地。对这些通常已婚的人来说，搬到城市使维持关系变得更困难，不过也给了他们探索其他关系的可能性的机会，因此也提升了单身的概率。

都市化及国内迁徙能扩大教育机会并提升财富，这两者如先前所说的，都对单身生活有促进作用。这种效应在城市这种性别高度不平等的地区尤其明显，因为女性在这里能有更多发展机会，也对独自生活感到更自在。观察也门即可看到这个过程，当地的发展及都市化与女孩的受教育程度快速上升呈正相关，包办婚姻的数量减少，离婚率及初婚年龄上升。

国际移民

国际移民也促成了单身人口的上升，原因有这样几点。第一，移民（尤其是难民及经济移民）通常独自前来寻找工作机会并汇钱给家乡的亲人。这可能会推迟婚姻，因为他们必须适应陌生环境，克服在异国他乡生活的困难，并在寻找伴侣的同时摸索新文化。

第二，城市提供新移民更开放、更就业导向的社会，并不关注个人婚姻状态，成家与否。因此，移民社群在许多大城市快速扩张，有一些欧洲大城市的一代、二代移民人口已超过50%。这些社群提供新移民许多社交及娱乐机会，因此他们认为拥有家庭生活以外的许多可能。

第三，难民的国际移民浪潮通常性别失衡。比如，许多移入国需要大量建筑工人，而这些工人通常是男性，而护理工作者则通常是女性。问题就在于，这些职业通常集中在某一国籍的移民。例如，菲律宾等国提供了众多护理人力。性别失衡对于想要寻找同族裔对象的异性恋者来说是一大障碍，他们只能克服社会及文化障碍，跨越族裔的界线寻找伴侣，或是跨越国界与同族裔的对象结婚。

第四，我访问单身移民时发现，有些国际移民表示自己完全不在意独自生活。国际移民原本的目的是追求经济发展，不过后来融入了社会因素，移民让他们可以在移入国选择自己喜欢的生活方式。这些移民远离家族及家乡后，不必再被传统观念束缚，可以更自在地选择单身，舍弃婚姻。

选择单身生活

林登·约翰逊总统在其 1964 年的国情咨文中向贫穷宣战。随着美国的贫穷率逼近 20%，政府出台一系列法律措施，目标就是消灭贫穷，并通过扩大联邦政府在医疗保健、教育及福利方面的投入来创造经济机会。计划开展之后的几年，政府实行了相关政策：发放食物券、改善社会安全、补助小学及中学教育、提供美国人工作机会。不过许多政策专家及研究者认为，至少在成本效益方面，这些措施未达预期效果，美国的贫穷率一直居高不下，仅偶尔有小幅下滑。

有人认为政策之所以成效不明显，单身人士是部分原因。在抗贫计划开展后的辩论中，有人指出比起单身人士，已婚人士的财务状况更好，更有能力抚养孩子，贫穷的概率较低，至今这种想法依然存在。因此有些人做出结论，要对抗上升的贫穷率，其中一个方法就是鼓励交往及结婚。在分析约翰逊总统的政策时，2013 年布鲁金斯学会发表的一篇专栏文章指出："除非年轻人……减少婚外生育，否则政府开支在对抗贫困方面效果甚微。另一方面……重新规划国家的福利计划，鼓励结婚将大有可为，至少能达到约翰逊总统提出的降低贫穷率的目标。”

专栏作者朗恩·哈斯金斯的主张简单明了：“假如我们回归到过去，以家庭单位来建构社会，此举的经济效益颇高，贫穷能因此减少。”不可否认，在约翰逊总统向贫穷宣战的50年后，仍有人责怪单身人口。

这种想法的问题在于，忽视了单身本身的成因复杂。前面已经说过，人们选择单身的原因众多，也愿意付出相应的代价。许多人不论经济状况是否稳定，都选择单身，舍弃伴侣。独立自主及个人主义，再加上教育及自由化，都促使个人选择单身的生活方式。

单身趋势逐渐增强，促成原因包括人口变化、女性社会角色的变迁、离婚率提高、经济发展、消费主义兴起、宗教变迁、文化变革、都市化及移民迁徙。在这些力量的共同作用下，单身人口变得不可忽视。

我们必须进一步学习如何从单身生活中获得喜悦与快乐；如何在自主、自愿地选择单身后，生活得幸福。

第二章　婚姻能否缓解孤独终老的状态？

找个人结婚成家，看似是排解孤独的完美解决方法。许多人没有正视孤独感的根本原因，成家后才发现孤独是一个独立的问题——解决方法有赖自我认知的扭转，而不在于已婚或未婚。

因纽特人流传着一则传奇故事，主人公是一位被家人留在村里的老太太。她的家人留给她几只昆虫，让她在寒冷的冬天果腹，不过老太太同情昆虫，她说：“你们是活生生的生物，我不该伤害你们。我宁愿自己先死。”

老太太温柔地看着这些昆虫时，一只狐狸走进她的小屋，转眼间就把老太太咬得皮开肉绽。不过令人惊讶的是，狐狸的攻击对她毫无杀伤力。相反地，她的老旧皮肤脱离身体，全新的年轻肌肤长了出来。显然，是昆虫把狐狸召唤过来。夏天来到，当老太太的家人回到村庄时，老太太已经不见了，她已经和昆虫一起在别处展开新生活。

这个故事看似是颂扬给予的力量及关怀他人的美德。不过，为什么主人公是一个老太太？而她又为什么被家人留下？我的意思是，故事主人公也可以是一位饥肠辘辘的小男孩，看到可以食用的昆虫，但决定不要杀生充饥，展现出同情心，并因此获得奖赏。我猜，这个故事的意义不仅止于此，听到故事是关于一位老太太时，我们感受到一种深沉的恐惧：孤单一人，独自老去。这位老太太虽然年迈，表面上弱不禁风，但她不仅发现度过寒冬的求生之道，还结交了同盟好友。独自一人让她开始与家人以外的周遭环境交流，当她的家人回来时，她已经不需要他们了。她搬到别处，在老年发现新生活，身旁有新朋友陪伴，内心仍保有怜悯之心。难怪这个故事在因纽特文化中一代代流传下来。

讨论如何幸福地单身时，我将这一章挪到前头，因为人们结婚最常见也最深入人心的理由并不是婚姻的正面吸引力。研究显示，更多人是因为担心孤独终老，害怕临死时无人在身旁，所以才踏入婚姻。人老了以后，在街道上步履蹒跚地缓慢行走，孤苦无依，甚至病痛缠身，没有人可以谈天；坐在公园长椅上撕面包屑喂鸽子，消磨一天又一天；夜晚回到老旧、狭窄的公寓，房间里塞满了连慈善义卖商店都不感兴趣的旧物；在单人床上独自入睡，想着如果生病或死去了都没有人注意到怎么办……这些景象令许多人心惊不已，因此千方百计要逃避这样的命运。找个人结婚成家看似是完美的解决方法：随时都有人陪伴在身旁，尤其是在人生最后的阶段，想想就令人安慰、放心。

利用别人来缓和自己的恐惧，这听起来稍嫌自私，不过这的确是许多人结婚的一大原因。多伦多大学的研究团队进行了 7 项全面而相互补充的研究，调查寂寞如何影响结婚动机。其结果显示有 40% 的受试者害怕没有长期伴侣，另有 11% 担心孤独终老。研究显示，这样的恐惧心理驱使受试者结婚，勉强接受在某一方面或许多方面（如情商、智商或外表）较差的另一半。

那么关键的问题是，婚姻是否真的是排解孤单与提供陪伴的良方？如果那位老年的因纽特女士有伴侣，或与家人待在一起，那会发生什么事？她会比较快乐吗？要回答这个问题，本章会先说明老年人所面对的孤单挑战，然后讨论较好的应对方法。之后读者会发现，孤独感及相关负面影响其实与婚姻无关。事实上，婚姻可能并不是逃避老年孤单的好方法。已婚人士中感到孤单者之多令人惊讶，此外，长期单身人士通常较能适应老年独自生活。整理这些研究结果及我的访谈后，我将探讨老年单身人士如何能对生活感到更开心和满足。

老年人的孤独

现今老年人孤单的问题越来越严重。2018 年年初，英国首相决定指派一位大臣关注老年人孤独的问题。如第一章所述，世界各国人民的预期寿命逐渐增加，使独居人口的比例提升。随着预期寿命增加，人们独自生活的时间也延长了，不论原因是丧偶、离婚或从未结婚，皆导致有更多成年人士更长时间处于单身状态。

苏菲亚在博客中描述了自己离婚后学习与孤独共处的漫长过程。刚开始撰写博客时，她觉得非常孤独，毫无希望。不过随着时间过去，这些感觉转化为力量及勇气，而本章将密切观察她的转变过程。

苏菲亚 66 岁时开始经营博客，此时她离婚已有 9 年。她写道："有好几个晚上，我躺在床上，用手臂环抱自己，只为了感受被触碰的感觉……即便只是抚摸自己的手臂、腿、身体。虽然这看似奇怪，但我受不了了——我渴望触摸。唯一一个碰触我的人就是我儿子，运气好的话，我每个月可以见到他一次，他会拥抱我一分钟，不过老实说这整个过程感觉很怪。到现在，我无法想象被亲吻、爱抚、和男人做爱是什么感觉，那种感觉对我来说好陌生。”

苏菲亚渴望爱人的触摸。情绪方面，她感到极为孤立。确实，老年人身上常见这些感觉，因为怕孤独，很多老年人会选择去养老院。如果另有严重的心理健康问题或行动不便，就更需要这类来自社会的照顾。

不过不论有无婚姻关系，人到老年都可能出现孤独感，孤独和自我认知最为相关。孤独的定义是“个人的社会关系在预期与实际之间的落差”，而这种落差可能在于关系的数量或是关系亲密的程度。无论如何，寂寞是一种感觉，而非现实。这样一来，我们也必须区分“孤独感”与“社会孤立”。社会孤立指的是与他人缺乏互动的客观状态，而孤独是一种与孤立相关的主观感受，后者这种受到忽视的自我认知才是老年人孤独的主要原因。

由于孤独是主观的感觉，因此解决方法有赖自我认知的扭转，而不在于已婚或未婚等客观情况。每个人的孤独感可能差异极大，和婚姻状态无关。已婚人士也可能社交孤立，缺乏与朋友或亲戚的互动，甚至与配偶情感疏离；而未婚人士可能与众多朋友及家人广泛互动，从中获得支持与关爱。

本章后面还会再谈到苏菲亚，观察她的经历，了解她是如何在单身状态中变得自信。她了解到，孤独是主观感受，并通过交往或婚姻关系以外的方式来满足自己的人际互动需求。不过要了解苏菲亚的历程，我们必须先深入探讨这个问题：婚姻能不能减轻老年的孤独感？如果可以，又是怎么减轻的？正是因为孤独是主观感受，所以我们有必要讨论婚姻对孤独感的影响。这样的讨论能引导我们思考，有哪些婚姻以外的选项能达到相似甚至更好的效果。

婚姻与老年孤独

婚姻制度的支持者主张，与伴侣或家人共同生活能避免感到孤独。不过如果考虑到所有可能情况，婚姻能否实际上降低孤独感，其实是个有待验证的问题。当然，婚姻快乐、家庭幸福，家人彼此相爱的益处我们都料想得到。问题是，将各式各样的人、各个年龄层及不同情境（包括离婚、分居或丧偶）都纳入考虑范围，情况是否会发生变化。

婚姻是不是驱散孤寂的良方？我们将上述情况纳入考虑，并以图 2 来总结（之后会再讨论到比较复杂的情况）。这张图呈现了欧洲社会调查的孤独情况，研究对象遍及 30 个国家，跨越多个年龄层。分析结果颇令人惊讶。

这张图将人口分为两个族群："曾经结婚"与"从未结婚"，前者在人生中的某个时刻选择了结婚，当然其中也包括仍然维持婚姻关系者；后者则是从未结婚的人。Y 轴数值代表受试者在调查前一周孤独感的程度。图中显示，婚姻降低孤独感的效果随着时间递减，到了 78 岁时，根据数据，从未结婚者的孤独感甚至还比较低。平均来说，过了这个年龄，选择结婚是弊大于利。

此外，提醒大家这个图并没有考虑到第一章说明过的选择效

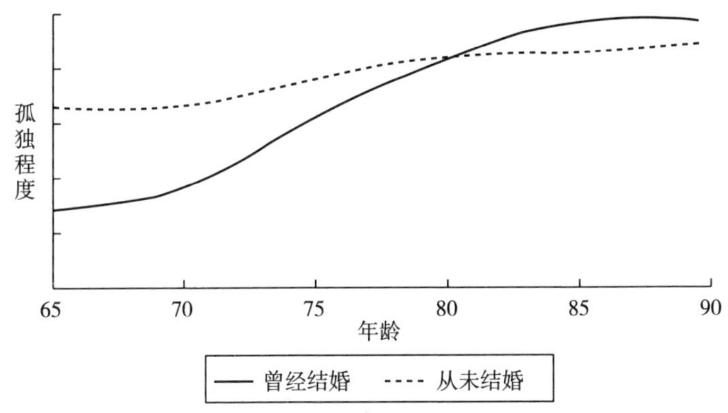

图 2 年龄与婚姻状态的孤独感关系曲线

资料来源：欧洲社会调查。

应，也就是比较快乐的人更容易进入婚姻。因此实际上，交叉年龄应该更低，从未结婚的好处会在更年轻的时候显现出来。换句话说，考虑到已婚者在婚前较为快乐，所以拿他们与从未结婚但快乐程度相当的人相比，可以预期婚姻缓解孤独的效果较弱（快乐感与孤独感有强烈的负相关，而快乐与不孤独在这个情境下是可以互相替换的概念）。

这样的结果令人惊讶，而背后的原因十分明显：离婚或丧偶的人孤独感居高不下。比起从未结婚或保持已婚状态的人，离婚及丧偶者更孤独，也更不快乐，这点之后会再详细讨论。这对老年人来说尤其是重要的因素，因为离婚及丧偶的概率会随着年龄提升。

当然，可能有人会认为把离婚及丧偶的人纳入讨论并不公平，因此认为图 2 的结果具误导之嫌。不过事实上，这样的比较是真正合理的做法。原因虽然很沉重，但十分简单明了，个人不论再怎么努力，任何婚姻到头来就只有这三种令人伤心的结果：丧偶、离婚、（自己）死亡。了解这一点是分析婚姻效益的关键，尤其是对于老年人的影响。毕竟没有人知道自己的婚姻会如何收场，我们倾向于相信自己会过得比别人更好，认为我们能够决定自己的命运，不过并没有任何证据显示个人的期望与婚姻真正的结果之间有任何关联。大家都希望能维持婚姻关系，并且永远过着幸福快乐的生活，不过就定义上来说，结婚就代表加入离婚或丧偶的风险一族，而这一点是一定要纳入考虑的。

不过我还是不希望有人觉得这张图“掩饰”了部分情况。我们都真心想要知道这种奇特结果到底是什么原因造成的，之后的章节我将分别讨论不同的婚姻状态，因为了解各类别的实际情况至关重要。

婚姻能缓解老年的孤独吗？

为了以更新的数据来更精确地检验前述结果，我会分别分析四种婚姻状态的孤独及快乐感，这四种婚姻状态包括已婚、从未结婚、丧偶、离婚／分居。我将各种干扰变量纳入分析，例如受教育程度、收入状况、健康信仰、宗教信仰、社交活跃度、居住国家。我首先分析了65岁以上的情况，然后再针对75岁以上的年龄层进行敏感度分析。

分析这些资料时，我发现与已婚或从未结婚的族群相比，丧偶或离婚／分居者最不快乐，孤独程度也最高。排除掉与人同居的单身人士后，结果仍是如此。假如依孤独程度由 0 至 10 分打分，比起已婚男性，丧偶及离婚男性的孤独程度分别高了 0.8 分及 0.5 分，而从未结婚者高 0.45 分。女性方面，丧偶、离婚、从未结婚者的孤独程度分别比已婚人士高 0.6 分、0.4 分、0.35 分。快乐程度的差距也很类似：丧偶或离婚的族群最不快乐，比起已婚人士差了 0.6 分到 0.8 分（离婚女性最不快乐），而从未结婚者差了 0.4 分至 0.5 分。

毫无疑问，已婚人士是最快乐、最不孤独的族群，至少表面上是如此。不过我们要对这样的结果持保留态度，原因有二：首先，就像之前解释过的，已婚人士之所以更快乐，生活满意度更高，更不孤独，是因为他们在婚前就是如此。纵向研究显示，后来结婚的受试者一开始的快乐程度就比其他人高了约 0.3 分（最低为 0 分，满分为 10 分）。假如考虑到这点，那么婚姻对于提升老年人的快乐程度或降低孤独感（这两者高度相关）的帮助其实微乎其微。

其次，这项研究调查的是二次世界大战期间及不久之后出生的一代，而这项因素可能颇为重要。我们可以料想到，如今婚姻价值及持续时间下降，因此婚姻对于缓解老年人孤独感的帮助会比前几代更小。年青一代婚姻结束得更快，人们分手的频率更高。此外，年轻人之所以更频繁地分手，是因为他们分开后感到更自在，他们不缺朋友，也有越来越多同龄人拥有同样的经验。根据皮尤研究中心（Pew Research Center）最近做的一项调查，中老年离婚的人数正惊人蹿升。举例来说，和 20 世纪 90 年代相比，如今美国 50 岁以上的离婚率约为当时的两倍。这些最近离婚的人可以归到“曾经结婚”的类别，代表着拥有快乐结局的人数又变少了，使得婚姻的吸引力进一步降低。

不论你是否认同这些原因，必须承认的是，已婚及未婚者快乐程度的差距确实很小。你也许会问，已婚人士怎么会孤独呢？实际上已婚人士的确会感到孤独，年纪较大的人更是如此，此外，我的调查发现，感到孤独的频率随着年龄只升不降。在另一项研究中，我发现 60 岁已婚人士感到孤独的比例比 30 岁高出 50%，到 90 岁时还会翻倍。49 岁的丹在发表在网上的一篇文章中充分展现了这一点：“我结婚了，不过我的婚姻缺乏热情，徒有表象，我只是勉强和对方在一起。但我害怕独自老去，我觉得进退两难，我该怎么办？”

除了困在压抑或无趣的关系之中，已婚人士感到孤独的原因还有很多，包括长年为家庭奉献自己，忽略了其他社会交往，因而陷入孤立的局面；或是要照顾生病的伴侣，没有人来帮忙，因而感到无助。研究者常会将孤独感区分为社会孤独及情绪孤独。社会孤独指的是交友圈狭窄，缺乏社群的归属感及陪伴。老年人社会孤独的相关因素包括社交活动少、与周围邻里缺乏互动。另一方面，情绪孤独指的是感觉自己没有亲近的、可以倾诉依靠的对象。这样的区分对于研究老年单身人士十分有帮助，因为这凸显出人们感到孤独的原因各异，而拥有伴侣并不是唯一的解决办法。有时候缺乏社交造成的孤独才是关键原因，而之所以走到这个局面，可能正是因为拥有伴侣，而非缺乏另一半。研究显示，社交圈小，多年来把精力全部放在照顾家庭，可能导致人们老年时感到社交性孤独。另一方面，就像我在本章提到的，许多单身人士会通过其他形式的关系来排解孤独，拥有朋友、陪伴及归属感才是最重要的。

有些人主张，婚姻至少值得一试，上述结果正好可以反驳这一点。他们说，你又能损失什么呢？假如婚姻失败了，离婚就好。不过实际情况显然是损失更大。近来数份研究及我自己的分析都指出，婚姻不仅使个人陷入离婚或丧偶的风险中，还会让他们对回到单身毫无准备。从未结婚的老年单身人士似乎比年老丧偶的单身人士更擅长独自生活，因为前者很有经验，后者很少有机会练习。从未结婚者对于老年单身生活的准备比较充足，毕竟他们已经熟悉这种生活方式，已建立强大的支持体系，能应对各种变化。长期单身人士也不像年老丧偶或离婚的人，较少有心理创伤或压力。

这很有意思，已婚人士在婚礼前后感到更快乐，因为在他们看来婚姻就像某种“神秘的配方”，确保自己老年不会孤苦无依。用因纽特人的话来说，已婚人士觉得自己已有护身符，不会像那位老太太一样被留在村里靠昆虫果腹。根据统计，人们通常在30岁前后结婚，他们希望老年能拥有婚姻的保障，不过婚礼当时的快乐丝毫不能保证他们40年后不会感到孤寂。矛盾的是，正当婚姻该发挥陪伴的作用时，丧偶或离婚的概率节节升高，今天的人口组成及婚姻数据一再证明这一点。

我们可能还要问：那为什么人们结婚时没有考虑到长期的风险？答案有两个。首先，大家的确发现了风险并且开始做出应对，导致结婚率下降。人们会更注重个人需求，也拥有选择的自由。

其次，有些人衡量了风险与收益，不过长期的风险对他们来说太难以感觉并估量。因而很多人看不清未来，所以许多政府以法律强制国民为退休提前存款。婚姻也是一样的道理，短期的益处让许多人无视长期风险。如同前面提到的，纵向研究显示在提升幸福感方面，婚姻的作用主要是短期的，大约只维持到婚礼前后，两年后就会回到原点，不过风险却会延伸到遥远的未来。

以上讨论指出，婚姻不该是排解老年孤独的唯一解决方法。如何在没有另一半的情况下快乐步入老年，这值得我们研究。从未结婚的人在人生前半段就已习惯这样的生活，其他族群也可以采取特定策略，让单身生活过得幸福快乐。

单身老年人快乐的秘密

如何为老年生活做好准备？目前的研究只触及表面。这并不意外，毕竟现在的主流观点仍是通过婚姻来寻求安稳的老年生活。不过就像之前所提到的，随着预期寿命提高，人口组成改变、婚姻模式变动，现在的婚姻不一定能达成这个愿望。我进行了几次访谈，将在接下来的章节中剖析老年离婚、丧偶及从未结婚的族群是如何适应全新的现实情况，如何在单身生活中累积快乐、克服孤独。这些建议不只对老年人有帮助，对那些误以为如果不结婚老年生活就会孤单悲惨的年轻人会更有用。

进行访谈后我发现，现实情况与我们所以为的截然不同，可能使我们对婚姻完全改观。有意思的是，我原本已预料到我会听到许多老年单身人士的快乐故事，不过他们所描述的快乐生活的多种方式和普遍程度仍令我感到讶异。我不是唯一感到惊讶的人。研究者兼作家艾瑞克·克林恩伯格在研究“灾难”这个看似天差地别的主题之后，也开始关注单身人士。他研究灾难的社会学脉络时，接触到遭遇天然灾害的老年单身人士，了解了他们面临的困难。之后他开始研究单身人士所面临的困难与挑战，却发现许多老年单身人士其实过得不错。

不仅如此，有些我访问的受访者年轻时也没有料想到自己会对单身生活那么满意，连他们自己都感到讶异。他们完全无意改变这种状态。

看来我们应该收回固有观念，听听这些心满意足的老年单身人士的故事。这个族群比我们预想的还要快乐，为什么会这样呢？我进一步探寻快乐与不快乐的老年单身人士之间有何区别，单身人士是怎么看待自己的老化过程的，此外，身为老年人的他们，对自己的单身状态又有什么看法。

显然，长期单身人士和那些曾经有过传统家庭，但因为某些变故转为单身的人，回答是不一样的。对前者来说，老年独自生活并不会带来太大的变化，和过去没什么不同。而对后者及非自愿单身的人来说，他们要被迫适应变动的环境，培养新的习惯及生活方式。因此我们有必要听取两个族群的回答，才能了解老年快乐单身背后的秘密。这两个族群为了适应单身生活，都各自运用了哪些不同的策略？

自愿选择单身的人多半不后悔

我在快乐的老年单身人士身上发现的第一个特征是，他们能够回头审视导致他们单身的原因并取得掌控权。以心理分析的术语来说，生命回顾指的是人生的最后阶段所经历的一种渐进过程。在此过程中，老年人通常会重新审视、评估并寻求接纳自我，自觉地处理过去未解的冲突。对于老年单身人士来说，其中一个明显的未解问题就是未能维持婚姻的原因，为什么未能以传统的惯常方式度过老年生命阶段。快乐的老年单身人士能够逐渐接受自己未遵循传统家庭路线的事实，从他们选择的生活方式中找到意义，而对丧偶者来说，就是接受失去，发现正面价值。

研究人员发现，受访者描述自己单身原因的方式大相径庭。快乐的老年单身人士表示自己从来就不想要结婚，他们为自己的人生负责，并对生命中其他取代婚姻的社交联系感到满意。

这在从未结婚的族群身上尤其明显，朋友、家族、社群的往来使他们能够抵御偏见，自信自己没有“错失”人生。而那些不快乐的老年单身人士将自己的关系状态归咎于外在环境，例如，从未找到“对的人”、健康因素、阻碍自己约会交往的家庭责任等。

有些人是情况使然而不得已单身，他们能保持快乐，是因为他们逐渐学会接受现实，甚至开始享受到自愿单身人士所追寻的掌控权。这表示长期单身人士越快接受自己单身的原因，就能越早接受自己“失去”建立传统家庭机会的事实，进而摆脱自卑感，享受自由。

也有其他学者指出，选择单身的人对于自己的人生及命运享有单身专属的掌控权，进而转化为正面的生命回顾以及更高的自尊。此外，部分研究发现，不因没有结婚而感到缺憾与寂寞程度低具有相关性。

这份单身研究和我的访谈及博客文章分析得出了同样的结论，有一位年龄不明的匿名博主写道："你年岁渐长，照镜子时看到自己皱纹遍布，你仍然单身，没结过婚，那又怎样？如果你有充足的理由不结婚，比如，不希望自己进入错误的关系中，或者过去曾经犯错不想重蹈覆辙，或者不想只是因为不愿独处而勉强和某人在一起，或者是不愿意屈就，无论怎样你的选择是对的！"

这位博主对于单身感到快乐，这样的生命历程是她有意的选择。事实上，正因为这是她自己的选择，她感到开心，也更加享受。生活在布鲁克林的 57 岁的莉萨表示自己感到苦涩与厌烦。在访谈中，她说她不想要和任何人结婚，而且从不相信婚姻。不过她现在之所以感到苦涩，并不是因为自己单身，而是因为当她回顾过去时，因遭到背叛而感觉无助、挫败。

她说："我上一段关系维持很久，但那个浑蛋为了一个比我年轻 30 岁的人抛弃我。他们结婚了，搬到瑞典去住。背叛令我痛苦。我原本很快乐，一个人也很快乐。我受够了。我对人生感到灰心丧气——他扼杀了我的灵魂。这里曾是我的公寓，现在我坐在家门外。我 57 岁了，有三个室友——我从来没想到我会有室友。我真的觉得很不甘。我们在一起 10 年，结果某天晚上他回家跟我说他要离婚。"

莉萨回顾人生时，看到的是不忠与背叛。在访谈的前段，她表示自己一直都对婚姻抱持怀疑的态度。她说：“我没有一段感情维持超过两年，我从来不相信长久的爱情。”但她以为和上一个男人的长期关系会有不一样的结局。回顾时，她不仅对失败的关系感到失望，也责怪自己的轻信，以致遇人不淑。有人向她求婚，而也正是这个人硬生生地结束这段感情。这样的故事让她觉得自己无法真正掌控自己的人生。她把感情失败和经济水平下降联系在一起时，这种失控感又再度浮现。虽然她没有提到前任导致她损失财产，但她认为，她现在需要室友就是因为有人毁掉了她的人生。

莉萨与那位匿名的博主对自己单身的原因有截然不同的看法。莉萨觉得厄运缠身、遭到背叛、厌倦一切；匿名的博主则认为单身是自主的决定，是所有可能选项中最佳的选择，而她对此负起全责。这两种不同的态度使她们对单身有不同的感受：莉萨感到苦涩，而匿名博主则毫不懊悔，非常满意。

图 3 是我对欧洲社会调查的分析，显然快乐的老年单身人士高度重视独立做决定的能力。

在所有 65 岁以上的单身受试者中（从未结婚、离婚、丧偶），不论快乐与否，有 29% 认同问卷中“自己做决定及拥有自由很重要”的表述，而已婚人士中只有 25% 如此认为。此外，在快乐程度高于平均值的未婚族群中，这个数据跃升至 37%，而已婚族群中只有 29%。这种大幅差距说明快乐的老年单身人士特别重视婚姻决定的自主性。

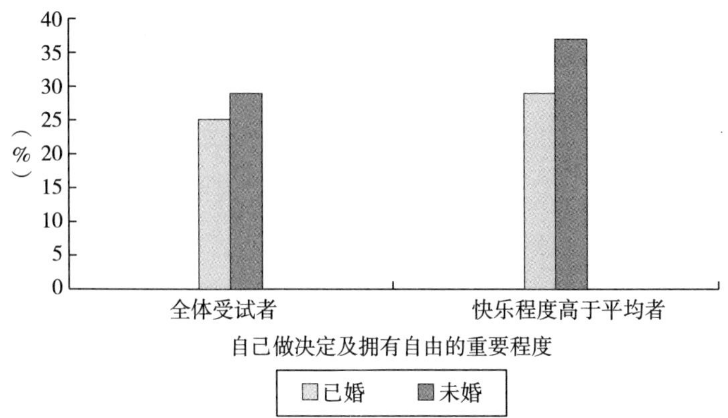

图 3 独立决策对已婚及未婚者的重要性

资料来源：欧洲社会调查。

“孤独终老”与“享受独处”的区别

当我比较年轻与老年单身人士的回答时，我观察到第二个特征。访问部分年轻单身人士时，我多次听到“担心年老时会感到孤独”的回答。部分年轻人似乎很难想象快乐的老年单身生活，改变观念需要一点时间。不过和较年老的单身人士交谈时，我发现快乐的人十分享受独处，而不会感到孤单或觉得与亲友失去联系。他们反对独居老人就一定很孤单的说法，认为独处与孤独是两个概念。

71 岁的离婚女士罗妮在博客中写道：“想要独自一人，享受寂静，逃避过多的社交，有那么糟吗？……不论在任何年纪，‘独处’都是一个美好的词，因为这永远是个人的选择。而且，对我来说，独处还有另外一个优点：我对社交活动感到疲惫。聚餐或拜访朋友之后，我不仅想要独处一阵子，还需要借此来恢复精力……有人不喜欢独处，觉得孤独，也有人享受独处的时光。”

罗妮解释孤独与享受独处之间的差异，强调这两者是相关但不同的概念。快乐的老年单身人士不太会感到寂寞，也不会因没有伴侣、家人或朋友感到难过，因为他们极擅长与大家庭相处，或通过各种社交联系来满足人际互动的需求。同样地，快乐的老年单身人士会避免社会孤立，积极与他人联系互动，他们通过各种方式进行社交互动，我将在第四章进一步讨论这一点。

不过由于有许多老年单身人士独居，他们不可避免地会有不少独处时间。虽然偶尔会希望有人在家陪伴，不过快乐的老年单身人士都能够从容应付独处时光；对他们来说，独处不代表寂寞或孤立，纯粹就只是享受独自一人的时间，或者把它看作日常生活的一部分。

约翰·卡乔波是芝加哥大学认知及社会神经科学中心的主任，他以孤独为题撰写了一本基础研究著作。他在一次访谈中解释道：“一个人不等于孤单，不过这两者在我们的社会中都遭到污名化……偏好独处的人出于罪恶感而往外寻觅关系，但踏入关系后反而罪恶感加深。快乐的单身人士和快乐的已婚人士一样健康。”

借由重新定义独自一人、孤独和单身的意义，老年单身人士可以提升自己的快乐程度，采取实际的行动躲避孤独，减少死亡焦虑，保持幸福安康。

60多岁、离婚两次的黛安娜住在西雅图，她写道：“很久以前，我是已婚。那段婚姻结束后，我生平第一次自己搬出来住，我以为我就要孤单死去。我没有人可以说话，没有人依偎拥抱，没有人会在我排版一整天下班回家后揉揉我的肩膀……现在回顾那些日子，我笑了。我一个人生活只不过6个月——才6个月！不过那时感觉就像一辈子。现在我独自生活已经快要20年了……我感到自在多了……我可以在早上6点听着1970年代的摇滚乐跳舞，可以把浴室变成供奉棒球员卡洛斯·希尔瓦的神坛。不论好坏（借用这句婚誓中常见的句子），你的好戏登场了。”

黛安娜描述了从孤独到能与“单身的自己”自在共处的渐进过程，后来她甚至为独立自主感到欢欣陶醉。这里隐藏着一个矛盾现象，在老年人身上尤其明显。已婚的长者很可能几乎没有独处的时间，他们总是有人陪伴，然而他们可能最难以承受孤寂，原因正是他们从来没有真正的独处经验。如果已婚人士没有“练习”独处，他们会比单身人士更不适应孤独，陷入社会孤立，黛安娜第一次离婚后就面临这种情况。对从未结婚的老年单身人士来说，独处可能逐渐成为普通，甚至是正面的生活经验，已婚人士平时如果没有在丰富、活跃的社交及家庭生活中安插独处时光，一旦离婚或丧偶，就会处于情绪忧郁的高风险中。黛安娜是在重新挖掘“单身的自己”后，才开始对独处感到自在愉快。

还记得66岁的苏菲亚吗？我们在本章开头提过她渴望他人的碰触。不过她也在博客中记录了自己摆脱孤寂，开始享受独处的过程。一年后，她写道：“现在，我对生活感到十分满意。我花很多时间做自己喜欢的事情，也就是写作。此外，我也忙于主持网络广播节目，和朋友聚会，而且我近期将到拉斯维加斯旅游。那天我突然想到，如果我遇到某人，和对方结婚，那我很可能得放弃一部分这些耗时的活动！”

显然，苏菲亚仍希望伴侣的陪伴。不过经历这个过程之后，她开始看到独自生活的优点。她为自己安排了许多活动，也开始审视一年前的深层渴望。她的渴望不会轻易消失，但她的确开始以另一个角度看待独自生活，也培养出照顾自己的能力，这对她来说是最重要的。

人们之所以害怕独自老去，主要是因为单身所附带的污名及单身等于无助、悲伤和寂寞的成见。许多人觉得有必要与别人共度人生，同时也配合伴侣（及子女）来调整、改变自己的生活方式；而快乐的老年单身人士则选择了另一条路。就像亨利·戴维·梭罗所说的："大部分时候，我觉得独自一人令我心满意足，没有比独处更好的陪伴。"

"我老了后，有能力照顾自己"

亚当是一位年轻的单身人士，今年 32 岁。他的事业非常成功，在柏林郊外拥有一间漂亮的公寓。不过他接受访谈时把身体不便列为需要结婚的首要原因。他预想到行动不便或是健康出现严重问题的日子，而这种可能性促使他想要找个人互相依靠。当然，他也知道这种想法不够理性：到了身体出状况的时候，他很可能已经离婚，或是伴侣同样生病而无法照顾他。然而，这种忧虑仍驱使他步入婚姻。

对于老年身体不便的担忧，亚当充分呈现出年轻人及老年人想法的差异，这很耐人寻味。看似违反常理，但年轻人确实比老年人还要担心晚年的身体问题。皮尤研究中心的一份特别报告显示，18 岁至 64 岁的受访者对于老年生活的想象与老年人所叙述的实际情况有很大不同。举例来说，在18岁至64岁的受访者中有57%认为老年会出现记忆丧失的问题，但65岁以上的受访者只有25%实际出现这个问题。此外，42%的人认为老年会出现严重疾病，而65岁以上受访者只有21%出现这样的问题。最后一个例子是孤单的情况，也就是本章主要讨论的议题。虽然有29%的年轻人认为老年会感到寂寞，但只有17%的老年人表示有这样的经历。

即便是经历过老年不便情形的人，也比预想的拥有更多掌控能力。快乐的老年单身人士有一个特征，那就是有能力预想到可能出现的紧急情况，并做好准备。有些单身的老年受访者说明自己会准备额外的存款，持续工作，甚至是拟好遗嘱，以便掌控这些难以预料的情况。这第三个快乐特征正是老年单身人士所采取的实际调整措施，用来应付身体下滑的状况及财务限制，为自己与他人负起责任。

人到老年尤其需要稳定的财务状况，如此才能确保行动不便或健康出现问题时能获得照料。必须要有预先规划的投资，老年时才有保险或足够的存款来支付看护服务。不过在大多数国家中，并不是所有人都拥有这样的财务准备。因此，全球各地近来开始出现新的解决措施。举例来说，结伴养老就可以降低孤独感，同时节省开支。联合国人口署早在21世纪初就建议为未婚老年人士建造特别的居所。一位名叫特雷莎·克拉克的女子领导巴黎一群活力充沛、充满热情的女性主义者，设计出专属于女性的共同自治住宅区，想要独自生活终老的女性都可以入住。除了为必要的医疗人员预留一个房间外，其余都是个人天地。她们照顾彼此，没有聘请厨师、看护等。后来，世界各地的很多团体也纷纷仿效。

比如在多伦多有一种跨代男女合居的居住模式，年轻人与老年人同住，每个人扮演不同的角色，各自承担责任，彼此互惠。

《纽约时报》探讨了这个逐渐兴起的现象，报道了其他类似的居住模式。其中一个是克里斯汀·柏金斯的创意，柏金斯是俄亥俄州的承包商，60 岁出头，她为自己和三位朋友在俄亥俄州郊区盖了一栋房子，特色是建设了适合老年人士的设施，比如，不需要弯腰就能使用的插座。她说如果室友罹患阿尔茨海默病等严重疾病，她不会考虑去照顾对方，但其他的日常生活，她和朋友都乐于协助彼此。

另外也有老年单身人士通过与年轻人共享住房来解决自己身体不便的问题。年轻人可以省下房租，拥有室友（即便是单身老年人）也能带来社交上的益处。虽然在多数文化中这并不是常见的方式，还是有人勇于尝试。乔纳森就是一个典型的例子。这位 26 岁的单身学生一贫如洗，住在耶路撒冷。上一份租约即将到期时，乔纳森的电脑突然出现故障，使他的银行账户被透支。由于付不出房租，他被房东赶了出去。幸好他看到当地布告栏上的一则广告，是比他年长 70 岁的单身男士雅各布发布的，上头写着："诚征学生室友，每周协助退休房东打理家务数小时，换取免费食宿。"

雅各布独居，行动不便。他的退休金并不充裕，无法支付保姆的费用，也没有余钱外出社交。不过雅各布有一个小小的空房。在简短的面谈之后，乔纳森搬进了雅各布的公寓，只要平时协助处理基本家务，例如，清洁打扫和购买日用品，他就能免费住在雅各布家。雅各布则获得一位家务助理，几乎没有什么费用，此外两人互相做伴，彼此照顾，也是一种情感上的安慰。

雅各布和乔纳森大概不知道，他们这种共处模式就是跨代合居。目前，老年人与学生的住房共享计划已在世界各地流行起来，虽然多数计划是由非营利组织管理，但它的潜在好处已经非常明显，还能处理不同人口族群中各式各样的问题，因此政府也有意扩大这个计划。它给老年单身人士带来的好处明显可见：免费的个人照护及居家协助，温暖的陪伴和友谊，还能提升安全感。另外，房东可以用较低廉的房租换取协助，这也为财务吃紧的老年单身人士提供了额外的收入来源。

另一个越来越受欢迎的模式是孙子孙女与祖父母同住，孙辈照顾祖父母，同时不用负担房租。其他模式还有老年单身人士出租空房间给游客，这样房东能获得陪伴，也更有安全感。有一个叫作“免费鸟俱乐部”（Freebird Club，网址：thefreebirdclub.com）的网站就结合了 Airbnb（爱彼迎）及社群平台的功能。这个网站有一些特设的措施，例如，通过短信发送清晰的通知，方便那些不擅长使用电子邮件的老年人与房客轻松沟通。这个平台通过企业及社群的形式经营，服务世界各地的老年人，受惠最多的无疑是老年单身人士。事实上，创办人之所以创立这个企业，就是因为他看到父亲在母亲过世后，通过在漂亮的家中接待客人又重新找回快乐。

老年单身人士通常也可以在自己的小区及邻里中找到相关资源。有越来越多慈善机构及政府提供每天打电话到独居老年人市民家中的服务。以加州为例，当地就有约 250 个小区型独居人士服务中心，各地小区中有许多义务性质、非官方的针对老年人的服务，例如，开设各种兴趣课程，组织健身活动或举办社交聚会等。

50多岁的香农在《纽约时报》的文章中留下评论，描述她和其他老年邻居的关系："当我那些老朋友老去的时候，我打算去照顾他们。有些人虽然有子女，不过都住在几千英里以外的地方。最棒的社会安全网就是，你老去之前，为自己打造一个社区：协助别人，互相帮忙，倾听他人，建立长久的友谊。住在稳定的小区里很有好处。我在这里住了25年了，这是一个小型的乡下小区，面积不大。我的邻居大多是我挚爱的好友，他们六七十岁了，而我50岁出头。我退休之后，他们也到了需要人照顾的年龄，而我很愿意伸出援手。"

前面提到的32岁的亚当，他特别害怕老了以后身体出问题。尽管他现在还年轻，还不需要人照顾，尽管他有极大的可能遭遇离婚或丧偶，尽管预想的需求和实际需求间有很大差距，尽管婚姻未必能给他带来安全感，亚当仍然害怕年老未婚。他的感受值得我们深思，为什么这些恐惧如此难以消散呢？

有证据显示，这不单纯是身体方面的忧虑，而且是一种铭刻于童年时期的情感忧虑。成长过程中，我们已经习惯有许多同龄朋友的陪伴。在幼儿园、学校，甚至大学中，我们周围总有同龄小伙伴和为我们提供保护和照顾的人。当我们离开校园，逐渐走上不同的人生路途，进入社交强度较低、保护变少的成人世界，当我们离开同侪及保护角色时，寻找伴侣的欲望就达到了巅峰。

不过有意思的是，有一份研究显示，寻找伴侣的欲望仍会随着年龄增长快速下降。25岁至34岁未婚或无稳定关系的人，约有四分之一没有结婚的意愿，而在35岁至69岁的单身受访者（其中也包括从未结婚者）中，有三分之二没结婚打算。这表明结婚的社会心理压力在成年前期最高，形成一个钟形曲线，25 岁至 34 岁年龄段的人结婚意愿最高。

快乐的老年单身人士会为自己安排多种多样的社交生活，他们并不觉得一定要结婚。就像巴黎的克拉克打造一个让老年女性共同居住的自治住宅，俄亥俄州的柏金斯为自己及三位朋友打造共享住房，雅各布与学生同住……单身的他们会主动采取措施，以创新又稳妥的方式，确保自己身旁一直有人协助陪伴。

走向心理学带给我们的帮助

老年单身人士会面临双重的社会挑战：年老又单身的污名。长期单身会引发不少负面评价，暗示单身人士“一定有某种问题”，而老年单身人士还要面对身体状况较差、个性无趣、欠缺安全感等社会偏见。54 岁的吉奥凡尼出生于意大利，过去 30 年都住在以色列北部，他在访谈中表示：“你独自一人走进餐厅，其他人总是暗地把你当成怪胎。以前并不会这样。几年前，我自己一个人到埃拉特，坐在海滩上，总会有人走上前来问候我，不过现在如果我出现在海滩上，其他人会刻意跟我保持一段距离，仿佛心里想着‘那个形单影只的怪人是谁’，也许是年龄的原因吧，上了年纪又孤身一人，在别人眼里就是有毛病的。”

吉奥凡尼正经历着双重社会偏见：独自一人使他感到不自在，而这种感受随着年龄增长越发强烈。似乎年轻时独来独往就表示很酷，但到了他这个年纪，就变成老怪物了。不过我在访谈中发现，快乐老年单身人士的第四个特征是，他们会调整自我认知，来应付这些社会压力及偏见。

以老年单身人士来说，从未结婚与离婚 / 丧偶者的自我认知十分不同。从未结婚的长期单身人士是自我调整的楷模。早期研究显示，比起其他婚姻状态，从未结过婚的人到晚年会活得更自在，因为他们从来不需要通过婚姻来证明自己，同时也因为他们已经养成了独自生活的良好习惯。换言之，长期单身人士擅长寻找社交机会，因此他们拥有强大的社交网，并由此建构自我认同。即便承受批评、偏见或社会压力，突然的生活变化也不会影响他们的自我认知，不会降低他们的快乐程度。有研究发现，比起刚脱离婚姻关系的人，从未结婚的老年人更少感受到压力，对于独自生活更自在。

我遇到的那些快乐的老年单身人士对于自己和已婚朋友或家人之间的差异毫不在意。也有部分人承认有时会因为单身而感到压力，他们不愿因为自己的生活方式及婚姻状态而被视为“局外人”或被看低。对老年单身人士来说，坚信自己与其他人一样，不该遭受偏见，这样的观念是力量的来源。有些人还会强调自己的品格及生命的意义，借此建立起另一种认同。居住在佐治亚州的玛丽今年 60 岁，从未结婚，她在访谈中表示：“如果你能理性面对单身，你就能利用单身的时间来成长、发展，做真正的自己。”

最后她得出结论：“单身也很好！”玛丽在此应用了正向心理学的原则。她特别强化对于自我及主观经验的正向态度，并且把特定负面看法的影响降到最低。

那么正向心理学是否真的能提升老年单身人士的快乐程度？正向心理学的实际应用包括正向肯定、写作练习、自我奖励。不过这些方法是否真能像玛丽所说，提升老年单身人士的幸福感？

虽然目前没有太多的研究案例，但的确有足够的证据显示正向心理学可以产生积极的影响。研究发现老年人的快乐程度与身体健康、认知功能及社交频率之间有强烈的正向关联。有意思的是，加上正面自评的项目后，研究者发现：许多身体状况不佳、认知功能下滑，或是社交互动有限的老年人仍表示自我感觉良好，认为自己相当快乐。这表示正面自评十分关键，能够抵消客观因素的负面影响。

正向心理学也和个人对死亡的态度有密切关联。对老年人来说，死亡如影随形。和年轻人相比，大多数老年人经历过长辈的过世，或是看到朋友、兄弟姐妹身患重疾。我所遇到的快乐老年单身人士大多把死亡描述成生命中“必然会经历的一件普通的事”，这让死亡变得不那么可怕。他们在访谈中不避讳谈论死亡，并且拥有正面的态度与充足的心理准备。

寻求朋友、亲人、宠物的陪伴

第五个特征是建立能替代亲密关系的联系。所有年龄层的人都离不开社会支持（这点将在第四章进一步说明），老年单身人士尤其受惠于此，老年人若能根据自己独特的个性、需求、资源建立多样的社交联系，将会很有帮助。有一份研究调查了 1003 位老年人，指出通过社会支持的丰富程度能预测老年的生活满意度，而社会支持对于年纪越大的受试者影响越大。另一份研究显示，社会支持能减少老年单身人士的焦虑感，同时鼓励他们选择积极、健康的生活方式。老年单身人士也非常需要友谊：在缺乏与配偶或子女互动的情况下，朋友能帮助老年单身人士保持身心健康。

提到朋友时，大部分人会想到同侪群体中的人物，但老年单身人士可以和各式各样的人建立友谊。比如，单身人士、已婚人士、同性、异性，或是不同世代的人交朋友。早期研究指出，年纪较大的已婚人士常把异性友谊视为禁忌，或认为可能伤害配偶。比较近期的研究指出，这种规则对于老年单身人士的交友不构成限制，因此如今的老年人多半有异性朋友。多样的友谊能促进老年单身人士的身心健康。

68 岁的芭芭拉丧偶 24 年，她写道："我常常向外寻求帮助，打电话给每一个我认识的人，也许其中只有一个有空和我出去逛逛或打发时间，但我每次都能约到人。经常主动寻求陪伴，会让我心情好，朋友们也是如此。长时间自己一个人最后会引发抑郁。我 65 岁的时候退休，不过还是尽量保持忙碌，比如，园艺、旅游，我也很喜欢到老人院当志愿者。我待在家里的时候，会有人打电话问我好不好，我也会做同样的事。"

芭芭拉的生活中排满与朋友的活动。她精力充沛地从事社交活动，经常联络朋友。她说这种策略有助于提升身心健康，而她的朋友也热情地响应她的邀约。另一个例子是 52 岁的肯德拉，她写道："孤单不是老人的专利，生病也不是。如果你总是乐于付出，支持别人，你也会在需要的时候获得关爱与支持。如果你过着自私、不顾旁人的生活，那么当你需要支持时，很可能会发现自己一无所有。”肯德拉审慎思考老年未婚的情况，不确定自己是否错失了什么，或者会不会比已婚的人更容易感到孤独。不过她的答案十分明确：花心思建立社交联系能在需要的时候获得回报，令人心安。这加强了她的信念，使她在这个推崇婚姻的社会中活出意义。

身旁陪伴你的人能带来最多的社会支持，例如，朋友和家族，或是小区中关系紧密的邻居，不过如今的老年人（尤其是单身老年人）还能通过科技来获得社会互动，让原本孤立的个人与他们认识、关爱的人，甚至是陌生网友沟通联络。老年单身人士可以利用各式各样的在线社群、专门的协助服务及支持网络，这都对提升快乐感非常有帮助。“长者星球”（Senior Planet）网站上，有两位老年单身人士就在一篇文章的留言区互相交流，在持续的网络沟通中，最后发展到线下见面。

高登：“我太太在2017年1月过世了，我真希望有个共同生活，分享心情的人。我87岁了，听起来也许很老，不过我有一位55岁的亲近好友，她觉得我很有吸引力，但是她有丈夫，不打算离开他，破坏家庭。有人对我有兴趣吗？”[6/26/2017,8:25]

薇薇安：“我也是自己一个人住，孩子分别33岁和26岁了。我还在工作，不过傍晚和晚餐时真的很孤单。”[6/29/2017,11:54]

高登：“薇薇安，你到脸书搜寻我的名字，就能找

到我……还有很多我美丽妻子的照片，谢谢你发信息给我。” [6/29/2017,13:14]

薇薇安：“高登你好，感谢回复。如果有人可以一起吃晚餐、看电影、聊聊天，那会很棒。我会到脸书上找你，你有什么兴趣？很期待认识你，祝你有美好的一天。薇薇安敬上。” [7/5/2017,13:54]

高登和薇薇安之后继续通过脸书交谈并相约见面，互相陪伴。像高登和薇薇安这样的老人在人们的刻板印象中大概不擅长使用智能手机、网络与社群平台，不过近来的证据显示，科技对于长者来说越来越不陌生。事实上，过去 10 年来，网络及数字科技的使用已成为提升老年人生活满意度的关键要素，对于身体较虚弱和高危人群的影响尤其大。因此，频繁与亲朋好友交流对于孤寂风险较高的老年单身人士有益，和年轻一辈的互动对他们更有帮助。

老年单身人士运用家庭资源的方式也和已婚人士不同，已婚的老年人更倚赖配偶，而老年单身人士（尤其是无子女者）较注重亲戚关系，会动用更宽广的家族支持网络。许多单身人士非常重视自己的家庭成员身份，近来的研究显示单身人士比已婚人士更重视家人的角色。我也在访谈时发现，快乐的老年单身人士会通过维系家族互动，积极为晚年的单身生活做好准备。未婚的老年人与兄弟姐妹维持紧密关系的概率较高，在某些情况下还会与兄弟姐妹同住。

有些研究特别关注老年单身人士的侄女、外甥女及侄子、外甥所扮演的角色。他们共享家族历史、长期互动，价值观通常相近，这都有助于建立有意义的互惠联系。随着长辈老去，这种关系变得更加深厚，尤其是在他们没有结婚的情况下。有一位年龄不明的女性博主写道：“我有一个侄女，我以她为荣，常爱护她。我还有一只狗儿子，我知道狗不是真正的孩子，但这对我来说足够了。”

除了培养大家庭的关系，小区型服务也能有效减缓孤独感，协助老年单身人士面对他们独有的困境并降低其负面影响。老年活动中心可以组织活动及社团，这些服务尤其有效，也为紧急情况提供庇护及安全保障。这些活动中心也能迎合老年人的需求，让他们与面临相似困境的同伴交流互动。老年人可以在这里与志同道合的友人分享兴趣，参加适合其年龄的活动。研究显示，老年单身人士（尤其是女性）最常参与长者中心的活动，也因此最容易扩展社交联系。这些服务对于没有子女、居住地离子女较远，或属于少数族裔的老年单身人士来说非常重要。对老年人来说，老年活动中心提升了社会支持及服务的实用性。

最后，动物辅助治疗或只是在家里养一只宠物都有助于减少焦虑感，也能减少负面的行为模式，例如，生气与自残，还能提高活动力，促进身心健康。我在咖啡馆访问65岁的塔提安娜时，她没有提到当时拥有任何特别、有意义的关系。不过在访问结束后，我回到桌边时发现她正通过Skype与她的狗及小狗的保姆谈话。我发现她和小狗的关系在她的生活中扮演着核心角色，但她在访谈过程中没想到要提到这一点，当我问起她时，她表示自己和小狗非常亲近，小狗为她的生活带来许多欢乐。

饲养宠物及动物辅助治疗的相关研究，大多把人与动物的亲密接触当作心理疾病的治疗方法，不过目前有越来越多证据证实，拥有宠物也有助于降低老年人及孤单者的社会孤立程度及无聊感，饲养小狗这类需要出门散步运动的动物帮助尤其大。与宠物一同外出可以增进饲主的对外联系及社交应对能力，尤其可以提升社交互动的频率及谈话的深度。这对老年单身人士来说特别重要，因为他们通常已退出就业市场，缺乏与他人的互动机会。

快乐的单身策略

人生的最后阶段，单身一人的景况迫使我们面对内心深沉的恐惧，许多人因此步入婚姻。我的分析结果对这个论点提出质疑：婚姻是防止老年孤独、提升幸福感的唯一解决方法吗？我的研究显示，虽然许多人由于害怕老年孤单一人而步入婚姻，不过维持单身的人拥有一套方法，让他们对于单身生活更有准备。长期单身人士能接受自己的关系状态，学习享受独处，建立人际网络，帮助自己克服身体不便，打破刻板印象及偏见，找到取代浪漫关系的友谊，他们通过这些方法适应独自一人的生活，提升快乐感，以及降低寂寞程度。

这些发现的因果关系并非一目了然。这套提升单身人士幸福程度的方法，是因为单身人士必须适应现实情况才发展出来，还是因为单身人士运用了这套方法，所以提升了单身的快乐程度？换句话说，也很有可能是因为这些人原本就爱好独处，所以才维持或变为单身，但单身人士不一定都能学会这些策略。这项假设触碰到一个更大的问题：大家能否仿效本书提供的策略？

就如同研究结果及我所进行的众多访谈呈现的，单身人士适应现实情况的故事告诉我们，这套策略可以通过学习获得。在这些访谈及博客文章中可以明显看出，人们意识到自己将长时间过着单身生活后，他们有能力采取这些策略。苏菲亚就是一个很棒的例子。她单身 9 年后才开始意识到自己的情况并接受现实，又隔了一年才开始采取某些策略，然后展开精彩的单身生活。这些策略原本并不是她生活的一部分，但她把这套方法纳为己用，将自己的生活状态从单身变成快乐单身。

因纽特民间故事给我们的启发是，我们有时无法选择是否独自一人，但我们可以决定要不要觉得孤单。故事中的老太太也许没有预料到被抛弃，就像刚结婚的年轻伴侣不会预想到离婚或配偶死亡之后的孤寂，但她勇敢面对现实情况，与昆虫结为朋友，展开精彩的人生。同样，就算有些单身人士觉得自己是被迫变成单身，他们也可以采取这些策略，充分运用生活中的各种机会。

真正令人惊讶的大概是老年单身人士能有多享受人生。民间故事中的狐狸原本应该把因纽特老太太咬死，却为她带来年轻迷人的未来。同样，我们原先把单身生活想象得充满痛苦与孤寂，不过后来发现长期单身能培养我们的适应能力，让人老年后也不会感到孤单。我所遇到的老年单身人士在社交、财务及居住方面做了别出心裁的安排，以便应付晚年单身的挑战，值得我们学习。了解老年单身人士如何应对现实生活并活出精彩，我们可以学习改善单身及已婚人士身心健康的方法，并对此展开一场重要的讨论，思考结婚真正的原因。

第三章 社会压力与单身歧视

在世界各地，文化和社会态度都会深深影响个人对感情和婚姻的选择。如今，单身仍会常常引发社会和个人的负面观感，尤其是单身女性，面临的处境更加恶劣。

我走进特拉维夫市中心一座美轮美奂的建筑，不知道接下来会发生什么事。我先前收到一封转发信，通知有场工作坊的说明会，该工作坊主题是“如何对单身感到自在”，其中包括活动日当晚首次举办的一系列聚会。

我感到欣喜万分。这就是个绝佳机会，可以了解单身人士如何通过专业协助来营造出幸福的单身生活，我迫不及待想更深入了解具体细节。入口处的标示牌写道：“匿名单身人士，四楼。”我每走一级台阶，就多一分期待，我知道我即将见识到一场革新。

这个工作坊就像是沙漠中的绿洲一样。在以色列，结婚成家的观念根深蒂固，且出生率在经济合作与发展组织国家中居首位，看来单身人士终于能在这个地方获得慰藉和接纳，想必能有真正令人耳目一新的体验。

我进门时会场已满座，有 30 多人到场，多数人的年纪介于 30 岁到 40 岁之间。聚会开始了，兴奋的情绪在空气中弥漫。

工作坊的讲师说道：“对自己单身感到满意的人，请举手。”只有一名女士举手。“对自己单身感到不满的人，请举手。”这时有两位女士举起手来，其中一人就是刚已举过手的那位，看来她对自己的情况充满困惑。

这时我心想：“那其他人呢？”身旁的人陆续低声发言，我的疑惑立刻得到解答。后方一名女士说：“嗯，我还好。只是大家一直催我要赶快结婚，实在让人受不了。”

坐在中间位置的一名男子说：“我也是，常有人说我太挑剔，这样的话都听烦了。”

另一人说：“大家以为我不爱自己，或是自信心不足。”

讲师让大家静下来，说道：“好的，谢谢各位。在这个工作坊中，我会教你们找到完美对象的各种诀窍和招数。我们会练习约会和互相扶持的各种方法。你们很快就能找到伴侣了。”然后她继续介绍课程，“我们也会学习如何写出完美的相亲时的自我介绍，还有如何好好和对象互动调情。”

我心想：“不对呀，大家向往的不是这个吧？”或许场上有些人想听听约会技巧，调情方法，如何设计出亮眼的个人档案，但那些真正困扰他们的事呢？那些想要拥有自在单身生活，也就是维持单身现状的人怎么办？显然，大多与会者想要寻求的不是什么浪漫爱恋，他们只不过是想要根据处境调适自我，缓解社会压力。

看来是我判断失误吧！我太过乐观了。“匿名单身人士聚会”意思再清楚不过，只要把“单身人士”一词换成“成瘾者”“赌徒”“酒鬼”，就能体会与会者被施加的污名。也就是说，单身状态是要极力避免或是克服的事，甚至是一个要赶快逃离的泥淖。要是你无法成功脱逃，就要尽快寻求专业协助。无论如何，不要告诉别人你有单身的困扰，这会让人瞧不起你。就像是皮肤上起了难看的疹子，必须好好藏起来，不让别人发现。

特拉维夫和其他多数地方差别并不大。在世界各地，文化和社会态度都会深深影响个人对感情和婚姻的选择。大家从小就受到社会化洗礼，认为有朝一日一定要结婚，建立稳固的家庭。单身仍会常常引发社会和个人的负面观感，尤其是单身女性，面临的处境更恶劣。

社会上的催婚风气，压迫着单身人口，令人不禁想问：为什么有越来越多单身人士受此压力仍选择不婚？他们有什么新的策略可以克服在社会上所蒙受的污名，并且抵抗周遭的压力？

如果要找到解答，可以先理解单身人士遭受的社会压力、污名化以及歧视问题。接着我们就能关注单身人士用来克服社会压力的策略，包括自我接纳、正面自我观感、抵制歧视以及提振单身力。

单身人士所承受的污名化及社会压力

英文的 stigma（污名）一词源自希腊文 στίγμα，原义可以简略翻译为“污点”或是“标记”，是深植于古希腊文化的概念，指叛国贼、罪犯或是奴隶身上的显眼刺青或是烙印，这些人被视为道德水平低下，也就是“腐化”的人，大众要避免跟他们接触，把他们隔离开来。时至今日，这个词汇的语义已与过往不同，而现今施加污名的理由有很多种，且以各种形式影响着人们，包括身心疾病、种族、族裔、健康和教育背景等。

如果一个人遭到污名化，就会对他的情绪和信仰产生负面影响。负面的心理影响包含引发精神疾病、减损自尊、导致抑郁和降低自我认同感，如果处于充满胁迫感的环境，情况就会更严重。不仅如此，污名化会直接造成教育、经济和法律层面的影响，譬如，朋友或同事间可能排挤遭污名化的人，认定自己的社交圈子容不下这些有缺陷的人，不让他们参与某些活动。这都会影响当事人的行为，进而导致他的社会经济地位更加恶化。

可能有些人不知道，许多西方国家的单身人士在成年人中占多数，这些单身人士大多受到严重的污名化。我之前提到过，一项研究找来 1000 名大学生，让他们列出与已婚和单身人士相关联的特征，结果显示，相较于单身人士，大家认为已婚的人成熟、幸福、快乐、和善、有爱心且诚实；相反地，单身人士给人的感觉是不成熟、缺乏安全感、以自我为中心、悲惨且孤单。后续又请同一批学生描述两个不同年龄组别的已婚及单身人士（25 岁及 40 岁），结果发现年纪越大，负面特质越明显。他们认为 40 岁的单身人士在社交方面特别不成熟、适应不良且更有嫉妒心；与已婚人士获得的评价相比较，有些类别的得分甚至低了 50%。此外，大家也认为未婚人士的居住安排不理想。由此可见，单身人士常被他们没有的身份（比如婚姻）或是欠缺的事项（比如小家庭或伴侣）所定义，在现实世界中被视为偏离常规。

这些社会的惯常观念反映了对单身的歧视态度，也就是所谓的“单身歧视”（singlism），以及对于婚姻的推崇，也就是“婚姻狂热”（matrimania），两者加起来让单身人士变得更孤立。媒体和书籍将单身人士渲染成不受欢迎的对象，维持或加深了大众对这个族群的负面印象。单身人士也自我内化了这种遍及整个社会的歧视、污名化和刻板印象。这在社会、教育和经济及法律层面都可能带来不利局势，无论是离婚或丧偶后考虑独自生活的人，或是打从一开始就选择单身的人都深受其害。

为了估算单身人士所受到的歧视程度，我分析了欧洲社会调查的资料。遗憾的是，问卷当中没有直接对单身歧视的提问。不过，在一一排除其他诸如族裔、种族、语言、宗教、年龄、身心疾病和国籍的歧视类型后，我就能够衡量和推论出单身歧视的程度。从这项分析中，我发现未婚的人受到的歧视比已婚人士多了 50%。

最令人担忧的是，单身人士不同于其他弱势族群，他们没有免受偏见的保障。这往往是因为一般人不认为他们值得受到保护。必须拥有伴侣及家庭的观念助长了结婚的压力。因此，人要么结婚，要么努力脱离单身，这就是众人视为理所当然的人生路径。

这种偏见在家庭里更加显而易见。举个例子，玛尔塔今年 42 岁，住在洛杉矶，和远在芝加哥的父母相隔两地。她向我诉说备感压力的问题，想必很多人也会深有感触：“因为我单身，家人对待我的方式让我很不好受。父亲说我不赶紧找个好归宿真是愚蠢，母亲则不断跟我说，她现在唯一心烦的事就是我的婚姻。我回她说婚姻不等于万全保障，男人还是随时可能抛家弃子，结果她说只要结了婚就能绑住对方。她还说类似这样的话：‘要是你男友没有娶你的打算，他迟早会离你而去，就像当初我前男友 14 岁时做的那样。’”

玛尔塔从父母那里接收到的信息是她愚蠢、缺乏保障、让母亲操心，且容易被抛弃。她在家中所面临的众多恐惧和偏见，是全世界单身人士都会遇到的，只是情况各有不同，有身旁的亲朋好友带来的，也有在职场上遭遇到的。对单身人士的负面印象会随着年龄增长而加深，年纪大的单身人士更容易让人觉得他们脆弱无能或是仰赖他人，因此更可能蒙受污名。

说来可悲，玛尔塔如果是个男性，则更容易获得接纳。有证据显示单身女性所受的污名化程度更甚于男性。这些研究认为，性别差异也导致他人对女性多一层歧视、偏见和社会压力，因为，相较于男性，女性的权势地位较低，工作条件不平等，而且要做更多家务。

除此之外，信仰宗教和性格传统保守的人，因为更重视成家立业，而普遍有更多的污名化行为。传统社会中的未婚母亲最容易遭遇污名化，因为单身育儿与传统伦理最背道而驰。

单身受到的各种歧视

社会排挤和歧视单身的方式有很多（包含明着来的和暗着来的），学术上对于这个议题的论述却只碰触到皮毛。以下是几个我们经常见到单身歧视的情景。

有个著名的例子，主角是谢拉·埃文森，2014 年，她任职的巴特中央天主教学校（Butte Central Catholic Schools）收到她未婚怀孕的信函，因此将她解雇。经过多年繁杂的法律程序，她与该校区和海伦娜的罗马天主教教区私下达成协议后，事件才终于落幕。虽然宗教组织和学校能实施一些特殊规则，但基本上还是不能够因歧视未婚怀孕的教师而解雇她们。美国法院已多次驳斥这项陋习，但歧视风气仍然存在。

另一个案例是 24 岁的英国教师瑟尔达·德格罗恩，她被正统犹太教的幼儿园开除，理由是她“生活不检点，和男友保持不正常关系”，结果她赢得这场宗教及性别歧视的诉讼案。瑟尔达遭上司约谈羞辱，说她 23 岁早该结婚了。经劳资法庭裁决，这种方式“羞辱、贬低且冒犯人”。

大家习惯将种族、族裔和性倾向视为遭受歧视的起因，其实未婚也是被开除或是不被雇用的理由。2010 年，南卡罗来纳州的前共和党参议员吉姆·狄敏特直白地说：“和男友同床的未婚女性……不该出现在教育现场。”许多单身人士在乡村地区甚至无法通过遴选，或是遭人明示、暗示说不准靠近学生。

单身人士在职场外不像已婚人士能获得认可和重视，这也常导致他们在日常值班安排时受到歧视。公司会让单身人士多加班，似乎预设了他们一定有空闲时间；他们经常被安排出差，或是在休假日排班，好让有家的同事可以回去陪家人。

单身人士通常会被延长工时，但收入并未提高。有未婚男性匿名发文说：

> 我发现单身歧视问题在职场上最显而易见。已婚人士，尤其是有孩子的那些人，似乎觉得他们的时间比我的宝贵，因为我和他们不一样，单身就无事一身轻嘛！几个星期前，我们公司举办培训课程，有两个时段供选择。我一听到课程消

息，就马上登记第一天，因为我另一天休假，打算去参加我死党的烤肉会……

过了几个星期，离培训课还有两天，公司开会时提到培训的日期安排，会上出现许多无法参加的借口，比如，“我那天要送孩子上辅导班，所以真的没办法到”；或是“小孩那天有比赛，所以我不能参加培训”；又或是“我那天要带孩子看病，好不容易挂上的号”。接着就有人提出第一天的人愿不愿意换到第二天，而且说因设备缘故，同一天容纳的人有限，所以要大家互相配合一下。当然，一堆人就把目光投向我，因为他们知道我单身。他们眼神透露的信息就是：“他可以改时间，因为他单身，没有什么家庭义务。”我就直接说：“不好意思，我换不了，我第二天排好了要去烤肉。”结果他们就摆出一副“我的孩子比你吃烤肉更重要”的样子。

这只是其中一例，还有许多单身人士也遭到施压，被迫放下自己的事情来多担负工作。除了要放弃休闲活动，单身人士还会因单身而获得更低的薪水。一项研究发现，在同样的职位上，已婚人士较未婚者多赚 26%。此外，许多雇主会提供保健补助和其他福利给员工配偶，却不会补助单身员工的父母、兄弟姐妹或是亲密好友。这些惯例和偏见也会蔓延到工作升迁方面，使单身人士比起已婚人士晋升速度更缓慢。

单身歧视的另一种体现方式，是立法上优待已婚人士。举例来说，有些国家会将夫妻和子女都纳入政府保险、社会救助计划（Social Security）等，这些福利单身人士都无法享有。已婚人士还有机会用带薪假来照顾配偶，比如，美国有《家庭医疗休假法》（The Family and Medical Leave Act）的保障，而单身人士却没有被赋予同样的假期来照顾他们最亲的人。虽然西方世界和某些地区有法规禁止婚姻歧视，但相关法规绝非各处都适用，而且就算有相关法规，也不保证会落实。凯伦在一个脸书单身社团里发文，表示这事关社会地位不平等的问题，她说："我昨天和理财顾问谈去年的财务报表，才知道单身人士的退休安排受到多严重的歧视……尤其那些财力雄厚的大公司，明明负担得起这种高税率，而且能减税，我知道后简直是火冒三丈。"

亲身感受到税收和法规中的单身歧视的不是只有凯伦一个。《大西洋》（*The Atlantic*）杂志刊出的一篇文章，详细指出未婚人士一生中所缴纳的医保、税金、个人退休金、社保等，可能比已婚人士要多出足足 100 万美元。上千条法规为已婚人士提供明显的法律优待或财务福利而单身人士无法享用。即使《美国法典》第五编第三部分明确写道"总统得下令制定……禁止歧视婚姻状态的规范"，以上情况却未见消失。

对单身人士的偏见也常会延伸到其他领域，比如，房地产业。一项研究找了 54 名房产经纪人，测试他们对三种族群的出租偏好：一对已婚夫妇、交往中的两名同居人，以及互称"普通朋友"的男女。潜在的租户背景被设定为有相似的学历、工作、年龄和兴趣，结果，多数房产经纪人（61%）选已婚夫妇，24% 愿意租给同居情侣，只有 15% 愿意租房子给那两名普通朋友。

不仅如此，当房产中介选了已婚夫妇而不想出租给单身人士时，研究者指出这种做法有歧视，中介的典型反应就是拿两位好友未婚这件事情本身来当理据，否认牵涉到偏见和歧视。种族歧视、性别歧视或其他形式的歧视常能获得公认，但此例中的单身歧视问题未被看成一种歧视。这种歧视较难辨识出来，但对单身人士各方面的福利都会有深远的影响，下一小节我们就会讨论这个问题。

单身歧视的衍生

单身人士受歧视时，他们的心理健康和安全感也会受到不小的打击，就像其他少数族群感受到的歧视一样。譬如，一项研究调查男、女同性恋感受到的歧视是否可能损害他们的心理健康，研究中分析了美国“中年族群生活发展全国调查”（National Survey of Midlife Development）的资料，发现受歧视的感受和各项健康指标之间有正相关性，越感到受歧视，越容易导致心理困扰、精神疾病，感到人生艰辛以及察觉到生活受干扰。

其他证据则揭示了被歧视的感觉有损弱势种族的心理健康。一份研究观察年轻的非裔美籍成年人，结果发现受试者遇到的种族主义或经历的歧视事件数能用以预测心理健康状况。调查难民和移民心理健康的研究也有类似结论。

根据后续更近期的综合分析资料，可知被歧视感不仅影响心理健康，也会影响生理健康。少数族群的体重增加、肥胖、高血压和被歧视感有高度关联。也有研究表示，嗜烟、酗酒和药物滥用也和被歧视感相关。还有研究发现，无论是否属于少数族群，女性的心理健康状况与她们遭遇的歧视相关。

我的研究证实，虽然不同歧视类型对身心健康的影响方式不同，但整体趋势表示单身人士都容易受其所害。研究过程中，许多受访者反馈了歧视对他们的伤害。例如，在英国曼彻斯特的 53 岁的琼恩，他受访时说道："我感到别人给我很大的压力。不停地说什么'最好赶快找个伴'。我确实因此消沉，很长时间都心情沉重。"

这种感受对丧偶或离婚的人来说特别强烈，他们在某些国家和地区，比其他类型的单身人士蒙受更严重的污名。事实上，在其他条件维持不变时，离婚、分居或丧偶的单身人士所受的歧视比已婚人士多 25%。

如果社会环境中缺乏支持力量，负面效果会加重。来自周围人的支持可以减缓歧视对他们造成的负面心理影响，如果没有社群支持，会让某些单身人士更弱势，尤其是年纪较大的人。

尽管如此，还是有办法能克服歧视和社会压力。所以，接下来要进入"实用策略"的介绍，至少在某些方面，可以让单身生活更快乐，并且免受歧视。

如何克服社会压力和歧视？

即使我们的文化明显排斥单身，政府政策也歧视未婚者，还是有越来越多人选择单身，而且能过得很好。随着近期人口结构改变，也孕育出"新兴"单身人士，他们不惧怕单身歧视或污名，甚至对其免疫。更近期的研究显示，这些新兴单身人士比传统单身人士快乐。我试着在访谈中积极找出帮助这些单身人士克服社会压力、污名和刻板印象的策略和方法。

意识到单身歧视的存在

访谈中首先发现的策略简单易懂，但实行起来并不容易，那就是意识到单身人士时常遭遇到歧视和社会压力。一项研究调查了污名意识对单身人士自尊产生的影响，发现就连单身人士本身对单身歧视的意识也十分不足。只有4%的人自发地将"单身人士"列为受污名化的族群。而在我们明确问受试者是否觉得单身的人受污名化时，只有30%的单身人士和23%的已婚人士回答"是"。相较之下，认为自己所属族群受到歧视的受试者中，同性恋男性的比例达100%、肥胖者达90%、非裔美国人达86%，女性则有72%。从这个结果分析，不难想象大众认为单身歧视是可接受的事。

或许接下来这点更重要。研究认为，参与者意识到单身歧视的存在后，自我价值感和幸福感也会随之提升。这表示能意识到歧视可以缓解单身歧视的负面影响。快乐单身人士往往能察觉到自身承受的社会压力，这也跟我的访谈和资料分析相契合。唤起意识是他们面对困境和克服社会压力的第一步。洛莉就这点发表了自己的观点："知道世界上真的有单身歧视和婚姻狂热，而不是我自己过于敏感后，我对自己的观感变好了，有种恍然大悟的感觉，我很高兴能注意到这件事。单身歧视和婚姻狂热有时还是令我愤怒，但以前就常这样，只是当时不知道自己在气愤什么。"

光是察觉和辨识出歧视就让洛莉感到更舒服。要了解这种觉醒对单身人士心理健康的影响程度可能很难，但我们可以想想其他被边缘化的族群，他们通过社会运动更了解自己的处境，并将歧视问题拿出来公开讨论，因此改善了他们的心理健康。目前单身人士不是很了解自己在社会中承受的偏见，洛莉后续又再次在文章中印证这点："我刚出社会时二十来岁，那时候还以为自己受到的对待是'理所当然'的。"

正面的自我观感

我研究中发现的第二个策略是建立正面的自我观感，这能够进一步提升单身人士的幸福感，而且其他研究也支持这一观点。举例来说，一份调查中，664 名受试的年轻人认为，在人际往来和社交方面的正向自我观感，能让人对未来怀抱希望，并且提升幸福感。研究也显示，快乐程度和正面自我观感呈正相关，尤其是（但不局限于）在个人色彩浓厚的文化中。

不过，我们尚不了解正面自我观感如何确切影响单身人士的幸福感，以及其克服社会压力的成功程度。过去，研究者还没调查自我观感对单身人士幸福感的作用是否和对已婚、有伴侣的人一样。就此而言，自我观感可能是理解单身人士如何应对社会压力和提升其幸福感的关键。

根据我的发现结果，正向自我观感和自信心对提升幸福感而言有非凡的重要性。这两项因素对单身人士很有效，正是因为单身人士遇到的问题属于社会层面，也就是说身旁有很多人批评他们、减损他们的自信并加深他们的负面自我印象，但他们自己都没察觉到。

住在佐治亚州米利奇维尔市的派翠卡今年60岁，离过一次婚。她在访谈时说道："我觉得……要看个人对自己有多少信心。如果你到处说'我讨厌单身'，那身旁的人当然会议论你。但这对我来说不是问题……这是我自己的选择，完全不感到困扰。"

派翠卡整场访谈中心情都很愉快，她对自己的状态抱持正面态度且信心十足。她表示之所以对自己的选择很满意，是因为她整体自我观感很正向，且这点有助于她对自己和单身女性的身份感到舒适。

莉娜，37岁，住在德国法兰克福，也强调正面的自我观感和自我接纳。她说："我认为自我认知和自我接纳取决于你呈现出来的形象。如果你接纳自己，那其他人也更可能接受你。有件事情说来很有趣，我去德国时，教会的人常问我有没有多生几个小孩的打算，但我根本没结婚。他们问：'什么时候要再生一胎呀？'我告诉他们要先结婚才行。过了一阵子就没人问我了。我当初去那里时，他们大概没想到我还没结婚。所以我认为，只要能接纳自己，身边的人也会接受你真实的模样，然后他们就不再过问了。"

我的统计分析显示，对于离婚、丧偶和从未结婚的人来说，正面自我观感和幸福感也有类似的关联，而且对这些族群的作用比对已婚人士还要显著。正面自我观感的量表上，每个单位的分数增加对未婚人士有更多效果。从不同角度来分析，计入其他变量，比如，年龄、受教育程度、收入、性别和有无子女后，比起欠缺正向自我观感的未婚人士，拥有正向自我观感的未婚人士能多获得将近 30% 的幸福感。出生于纽约而现居伦敦的 31 岁的玛亚说："看到每个人都有自己的特别经历，也能够尽情向他人展现自我，这实在很有意思。这让我们能够更自在地做自己，拥有更美好的自我感受。"

乐观态度也有类似的作用。对未来抱持乐观态度是我访谈中的一项核心主题，我的研究发现也与其他案例相吻合，显示出乐观态度调节了自我观感和主观幸福感。46 岁的瑞典居民约根说："我感觉自己不像单身。我觉得很有保障，没有太多烦恼，所以很快乐。我过得很好，就这样。"像约根这样的乐观单身人士通常能因此有较高的幸福感。在我的统计分析中，我发现想法乐观的人比其他人多拥有 35% 的幸福感。

乐观当然能让人心情变好，但我们要探索的是单身人士和已婚人士的自我观感差异，也就是乐观态度对单身人士的正面自我观感是否作用更大。我在另一份统计分析中找到了答案，证明乐观态度对未婚人士特别重要。同样地，从未结过婚、离婚或丧偶的人，每增加一个单位的乐观量级，对主观幸福感的提升程度高于已婚的人。

譬如，观察特征差不多而婚姻状态不同的人，如果两人的乐观程度都是满分，那么，从未结婚的那名受试对象，虽然一开始的幸福感评分落后了 0.7 分（使用 0 至 10 分制的量表），但结果也能够获得和已婚人士同样程度的幸福感（而且还没有计入婚姻的选择效应，即通常会结婚的人本来就比较快乐）。这份测试中，离婚和丧偶者也能大幅缩短原本幸福感的差距，而稍落后已婚人士 0.2 分。换句话说，乐观态度对单身人士幸福感的影响，大于对已婚、有伴侣人士的幸福感影响。有个合理的解释是，正面且能展望未来是种“内在”的态度，能帮助缺乏子女和配偶这种“外在”安全网的单身人士。这种内在的倾向能让人对自己感到放心，依靠自己，并且更能应对可能出现的逆境。

正向自我观感的另一个好处是感到自己有价值和成就，这通常是来自工作、爱好或朋友。单身人士通常性情较友善，不以婚姻为生活重心，比非单身人士更注重工作，这点本书后续也会再讨论。举例来说，研究显示单身人士会寻求有趣、富挑战性和更能获得满足感的工作，自然而然能在从事的职业中得到更多收获。

我的分析显示，成就感和价值感带给从未结婚和丧偶者的幸福感比已婚人士高出 0.4 分（0 至 10 分制），而离婚者也比有伴侣者多 0.2 分。这表示光凭成就感和价值感，就能大幅缩小单身和已婚人士幸福感的差距。背后道理很简单，单身人士在小家庭外寻求意义，这会提升他们的自我价值认知。

此小节中描述了三项正向自我观感的组成要素：自信心、乐观态度和价值感。这三个项目为单身人士提供了改善自我观感的方法。正向自我观感并不容易培养，而新兴单身人士在与他人比较后的自我观感，很可能取决于其他几项因素，如收入水平、受教育程度、家庭支持和笃信宗教的程度（这些因素也影响一般大众的自尊）。譬如，有份研究表示，受教育程度高、家庭支持较强和笃信宗教程度较低，和单身人士的高度自我接纳相关联。其他研究则发现，文化因素，特别是个人主义，会影响个人的自尊感。

远离负能量，选择对单身人士友善的环境

接下来谈谈第三个单身人士避免压力和歧视的策略。许多大城市已经开始营造对单身人士友善的环境，比如，洛杉矶、伦敦和东京，这些地方的人觉得一人生活是很“酷”的一件事情，且不受年龄限制。在这些区域，打造单身友善环境不只针对年青一代，中老年单身人士也有友善的人际网络。52岁的贾斯汀在访谈中称赞洛杉矶：“在洛杉矶这种地方，我发现我这个年纪的人多半单身……特别像洛杉矶这种大城市，人们都喜欢轻松无牵绊的生活，而不是‘我们快安定下来生小孩吧’，住在这很开心。”

洛杉矶这种大都市尊重个人私生活，单身人士在这里不必承受负面看法，且有各种机会联结彼此和参加活动。

不过，不是只有大城市照顾到现代单身人士的需求。现在就连郊区、较注重宗教的地区也出现越来越多的友善单身环境，美国的许多教会也开始正视独身生活的议题。2013年，由于天主教传统中单身的人数众多，有篇引人注目的文章鼓励天主教教会认可甚至赞誉单身生活。该篇文章部分内容如下：

> 40分钟的讲道时间进入尾声时，牧师抬起头来即兴说道：“我知道你们之中有四成的人单身，看来我也该对单身这件事说点话。”听到这我耳朵便竖了起来。因为这名牧师是很学术型的人，而且他对婚姻的讲道很细致，想必他对单身的观点也会很深刻，于是我倾身向前认真听，他说：“在座所有的单身人士，我要对你们说：婚前不要进行性行为，等到婚后再

把之前积欠的一次性补回来吧（眨眨眼）。”

在一座由单身男性创立的教堂，单身人士却被极度边缘化，这个现象一定是有些不对劲……有些人或许不会走上红毯，也不会孕育宝宝，但天主赐予我们生活中其他神奇美好的事物，包括“人生大事”（比如取得学位、开展事业、还清大学学贷）和“平凡小事”（比如服务邻里、帮助他人）。我们务必要拥抱天主在我们生活中所赐予的事物，所以，找机会为你社群中的单身人士好好庆祝吧！

这篇文章在天主教社群引发广大反响，并且得到数百条支持的响应。在这样友善的单身环境，能减少对单身生活的异样眼光，减少单身歧视和婚姻狂热，进而从根本上避免单身人士的自尊受打击。由此可见，随着单身友善环境数量增加，单身人士能主动寻求这些空间以提升自尊，并因此增进整体的幸福感。

此外，许多地方开始发展共同住宿和共享的起居安排，给予单身人士充满支持的环境。比如，WeLive[①] 就把目标锁定单身人士。WeWork 是推行日间办公室租用概念的公司，而 WeLive 就是它的姐妹公司，经营地点位于华盛顿特区和曼哈顿，其所推行的理念是：“WeLive 是创新的居住方式，注重小区感及灵活性。从可兼作吧台用的收信室和洗衣间、活动举办空间到共享厨房、顶楼区域和浴池，WeLive 都在实体空间安排上促进富有意义的各式人际关系，并借此颠覆传统公寓的居住方式。”

① 一个主要面向年轻人群体的租房服务。——编者注

这样的社群空间营造出令人安心的气氛，让单身人士不会被人品头论足，可以在面对社会中积久不散的催婚压力时自我调适。这些地方能吸引有同样共识的人，不仅是通过洗衣服务和共同用餐来达成，还能通过灵活的社交网络，让人产生归属感。我们要特别注意 WeLive 声明中谨慎的措辞，它说："在实体空间安排上促进富有意义的各式人际关系。"用语是"富有意义"而非"长期"，而且"各式"表示不限于单一的"互相承诺关系"。

从这方面看来，非主流性别族群值得细究。比如，酷儿（queer）[①] 族群必须要面对非异性恋和单身的双重污名化。虽然承受着双重歧视，但对非主流性别人士的居住安排和社交习惯相关研究显示，他们比其他族群更有共同居住的倾向，能从性别友善的环境中获益，特别是年纪较大者。这可能是因为非主流性别者较习惯于社会污名化，比异性恋更不容易受社会上的催婚压力影响，更可能与朋友共同居住。既然已经受到如同异类的对待，他们不如选择和合得来的人共住，至少能因此获得多项好处。

再者，置身于有同样身份认同、面对同样挑战，以及更能同理彼此社会处境的人群中，不仅能增加幸福感，也能减少患抑郁症的风险。研究也显示，身旁有同类朋友的非异性恋者能获得更多社会资源，有更好的感受。由此看来，能找到友善单身环境的单身人士，不仅能享有更多社会互动带来的好处，还能获得富有同理心的对待。

---

① 指所有在性倾向方面与主流规范不符的人。——编者注

主动对抗歧视

研究结果中的第四个策略，是主动对抗歧视。这个方法对许多少数族裔和弱势性别的人而言并不陌生，他们已经在社会上挺身争取权利和地位，且获得许多政府和机构的认同。

相较之下，这点在单身人士群体中尚未普及。单身人士务必要用具有创意且符合个别情境的方式来对抗歧视。罗斯就是这种做法的代表人物，他在《爱尔兰时报》中发表言论说："有些人会歪着头，用同情的语气对我说：'哈，你还单身呀？'回复他们时，我也很喜欢用同情的口吻说：'啊，你还有对象？不能靠自己过活吗？'他们简直是否认了我单身生活的价值。"罗斯这么说不是要攻击婚姻生活，而是强调遭遇歧视时，可以为自己辩驳，指出生活方式不止一种，改变对方的视角。这种回答或许能让单身人士取得认同，并进一步抵抗社会上的逼婚风气。

瑞秋比起罗斯更直截了当，她是49岁的离婚妇女，在博客上发表一篇高声疾呼的文章，标题是《单身行动召集令》：

> 接受以仰赖婚姻和家庭来支持基本生活的现行体制，可能让我们都变成体制压迫的帮凶。或许，此时此刻我们应该主动对抗让社会日益偏离同理心的那些推力，并且发起单身行动：身为单身人士，我们要力争社会支持，以好好担负起支持彼此的责任……
>
> 我们这些单身人士，比其他人都更了解真正的独立是相互扶持。我们可以利用这项认知来构建出更富有同理心的社

> 会，并确保数量不断增加的单身人士能获得保障，不管他们从事何种职业，年纪大还是小，是否选择一辈子都单身。

瑞秋希望每个人都能认为自己责无旁贷。如她所言，如果每个人都响应提倡单身人士权利的行动，就没有人可以诋毁选择享受不婚自由的人。

瑞秋不是独自一人在战斗，这种呼吁的声浪日益壮大，但真正的改变还是太稀少。然而，研究显示，这样的运动能让参与者获益并为他们注入力量，这一点也被其他社会运动印证。因此，积极抵抗歧视能建构社会的身份认同，并减少单身人士所受的阻碍。

提振单身力

第五项策略是，对自己的单身状态抱持正面态度，而非感到受忽视或欠缺魅力，并借此来增强自己的单身力。这项策略与发展正向的自我观感有所不同，因为提振单身力不是针对个体，而是自己身为单身人士的“情境”。也就是说，快乐的单身人士会正面看待自己的感情状态，不让单身事实破坏他们的幸福。

一名从未结过婚的34岁女性，以匿名方式在博客中写道：“单身是精彩的冒险，尤其当你以前从未单身过，或是你原本在生活中一直对单身这件事感到不自在，但忽然领悟到学习适应单身是能为自己做的最重要的事。”

近年来，研究学者主张在研究单身人士和单身生活的刻板印象时，不应该把单身人士视为一个同质族群，应该要区别出两个基本类型。第一种是“自愿单身人士”，他们对自己的感情状态满意，且当下没有寻求伴侣的打算。另一种是“因故单身人士”，也就是想要结婚、正在寻求结婚机会的人。当然，有些人可能会在两个群体之间游走，但他们对于自己单身状态的感受和接受度有所不同。

对于满足于自身永久或暂时单身的人来说，提振力量很重要，因为他们经常面对最严重的社会压力。研究显示，这个类型的单身人士反而比有意找伴侣的人更容易招来负面印象，这情形可能出乎大家的意料。尤其，自愿单身的人被视为更凄惨孤单，不如因故单身的人成熟、懂得交际。这些发现的一项解释是，自愿单身人士与社会普遍认同的婚姻狂热作对，因此引起公愤，而因故单身人士的遭遇令人同情。

因此，提振单身力不单单关乎对单身的感受，也牵涉到重新调整社会的架构以及改变旁人的态度，以带来更多善意。我在访谈中发现，单身人士如何解读旁人看法，深深影响其能否克服压力，并对自己单身的状态及社会处境感到舒适。

采用正面观感的方式有好几种。越来越多书籍和文章讨论如何适应单身，这是能带来改变的一种简单而迅速的方式。虽然也有人提出质疑，但研究显示提倡正向思考的书籍能对读者的幸福感产生长久的正面效果。

此外，39 份研究的统合分析显示，通过正面心理介入，在三个月、六个月后，皆可量测出其对主观幸福感发挥了效果。换言之，证据明确显示，提振力量的介入，比如，参与课程、参加工作坊或是接受咨询服务，可以进一步提升单身人士的幸福感，让他们更有勇气面对社会压力和歧视。

说到这，话题又回到我当时参与的匿名单身聚会。有些单身人士确实想要找对象并尝试结婚。但其他人迫切想要找出办法来对当前情境感到自在。训练单身人士平静看待自己婚姻状态的工作坊难得且少见。所以，很明显地，我们需要创新且能提供精辟观点的工作坊，来应对许多单身人士迫切的需求。

这类工作坊能提供什么内容呢？可以想想专门用来改善和维持婚姻的各式讲座。心理学家和教育者可采用同样的方式，来发展出照顾到单身生活的工作坊和课程。现在已经有许多互助团体能帮助离婚和丧偶者克服这种分离的痛苦，但光是走出过去的伤痛还不够。没有婚姻的人也能享受新的人生境遇，所以针对刚离婚或丧偶者所举办的讲座也应该要纳入此项目标。同样地，学校也应该在课程中涵盖单身生活形态的相关信息。未来终身不结婚的孩子只占一部分，但所有人多多少少都会在成年生活中有单身的时刻。了解如何过单身生活和应对婚姻狂热现象，应该要成为人人具备的社交技能之一。

本书谈了许多有关快乐单身人士的策略，但本章讲到的大概是踏入幸福单身生活的最关键步骤。我们所介绍的五个策略分别是意识到歧视存在、正面自我观感、避免负能量、主动对抗社会歧视，以及提振单身力。面对社会枷锁时，这些都是不可或缺的脱困方式。

第四章 独居人群如何获得社会安全感？

对年轻的单身人士而言，友情在日常生活中的分量增加。传统婚姻家庭所提供的情感、社会、物质和经济援助，正在被社群网络所取代。

罗曼·波兰斯基在他所执导的第一部英语片《冷血惊魂》（*Repulsion*）中，探索了与世隔绝的单身世界。这部1965年上映的惊悚片，讲述了女主角卡洛·雷杜的故事，她是在伦敦与姐姐同住的美甲师，年轻貌美但不喜与人往来，多次拒绝俊俏的英国少年追求，并避免与他发展关系。在姐姐随男友外出度假时，原本已开始变得神经兮兮的卡洛更是陷入疯癫状态。这位貌美而与他人隔绝的女性，幻想着每个黑暗的角落都潜伏着加害者。

波兰斯基以巧妙的方式构建了单身人士的三个世界。第一个世界充满着无奈的感情关系，比如，卡洛姐姐的男友缺乏耐心且不懂察言观色，卡洛的同事布莉琪也满口抱怨："一堆该死的烂男人！他们承诺你全世界，却什么都给不了。"导演波兰斯基特别凸显出在美容院工作的卡洛，身处女性要取悦男性的行业，这一行从未真正顾及女性自身的欲望（这点让波兰斯基饱受批评，他还因先前与未成年人非法性交而被起诉）。

第二个世界是由拒绝恋爱的人组成。波兰斯基呈现出人类内心的深层恐惧，也就是对自己在情感上与世隔绝的惧怕。卡洛代表着无人照顾的未婚女性。她并未利用自己的美貌优势，而是把自己隔绝起来，直到最后悲惨身亡。

第三个世界最常被影评忽视，也就是单身人士成群做伴和有社交互动的世界。卡洛多次在姐姐公寓望向窗外，看见修女在修道院的庭园中开心地玩传接球。这种以友谊替代恋爱的社交方式能提供支持和带给人欢乐，但在本片中未有深入的探索，这点确实符合 1960 年代的氛围，当时这种选择在宗教团体的情境外很少见。不过，导演对这种替代做法的描绘，却是最为合理且令人憧憬的。修女给予彼此情感和社会支持，并在过程中打造了同时牵引着导演波兰斯基和主角卡洛的坚实结构。

如今，像卡洛这样不想要伴侣的想法，已不再引发疯癫的联想。这部电影问世时，18 岁以上的成年人中，72% 是已婚人士，现在这个比例大约是 50%。不过，社会是如何让卡洛克服惊恐，并让单身人士相互联结、交际往来，仍令人感到不解。

要解开这道谜题，可以先了解现代单身人士采用哪些策略来独处及面对与人隔绝的恐惧。以下所探讨的内容将与社交互动研究一并讨论，探讨社交活跃度如何影响单身人士。我们可以进入卡洛的内心世界，了解她观看修女在庭院玩乐时在想什么，并借此思考单身人士要如何提升幸福感。

独自一人会遇到的不便

乍看之下，每个人都要有伴侣才能成为社会的一分子，社会这个大拼图的最小单位至少要由两个人组成。研究显示，大家认为结婚的一大好处是有人陪伴以及婚姻所带来的依赖感。因此婚姻被当作是最常见的“疫苗”，能用来对抗长时间与世隔绝造成的幸福感匮乏问题。

梅根年过 30，从未结婚。她住在纽约，有份令人羡慕的工作。梅根有些谈得来的朋友及同事，大家喜欢聚在一起，但每当周日来临，她就感到陷入困境难以自拔。她在博客中写道：“长久以来，我很害怕一个人的周日早晨。我醒来后就注意到自己孤单一人而备感焦虑。我渴望有个伴侣能治疗我因厌恶自己所造成的伤痛。我想要有个对象可以共度慵懒的周日早晨。我会幻想早上脑袋还昏昏沉沉时和爱人缠绵，相互依偎，喝喝咖啡或享用早午餐（或喝完咖啡再来吃早午餐），两人牵手散步，因为热恋而忘却宿醉。”

许多单身人士就像梅根一样，周末时因为没有家人的陪伴而觉得很不好过。这有两个主要原因：第一，周末不用工作，因此单身人士有很多空余时间，要找事做；第二，朋友比较少，没有同事和客户来满足社交互动的需求。因此，如果有另一半或子女一同打发周末的空闲时间，就能同时实现他们与人往来的欲望。这些需求未能获得满足时，单身人士可能会心情沮丧且感到不适。

莎拉周末时也会遇到同样的困扰，她的文章说到孤独引发的焦虑感，这个众所皆知的问题在单身人群中相当普遍。莎拉所居住的小区里，家家户户一同上教堂、一起聚餐或出游时，这种孤独感对她来说越发难耐。莎拉没有丈夫和小孩，她不知道自己该不该独自参与社交及宗教活动。她在文中写道：

我坐进车内，想着自己到底有没有足够的精神力量能独自去餐厅吃东西，毕竟周末本来就是适合外出用餐的时候。我想还是在家简单吃个三明治就好，然后就变换路线回家去。我的眼泪差点就要掉下来，我不断告诉自己："没事的。上帝有最好的安排，他一直都在，你不是孤单一人。别哭，别哭啊！上帝，救救我吧。"所以我每周都为了要不要上教堂做一番心理斗争。我独自前往、独自坐着、独自离开、独自用餐。我实在不怎么喜欢周末。

莎拉发现自己独自一人出门时觉得困窘而悲伤，因此决定回家，结果还是心情低落、孤单难受。有些单身人士就像莎拉一样，虽然觉得自己也能生活，但遇到某些特定类型的社会交际场合时，就觉得自己格格不入、欠缺价值。这种感受反映出的是社会上的偏见。如同前一章所讨论的，有充足的证据显示社会将单身人士视为负担，甚至是威胁。社会观念认为单身人士比较有暴力倾向、状态不稳定且需要求助。波兰斯基描述卡洛故事的惊悚片是部杰作，因为它凸显出单身人士因无法独处而容易发狂的那种深层恐惧。这部电影的结局是卡洛杀了自己的追求者和她姐姐的房东，描绘出独居生活可能会导致的下场，赤裸裸显现出极致的集体恐惧。

除了情绪上的挑战，单身人士也可能面临肢体／物质上的挑战，比如，打理家务、丢掉工作或是遇到生病、行动不便的情形。有伴侣的人，尤其是有子女的，通常让人觉得在这种情境中较有福气，因为至亲能助一臂之力。失业期间，伴侣能在经济上提供支持，并在你生病或受伤时给予行动、饮食等方面的协助。因此，不难理解莎拉在描述孤独周末的一年后，又有了新的想法。莎拉继续描述她独自居住的难处：

> 有两种状况让我不喜欢独居。第一，有东西打不开。某天，我认真考虑是不是要把新买的沙拉酱瓶罐用力摔在瓷砖地板上，再把玻璃清理掉。不过，我不能丢女人的脸，所以我用力敲呀转呀，用上毛巾，使劲撞击，好不容易终于成功，努力开罐这五分钟让我双手酸得要命。
>
> 第二，生病的时候。坦白地说，生病时只有一个人真是比什么都要糟糕透顶。最悲惨的不是孤独的感觉，而是你会开始担心自己可能会因营养不足而死掉，因为你没力气给自己做饭，想到要爬起来，走出比从卧室到厕所还要远的范围，而且煮东西时还要能闻出食物的味道……这实在不是什么舒服的事。总之我好几天都没东西吃。

莎拉害怕艰难时期陷入困境，并写出了像开罐这种日常琐事所遇到的困难。像这样需要帮手的情况可能很令人挫败，又不能打紧急电话来请专人开罐子。当没有人可以当场提供简单但必要的协助时，单身人士可能感到极为痛苦无助。行动或进食的挑战更为艰难，而且会随着年纪增长而更频繁遇到。许多人像莎拉一样平时能好好应付一人生活，但生病时会特别需要旁边有人协助。其实，让人想结婚的动力有时不在于对伴侣的美好幻想，而是害怕一个人脆弱无助，所以把婚姻当作身体功能退化时的保险方案。

婚姻能解决问题吗？

大家普遍相信婚姻是面对困难时的安全网。然而，这个想法已受到全盘重新检视。为了了解这点，我们可以做个测试来验证，也就是调查残障人士在婚姻中所获得的支持系统坚韧与否。残障人士自我照护的能力削减，因此大家预期他的至亲和好友会挺身相助，而且可能天天都有需要。虽然婚姻理应提供协助，但欧洲社会调查的一份分析报告显示，30 岁以上的残障人士中，从未结婚和离婚人士的比例分别是 6.3% 和 7.2%，而有婚姻关系的人只占了 3.1%。这些数字呼应了先前长期纵向研究所述，遭离弃和残障有关。也就是说，需要协助的人其实更可能维持单身，或是离婚后落单。欧洲社会调查研究中，已婚和离婚之间的差异特别堪忧，因为残障人士遭遇离婚的比例高于常人 42%。由此可知，虽然大家预期婚姻能在艰难时期发挥保险的作用，但对众多残障人士而言并非如此。

残障人士只是弱势人口中的一部分，失业者也更可能落单。多项研究显示，配偶的事业遭逢变故后，离婚的可能性增加。许多已婚人士非但没感到另一半的支持，反倒陷入极大压力，最终导致婚姻结束。根据推测，失业打乱对收入的预期，因此让另一半对婚姻的好处期望值骤减，觉得配偶“价值”降低，听起来确实残酷，但这就是残酷的现实。

研究显示，残障和失业人士较容易离婚，就算他们的婚姻能继续走下去，也要由伴侣独自扛起负担。有些学者解释道，由于社会期待传统家庭单位的成员要对家庭全力付出和给予支持，因此可能让人把心力转向小家庭的内部而远离外面的圈子，这个现象又称为“婚姻无底洞”（greedy marriage）。因此，就算两人维持婚姻，多年来周围的社会资源干涸后，负担会难以承受。

男性特别容易落入婚姻无底洞，因为他们结婚后对亲朋好友会变得不如以前大方。这点很值得注意，研究显示已婚男性赚的钱比未婚男性要多。然而，已婚男性对社交圈更少投入，因此在遇到困难时，情况更为弱势、更缺乏经济和情感上的资源支持。

38 岁的艾琳诺回想起在前往长岛的火车上遇到一位年纪较大的女士，她们之间的对话从谈到艾琳诺单身未婚开始：

女士：“哦，不！等你老了谁来照顾你？”

艾琳诺：“不确定。那你年老时谁照顾你？”

女士：“我有老公和孩子，他们会照顾我。”

艾琳诺：“你怎么知道？”

艾琳诺：“当我反问‘你怎么知道’时，我想她后悔坐我旁边了。接着我列出了她年老时也不见得比我更有保障的原因。这样说吧，世事难料，没有什么是万无一失的。如果每位有丈夫或孩子的女性都能确保在年老时被爱包围、受到照顾，那真是太圆满了。可惜，这点很难讲……”

艾琳诺继续向女士解释：“我朋友年迈的婶婶是个很有活力的独身女性，她前阵子‘安详过世’了。她没有老公、孩子，但在生命的最后几周受到爱戴她的亲朋好友的悉心照顾。我们所需要的莫过于此吧，也就是那些爱我们，且愿意也有能力照顾我们的人。”

那位女士认为婚姻是艰难时期的最终保障，艾琳诺对此提出质疑。根据前面提到的统计数据，艾琳诺说的或许没错，遭逢变故时伴侣不一定靠得住，而且伴侣关系可能还会减弱其他可求助的资源。特别是在传统不断受到质疑的现代时期，这种对婚姻的不信任感让许多人开始发展社群团体，其作用就像家庭一样，有时效果反而更好。

警惕婚姻无底洞

家庭曾是个人最有力的后盾，但近来大家开始转向在生活中发展个人社群团体，这个现象称为“人际网所支持的个人主义”（networked individualism）。这个风潮来自个人化、全球单身人口增加以及科技的联结力，这种种因素让单身人士能更独立做出社交安排。尤其是对年轻的单身人士而言，友情在日常生活中的分量增加。有时，传统婚姻家庭所提供的情感、社会、物质和经济援助，已由社群网络所取代。这种现象不限于年轻人，不论年纪大小，单身人士在生活中有父母、兄弟姐妹和朋友的爱与关照，遇到困难时可仰赖他们。单身的中老年人也开始出现向朋友寻求支持以及自在过单身生活的情况。

回到我们的测试主题：残障人士的社会境遇，可以通过人际网得到改善。譬如，霍妮单身无子女，她说朋友是她的无障碍支持系统，她在文中写道："我很幸运能有亲朋好友的优质支持系统，他们在我状况不好时出手相助。我行动不便又没有车，需要有人载我到较远的地方。真的很感激大家都出一份力，在我需要前往某些地方时载我一程。"

霍妮没有另一半，也没有孩子可以帮助残疾的她，但她有朋友相助。霍妮觉得这个社群的力量非常大，一部分原因是社群规模足够大，因此不会让负担落到同一人身上，而是大家都"出一份力"。单身人士的社交生活较为丰富多元，而已婚人士把多数心力都放在与配偶之间的关系上。举例来说，47 岁的菲尔现居印第安纳州，他在访谈中对我说道："我交友广阔。我有一群可以经常见面和往来的人……最近交际活动很多……我结交的朋友背景多元，遍及我的不同生活层面，因此我能有很多社交选择。"

多项研究呼应菲尔所说。研究发现，单身人士比有伴侣者更频繁与人交际、帮亲友照顾小孩、从共享的喜悦中加深彼此的认同感、照顾生活无法自理的人，并从更广大的社交圈获得情感和物质上的支持。

我的统计数据也显示，没有另一半的人更多与亲友互动。受试群体中，从未结婚者的社交表现最活跃，其次是离婚或分居者、丧偶者，最后才是已婚人士。看来，有伴侣的人更容易忽略外在的交际圈而喜欢待在小家里。相较之下，无论哪个类型的单身人士，都更积极发展社交往来关系。

或许有人会反驳，认为很多这类研究都只关注特定的时间点，而婚姻可能不是社交互动减少的原因。换言之，究竟是已婚人士更容易忽略朋友，还是单身时就容易忽略朋友的人较容易结婚，这点尚未有见论。

然而，近期一份长期纵向研究“美国全国家庭与户口调查”（National Survey of Families and Households，NSFH）支持前者立场。此分析在6年的跨度中，搜集2000人对自己与亲友关系和社交聚会频繁度的描述。首次取样对象都是50岁以下的单身人士，样本被分为三个组别：依然单身人士、有伴侣不超过三年者、有伴侣四到六年者。比较之后，结果一致证明依然单身的人和亲友、同侪、邻居的相处时间较长。而和伴侣共同生活的人中，不论在一起的时间多久，都有淡出社交圈的状况。这点显示，社交上的疏离不见得只是步入婚姻的短暂结果。

有趣的是，研究显示近几十年来婚姻无底洞的状况更为严重。比较1980年和2000年的伴侣社交行为时，会发现2000年的伴侣比1980年的伴侣更少参与各式社交活动，如拜访朋友、发展爱好和出游。与此同时，单身人士反倒对打造人际网络更驾轻就熟。由此可见，近几十年来，已婚人士越来越容易面临孤独感和社交孤立的风险，而单身人士在交际上适应良好甚至成果丰硕。

比较单身人士与有伴侣者的互联网使用状况时，婚姻无底洞的影响可见一斑。分析显示，许多单身人士利用科技和网络来与亲友联系，而有伴侣者较少这么做。其他条件不变时，各组别中离婚与分居者最能利用互联网与亲友联系（较有伴侣者多15%），第二名是从未结婚者（较有伴侣者多12%），而丧偶者较落后。

毋庸置疑，虚拟世界可以辅助人际社群的联系和营造。虽然社群互动和互联网使用过多会造成心理方面的疑虑，但这些活动能成为与人相聚的渠道，提供社交互动的机会，包括利用社群网络与人通信，或是和同好团体往来。确切证据显示，在社群网络上表达孤独感，能增加单身人士所获得的社会支持。可见，无伴侣的现代人更能与人拉近关系、扩展社交圈，并获得物质和情感上的支持。

这些趋势让人不禁想问：有哪些事情是这些新兴单身社群已知，但到目前为止研究未囊括在内的？社交互动究竟如何让单身人士幸福生活？社交互动真的能提升单身人士的幸福感，且是个可以替代婚姻机制的好办法吗？或只是差强人意的暂缓之计？

单身人士参与社交的重要性

社交互动在近几十年来受到关注，现在研究学者也在探讨社交互动和幸福感之间的关联。多项研究发现，社交活跃度是能用来直接、稳定预测幸福感的指标。其他研究显示，生活满意度和参与社团、非政党团体和非经济组织之间有高度正相关。老年人尤其如此，他们的心理健康，与社交联系程度、自身感受到的社会参与感均有正面关联。

对全球数据的分析也显示，不同国家对幸福感的认知差异，社会处境变量的影响占了很大一部分。研究也显示，宗教及社交活跃度（通常以教堂的出席率来估算）也和幸福程度相互吻合。最后，我自己所做的跨国研究也证实，受调查的多数欧洲国家中，社交活跃度和个体自评的幸福感之间呈高度正相关，如图 4 所示。

社交是否活跃不仅仅直接影响个人幸福与否，也通过次级因

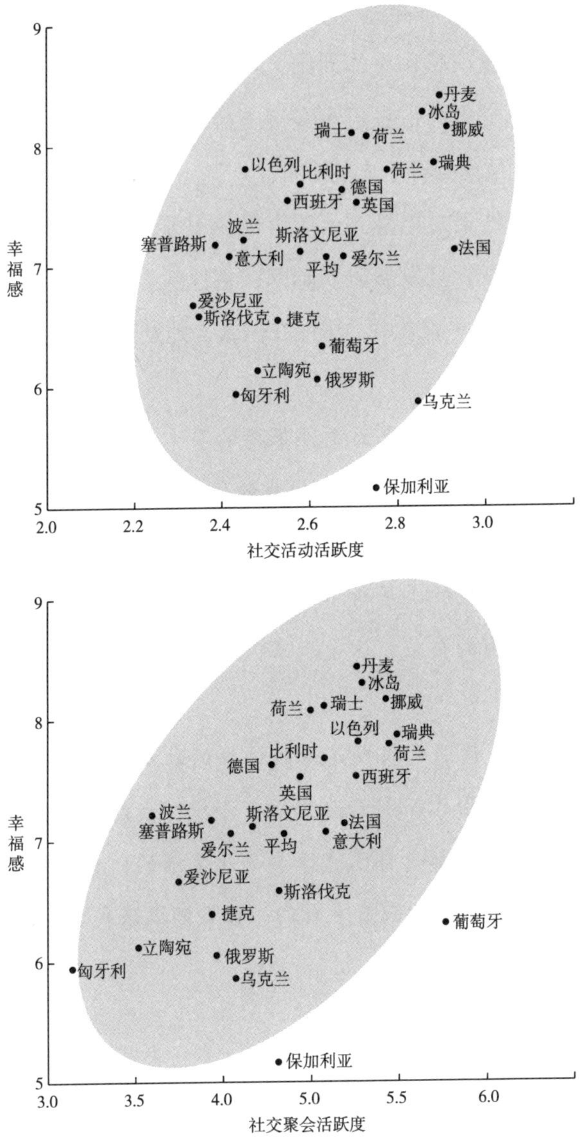

图4 各国幸福感与社交聚会、社交活动水平的关联，针对30岁以上人口的调查

资料来源：欧洲社会调查。

备注：灰色椭圆形表示95%的置信度。

素影响幸福感。举例来说，有些研究学者发现，多参与社交互动可强化个人的意识感和肢体训练，从而提高个人生活满意度并改善健康。多社交也会带来更多经济支持，以及增强个人应对外在压力的能力，从而提升个人的幸福感。

这些发现结果对单身人士而言极为重要。单身人士若能在社交方面更加活跃，且发展出人际网，将让他们在获得幸福感上更有优势。40 岁的安娜未婚，居住在伦敦，她发表文章说：

> 能够邀请朋友来访是件很棒的事，因为我决定不要被定型为“孤僻的人”，也希望把我的住处当作社交小天地，伴随着音乐，流淌着美酒。我希望我所爱的人可以自在地前来看看我，因为我的小居所不是什么要敬而远之的神殿，或是我一人躲藏用的蚕茧。这是我家，我希望它反映出我这个人的风格。
>
> 所以，你遇到我或是像我这样的独居女性，请不要认为我们是身不由己而别无选择的可怜虫，我做过调查，像我们这样的人多数都是自己选择要如此生活的！我们快乐、独立且自由……欢迎你来看看我们，带点酒来跟我们闲话家常吧，我们会很高兴的！

安娜享受独居生活，但也注重朋友，因此邀请他们共享生活。她知道一般人对单身人士有所误解，所以坚决表示自己这样生活很快乐。像安娜这样的人更常和朋友、兄弟姐妹、父母及各社群的成员联系，因此能得益于这些社交或家族圈子的情感和物质支持。

另外，单身人士不仅因和身旁的人感情较紧密而快乐，也在面对逆境时有更多的韧性。举例来说，虽然离婚对心理健康有负面影响，但离婚的人如果能善用有效的交际网，就能减少离婚和分居所蒙受的污名，改善社会处境（特别是因为现在风气比过去自由）。离婚者在处理婚后的经济和情绪挑战时，不需要感到被孤立和被抛弃，而是能在社群网络中与人分享来减轻负担、得到建议，甚至认识新朋友且空闲期间能一起出游。近期研究显示，这类社交网络能够提升离婚者的幸福感。

单亲家长也能从亲朋好友的支持中得到帮助。事实上，和更广大的社交圈联系对单亲家长特别有用，因为他们能找到其他单亲家长来共同分担育儿的责任。现在不像过去那么看重双亲家庭形式，所以单亲家长更能在社会上适应良好，因而发展出多元的社交网络来支持他们抚养子女。

贾琪，32 岁，她强调自己成为单身母亲所获得的支持会比从伴侣那里来得多，她说："其实我不太喜欢用'单亲家长'这个词，因为我觉得那样说会有种孤独的感觉。我有很多亲朋好友，我很少感到孤零零一人。事实上，我虽然要独自养小孩，但我觉得自己获得的支持会比我有伴侣时还要多。"对贾琪而言，她从旁人那里取得的支持不只是来自物质层面，而是更深层的情感方面，所以她很少感到孤独。

我对欧洲社会调查的统计分析证实了贾琪的说法。社会支持是提升单身人士幸福感的重要因素，能弥补和有伴侣者之间的"幸福感差距"。为了彻底了解这项重大发现，我们要记住单身与已婚人士之间的基本幸福感差距。在 0 至 10 分制的评测中，两者差距通常不到1分，大约是0.7分，但要是计入先验推断之选择机制的话，实际数字会更小，也就是说，会结婚的人本来快乐的可能性较高。一项纵向研究采用0至10分制的类似量测方式，结果发现这样的选择效应会造成已婚和从未结婚的群体之间，对生活的满意度有0.3分的差距。这表示，最终结婚的人，多年前就比较快乐。因此结婚对于提升幸福感的效果，只有0.4分左右。况且，这项领先优势在两年的“蜜月期”过后，也会降低到原本的基线，因此长期来看结婚的优势更微小。

有鉴于这个0.4分的差距，我在分析时考虑了国家以及个人差异，包括年龄、性别、教育和收入，结果显示社交活动（如小区志愿者）和社交聚会（与朋友外出）对幸福感有高度的正面效果，可拉高幸福感0.8分到0.9分。此外，这些结果与其他增强单身人士幸福感的因素相互独立，其他因素包括健康的生活习惯、有意义的工作，以及后物质时代的价值观（下一章中会再详述）。

由研究结果所得出的第一个结论是，比有伴侣者更积极社交的单身人士，可在幸福指数的表现上超越有伴侣者。全力参与社交聚会和活动的单身男女，在0至10分制的幸福感评分中可超过已婚人士1到2个标准偏差，也就是几乎高1分。虽然这个差异听起来相当小，但它让这些单身人士在总单身人群的幸福感评比上，跃升至前20%甚至前10%。换言之，单身人士参与社交可以显著且长久地提升幸福感，实际上许多人已尝到这种好处。如此一来，虽然单身人士因各项因素致幸福感的基准水平较低，比如，歧视政策、福利规则偏袒夫妻以及婚姻的选择机制（快乐的人较可能选择结婚），但他们也能轻松克服这些劣势。

接下来要提出第二个较为复杂的问题：既然单身人士较有伴侣者更会运用社交互动来提升幸福感，那么社交互动在单身人士中增进幸福的“效率”是否更高？也就是说，“相似程度”的社交互动对已婚和未婚者的影响是否有所差异？每次的社交互动中，单身人士获益是否较多？

答案是“没错”！我的研究显示，相较于同居人士和已婚人士，社交互动对单身人士的幸福感影响更为深厚。单身人士在社交上更活跃能缩短“幸福感落差”，而且在有些项目的计算上，单身人士社交互动程度与有伴者相同时，能取得更多幸福感。举五个人物的例子来说明：第一位已婚，第二位与人同居，第三位从未结婚，第四位离了婚，第五位伴侣离世。他们的年龄、教育背景、收入等状况都相同。如果五人都在社交方面很活跃，在小区中担任志愿者、参与社团等，最后三名单身人士，能比已婚和同居者多获得大概 0.5 分的幸福感。换言之，即使除婚姻状态外其余条件都相仿，社交能大幅提升单身人士的幸福感，且能够比有伴侣者来得多。由此看来，单身人士运用社交来获得支持及建立安全网更有效。

这项发现结果和我多场访谈取得的论点相符。譬如，49 岁的戴夫，来自佐治亚州雅典城，他告诉我他在离婚后，从五花八门的社交活动中获益，他说：“我加入排球社、骑自行车、游泳、参加合唱团、上教堂，我用各种方式参与社交活动。”戴夫说这些多样的社交活动让他生活充实，并且维持热忱和活力。这么做主要是让他离婚后保持活跃和多与人往来，而不是要找潜在对象。我问过他目的是这两种之中的哪一种，他很肯定地说是第一种，他说："这是多认识人的好方法。"

研究进一步比较不同婚姻状态的人，分析社交聚会（非正式），以及社交活动（正式）带给他们的幸福感差异，结果发现社交活动效果较好。单身人士不论男女，都能从正式的社交活动（比如参与社团和志愿者服务）中获得明显较高的幸福感。正式的社交活动更胜于非正式的社交活动（比如拜访亲友）。不过，单身人士都能从这两种类型的社交互动中获益，且获益高于已婚人士。

为何社交互动对单身人士的幸福感极为重要？

针对先前讨论的证据，我必须要做些说明。单身人士如何使用社交互动来提升幸福感，以及为什么。更重要的是，什么因素让单身人士从社交互动中的获益"高于"有伴侣者？从单身人士访谈以及分析单身人士的文章和博客，我找到五个解释。

首先，单身人士能从社交互动中获得较多的幸福感，是因为他们接触更多元的人，并参与各式活动。如同我先前引述菲尔的话："我结交的朋友背景多元，遍及我的不同生活层面。"拥有这样广大的人际网，单身人士遇到各种情境时都能获得支持，且在需求迫切时，作用更明显。

此外，单身人士比有伴者能有更多类型的谈心对象，尤其单身人士的谈心对象常包括亲戚以外的人。他们在成年生活中更多地和兄弟姐妹往来，以及和朋友培养出富有意义的关系而提升幸福感，因此让结交的对象更多元，能建立比有伴侣者更稳固的核心交际网，并减少孤立感。艾格妮丝是43岁的离婚女性，来自威斯康星州，她告诉我："我朋友很多，我投入很多心力在友情上，我向他们请教问题，他们也会寻求我的支持和协助，我感觉很棒。"根据一项研究，坚实而宽广的交际网和情绪稳定有正向关联。

有研究学者描述了多种单身人士的社交互动方式，包括参与社团组织的活动、在小区庭园工作和一同养育孩子。快乐的单身人士会参与不同社交圈，运用不同的社交机会来提升幸福感。有些单身人士积极增添交际社群的多样性，有些则是因为没有伴侣而能用开放的态度多认识人，自然而然就发展出这样的社群网络。

艾尔希今年30多岁，从未结婚，住在纽约，她记录了以下的趣事：

节假日也是单身人士最容易按捺不住寂寞的时刻。虽然不是每个人都想要成双成对，但我们希望也能成为庆祝的一员。而且像我们这些单身的人，有时会在明示暗示之下，被充斥着手牵手的夫妻的家族圈排挤……

水晶球落下，完成跨年倒数时，我竟不觉得自己是多余的，而是能融入干杯、相互拥抱的圈子中，感到又惊又喜。接着我们做了我以前从未尝试过的事。我们跑上顶楼，听到另一户也在开顶楼派对，于是我们对这些陌生人隔空大喊新年快乐。安静了一两秒钟后，也听到他们喊道："新年快乐！"

2010年，我想要记住这样的领悟，人生应该要正视彼此之间同样身为人的处境，把自我扩展到其他人，而不是让所有互动都只围绕在婚姻和小家庭中。我想要好好记住虽然我单身，但不是孤单一个人。世上有数百万个人类同伴都和我有相同的渴望、恐惧、挣扎和幸福。

以前新年是艾尔希最容易受孤独感困扰的时候，但这次她和一群好友相互关怀并共同欢庆，接着她与另一群人接触，开启新的社交互动。她对这样的状态非常满意，也感觉参与了一个群体。虽然单身，但她表示从未感到孤单。

与社会的联结感并不局限于新年前夕同庆。我遇到过对生活感到满意的单身人士，很擅长打造自己的社交网络，并在民间组织和慈善团体担任志愿者，在小区中贡献一己之力。也就是说，快乐的单身人士会把时间用来对他人慷慨付出，就像是前面提到的戴夫的例子。

社交互动之所以对提升单身人士幸福感特别有效的第二个解释，在于单身人士建立交际网时很有弹性。研究学者发现，有伴侣者倾向参与单调且符合社会期望的社交活动，而单身人士越来越能依照自己的需求来进行社交安排，并同时保留弹性，对变化抱持开放态度。贝瑞·威尔曼认为个人交际网比家庭更灵活，因此成为更有效的重大支持来源。

单身人士在安排这些带来支持力量的交际网时，会有意无意地依照个人特定需求，而有伴侣者较常受到婚姻关系的限制。来自苏格兰的 75 岁的肯尼斯，从未结过婚。他说：

单身人士之间的伙伴情谊让我很快乐……几年前，我和朋友一起在纽约市外的林地里租借一间夏日度假屋，我们一起做些蠢事，玩得很尽兴。这么说吧，和人约会感觉还行，但我真的很喜欢和这群好友聚在一起，有他们就够了！所以我觉得只要有足够多的朋友，其实不需要有伴侣。有个朋友一起驾船出海，另一个会和我一起打网球。这样蛮自由的，我很喜欢能随时认识新朋友的那种新鲜感。

单身人士较能通过社交互动提升幸福感的第三个解释，是单身人士更关注社交关系，并将其放在生活的重心。这点呼应了婚姻无底洞的论点。伴侣会把焦点转至婚姻内，而单身人士更看重广大的亲朋好友圈子。因此，单身人士对社交圈的高度重视能带给他们更多收获。居住在巴黎的50多岁离婚男子菲利普对我说：“可以把他们当作是一群不牵涉感情的伙伴，有任何事都可以找他们。”菲利普和其他众多单身人士都看重社交互动，因此能将其发展到可以提升幸福感的程度。相较之下，伴侣把婚姻当作生活重心时，就缩减了社会支持，甚至可能会造成心理困扰，这种情况在老人身上特别明显，原因可参考第二章的解释。

单身人士在社交互动上的第四项优势是关于现代科技服务的使用，这些服务让单身人士的社交更为便捷。源源不绝的在线服务、科技和锁定单身人士的媒体提供额外的支持力量，较少已婚人士能善用这点。如先前所述，我的统计分析显示，单身人士较有伴侣者更常使用科技手段来进行社会交际。我做的访谈和分析的博客显示，单身人士也会运用科技来提高互动频率。还记得戈登和薇薇安吗？他们俩在一篇网络文章的评论区相识，接着继续在脸书上相互联系，或许还会用网络来约实际见面。

2017 年，《每日电讯报》（*The Telegrosh*）发表了一篇名为“今年情人节给单身人士的 12 个非约会应用程序”的文章。其中一款叫作 Tourlina，这个程序专为独自旅行的女性设计，让用户找到在同区域规划出游的其他女性。另一款是 Meetup，可用来联系其他单身同好。这个列表还有许多推荐的程序，并且没有列入 WhatsApp、Facebook（脸书）、Instagram 等。可见，科技能帮助单身人士随时快速联系他人，且把范围扩展到前所未见的规模。

最后一项单身人士更能从社交互动中获益的原因，涉及了近期的市场发展态势。市场顺应单身群体的现象，针对单身人士提供了各项新产品、服务和居住安排，比如，小区型公寓住宅的社群空间。这样的空间中，住户可以结识更多人或成为好友。锁定单身市场的退休住宅、社交活动和办活动的团体，也让单身人士更容易与人联系。相较之下，已婚人士因为并非这些新式服务的目标客群，在这个新兴产业于社会联结上产生涟漪效应时，未能置身其中而获益。

总而言之，单身人士较有伴侣者更能从社交活动中受益，因为他们的社交人际网更多样而弹性、精细而高效。

1960 年代，卡洛只能眼巴巴看着近在眼前的修女成群聚在一起地玩传接球。今日，在同样的情境下，卡洛可能获邀参与各式各样的社交活动。一旦破除待在家里的枷锁，远离职场上没完没了的抱怨，卡洛可以大步迈出，参与多样的社交团体，不需要卑微地坐在角落，被宗教教义限制；也不用成为只能远观的局外人。脸书、Meetup、Tourlina 等数不清的社群网站，都鼓励卡洛这样的单身人士在不找伴侣的前提下踏入社会交际的世界。

有越来越多连通人际关系的渠道，供单身人群取用，也就是那些如卡洛一样“拥有单身魂的人”，即自己想要维持单身的人。如之前提到的安娜所说：“请不要认为我们是身不由己而别无选择的可怜虫，我做过调查，像我们这样的人多数都是自己选择要如此生活的！我们快乐、独立且自由……欢迎你来看看我们。”

看来，这些新兴单身人士特别享受社交互动，因为他们并不打算结婚或是从未来的伴侣身上寻求支持力量。恰恰相反，如同我下一章会继续讨论到的，他们珍视自由、创造力和新鲜体验。这些人不想与人同床共枕，但越来越重视与众同欢。

第五章 后物质主义价值观与单身

从物质主义到后物质主义的转变，鼓励许多人拥抱个人主义和独立自主的精神，并开始考虑独自生活的可能性。

邀请函装饰得很漂亮，非常喜气洋洋，这一定会是场令人难忘的婚礼。有些人会在婚礼上邀请亲朋好友，但也有些人选择独自庆祝。新人兴奋不已并且盛装打扮，只是身边没有站着另一半——因为他们是要和自己结婚。

虽然还不流行，但自婚（self-marriage）已经出现。在日本京都，有旅行社推出锁定单身人士的两天自婚套餐行程。这种行程据说要价 2500 美元，包括礼服、捧花、妆发设计、豪华轿车接送以及一本纪念相册。如果你不想要整套的仪式，你可以在网络上找到自婚的各种套装方案和指南。

自婚也开始吸引媒体关注。在 2010 年的美国电视剧《欢乐合唱团》（*Glee*）里，苏·西尔维斯特（Sue Sylvester）决定跟随《欲望城市》里凯莉的脚步，和自己结婚——凯莉这么做是为了在结婚礼物登记单上加上她缺少的一双 Manolo Blahnik 鞋。

这些仪式当然有戏剧色彩和高度争议性，却也传达出个人主义和后物质主义的价值观。从斯坦福毕业、22 岁时就和自己结婚的婚礼顾问多米尼克·尤肯帕斯，目前正经营网站

Selfmarriageceremonies.com。她用鼻环纪念自婚纪念日，因为这样可以“每天都呼吸着自己的誓言”。网站首页这么形容自婚：

> 自婚是一种意味深长的仪式，象征着一个人成为整体，自我信任、自我负责并自我解放，从自身寻求爱的源头。这是一个转化的仪式，宣告内心真正的你，让大家知道你已经准备好活出所有内在潜能。这是一个承诺，你保证将完全展现自己与生俱来的天赋和珍爱生命中获得的祝福。这是一种自由，象征你将真正和内在最深处的价值结合共生。无论如何，这是一种对爱的献身。

这个宣言呼吁全世界的单身人士成为真我，自我表达且独立自主。虽然听起来有点陈词滥调，但正是这些价值观，在过去几个世纪以来，部分构成了人类社会发生的转型。自婚，只是其中一个基本却核心的例子：从对某人负责转变为自我独立，从服从转变为自我表达。从发达国家，到发展中国家，这个现象展现了一种转变，即从聚焦在社会整体（比如，被视为工作和生产功能基本单元的家庭）转变为支持个人的志向和抱负。

这样的变迁，影响了我们在日常生活中，如何思考社会和人际功能。婚姻和生育以外的志向，对很多人来说已经成为人生的重点目标，构成了理论家口中的后物质主义时期。

我们可以借着抽丝剥茧后物质主义时期的转变机制，探索独立自由的新价值是如何影响单身人士的福祉，探讨个人主义和后物质主义的价值系统如何使单身人士的生活更多彩多姿。

后物质主义时代

后物质主义这个词，最早出现在美国社会科学家罗纳德·英格尔哈特的著作《静悄悄的革命：西方民众变动中的价值与政治方式》(*The Silent Revolution*：*Changing Values and Political Styles among Western Publics*)。根据英格尔哈特的观察，1970年代之前，物质主义的相关价值：如人身安全和经济增长普遍受到优先重视。在大萧条时期、两次世界大战和冷战时期，这些人印象深刻、造成普遍不安和不稳定感的事件，更能证实这样的论述。

到了1970年代，一场静悄悄的革命展开，特别在西方国家，公众把高生活质量作为优先价值。后物质主义者开始强调创意、环保、言论自由和人权的重要性。这类运动展现了从求生至上时期到安全无虞年代的转变。欣欣向荣的经济、新签订的和平协议和迅速发展的社会福利体系，让世代间的价值观产生变迁。提倡公平贸易、全民参政和环境正义的社会运动应运而生，并渐渐改变了政治和文化的形态。

如第一章所述，从物质主义到后物质主义的转变，鼓励许多人拥抱个人主义和独立自主的精神，并开始考虑独自生活的可能性。在战火肆虐和生活贫困的记忆变得遥远、经济发展和购买力逐渐上升的年代，个人不再需要为了寻求安全和慰藉去组织家庭。经济大萧条和世界大战时出生的孩子，因为遭遇物质困顿，向往秩序、经济稳定和军事力量；而20世纪年青一代，追求的则是自我表达、玩乐、自由和创意。当前者为了稳定的家庭生计奔波、早婚或尽力维持婚姻时，后者已经逐渐偏离传统的家庭价值，许多人决定用单身表达自己的后物质主义价值观。

婚姻的去制度化可以分成两个阶段。第一阶段：婚姻的角色从实现社会期待和维持生存扩大为提供陪伴。第二阶段：个人选择和自我发展的重要性增加，必须牺牲制度下的婚姻关系。

有趣的是，这两个阶段的发展早在1940和1950年代就已经被心理学家亚伯拉罕·马斯洛预测到。

他在以人类需求（human needs）为主题的学术著作中指出，人们只有在物质跟生理需求被满足后，才会重视其他需求：首先是爱与归属感；接着是自尊和自我实现。从这个脉络上理解，婚姻的去制度化精准展现了从物质主义到后物质主义的转移，以及人类需求的阶梯式爬升。

后物质主义年代的单身女性

女性解放和女性主义是体现后物质主义价值观革命的一个主要运动，特别是女性对自我实现的渴望大大撼动了婚姻制度。第二波女性主义风潮强调的后物质主义价值：自由和自主，使个人主义成为讨论焦点。从1960年代的美国开始，最终扩散到整个西方世界，至今仍持续发挥影响力。

然而，只有到1990年代早期第三波女性主义兴起时，才真正解放了单身女性，并重新建构性别角色。和聚焦女性法律地位，但仍将女性视为家庭成员的第一波女性主义不同，也和赋权给女性，但仍然不把女性脱离家庭脉络的第二波女性主义相反，第三波女性主义真正允许女性以自己想要的方式生活，挑战女性在家庭、性和职场的角色定位。这些变迁中的价值解放了女性，促成她们在婚姻外的自我成长。

居住在纽约，今年 35 岁的梅莉莎写道："过去 10 年，我从他人手中夺回了追求梦想的快乐和特权。不再追求伊利诺伊州和特拉华州镁光灯下名气的我，在悉尼住了 5 个月，过着美好的生活。我很享受这种无牵无挂的自由。"

梅莉莎在她的博客中写，单身让她能环游世界、走遍各地体验生活。如果和某人产生联结，可能会让这一切变得困难。的确，带着一个伴侣意味着要考虑他／她的需求、工作、签证问题、家族关系和语言文化障碍。不论真正的理由是什么，单身增加了梅莉莎的机动性，她觉得自己很幸运。

然而，这样的自由不是在每个国家都能被接受、允许或成为主流。有一些地方的女性，甚至还在物质主义过渡到后物质主义的相当早期阶段。她们要冒着生命危险去展现创意和自我实现。

2012 年《纽约时报》刊出一篇关于喀布尔地下文学组织米尔曼巴赫尔的报道。这个组织是由拒绝早婚或抵抗强迫婚姻的阿富汗女性组成，她们用自我教育和写作作为反抗。她们将成员扎米娜的故事告诉记者。扎米娜住在喀布尔郊外，因此不能随心所欲参加聚会。但几乎是每个星期，扎米娜都会偷偷通过电话朗诵自己的诗给大家听。当她的兄弟发现这件事后，狠狠毒打她。她父母自作主张要将她嫁出去，她拒绝了，并且自杀。这个悲剧性的结局，是她对父母、家族和社会最大限度的反抗。

放在喀布尔变迁中的社会背景下来看，扎米娜的悲剧是后物质主义价值结合女性自我发展和自我实现的诉求，进而导致激烈反抗的典范。这样的进程也影响了婚姻的模式。如第一章所言，全世界的女性都越来越关注在婚前完成学位和发展事业，因此延后结婚的同时也延长了单身时期。

女性的解放也从是否结婚延伸到是否要成为母亲。增加的职场资源被认为和女性延后或避免生育小孩有关联。一名 39 岁的匿名加拿大博主这样写道："在生育问题上我是很矛盾的……我喜欢有自己的空间、时间和宁静，我是个非常自私的人，不过我觉得这样很好。"像这样的"告白"越来越普遍且能被社会接受，显示出个人主义价值的崛起。一个鼓励女性在专业和学术上精进、两性更加平等的社会，也会降低女性感受到的、必须结婚生子的压力。

许多主流媒体，例如英国广播公司、《赫芬顿邮报》、《卫报》等，都刊出过和这个现象相关的报道。最近一个对后悔生育的母亲进行的访谈研究吸引了广泛注意。无独有偶，《母亲的幸福谎言：后悔成为母亲》（*The mother bliss Lie*：*Regretting Motherhood*）这本书变得畅销，特别是在德国这个经历结婚和生育率的急遽下降的国家，越来越多的女性不再顾虑婚姻或家庭生活，而是自由展现事业心和冒险精神。

后物质主义者的呼声：我只想要一个人

女性发展并不是后物质主义的唯一体现。像创意、尝试新事物、自我实现的后物质主义价值，对男性也同等重要。其中一个论点是，当人们感到安全，就会渴望发出独特的呼声并实现自我潜能。这导致许多人放弃了家庭生活。

一名31岁的匿名博主写道："为了能够走向世界，让自己变得活跃、积极、有创意和野心勃勃，我需要这种深层的个人神圣时间，而且需要很多。对我来说，处在一段关系中需要许多个人时间的妥协。和某人发展关系意味着所有空闲时间都要配合对方来安排，原本的个人时间都不见了……这对我来说很困难，在过去几段关系中，我都没能拥有像单身时那样既私密又宁静的反思时间。"

后物质主义者不只关注独自出国旅行的自由，取而代之的是对创造力和主动性的渴望，想要尝试新鲜事物，想要实现特定抱负，并且假设伴侣关系可能会阻碍人们前进，专注于自己的目标。

梅莉莎还有另外两位匿名的博主并不孤单。我的分析数据显示，已婚人士的价值观和单身人士并不相同。已婚人士在多种后物质主义指标中的平均得分较其他人口低，其中包括在意享乐、自由、创意和尝试新事物的程度——数据显示，这些指标和教育程度、健康水平、财富指数、世俗主义程度和社交活动频率成正比。

同居者和离婚者在这些指标上得分都较高，单身且未婚者则比较多样：他们重视享乐和自由，却在创意和尝试新事物的得分上和已婚人士相近（如前面章节所述，这个群体可能跟想要结婚的非自愿单身人士比较接近）。丧偶者比起已婚人士更重视自由，却更不在意享乐、创意和尝试新事物。

采取后物质主义价值观的人，和延后或抗拒婚姻的人之间的关联变得明显。这个普遍现象在第一章已经有完善的叙述。后物质主义的兴起和婚姻的衰退不只是巧合而已，前者需要为后者的恶化负责，因为它正通过各种方式和机制，如个人主义、资本主义、女性自我实现甚至都市化促成后者。然而，我们的中心命题是：比起已婚人士，这些后物质主义的单身人士是否比较快乐？如果和不认同后物质主义的单身人士相比呢？

后物质主义让单身人士更快乐吗？

单身人士显然比较认同后物质主义的价值观，但仍有许多人质疑，拥有这种价值观的单身人士是否拥有比较高的生活满意度和幸福度？再者，对这种价值观的极端实践（如自婚）的批评很普遍。例如，2014 年的流行在线杂志《每日野兽》（*Daily Beast*）刊出一篇关于自婚的动人文章，却招来记者汤姆·提曼的批评：“自婚是一种终极的自恋行为产物，自私……这是个玩笑，且一点都不好笑。跟自己结婚对单身人士而言不是寻求肯定和安全感的药方，这是铤而走险……这类仪式根本没有赋权的作用，也不是什么伟大的女性主义或个人主义论述——只是一个相当可悲又虚假的象征手法。”

提曼尖锐的批评暗示单身明明是不得已的选项，自婚却把它当成一种选择，甚至是庆祝的理由，这是绝对不能被接受的。这种批评的结论很直观：选择单身且采用个人主义价值观是自私、冒险且可悲的。提曼曾获得 2016 年全国女同性恋和同性恋记者协会（NLGJA，和 LGBTQ 报道者有关的组织）年度采访奖和记者奖，但他却对其他的少数群体仍持刻板印象，延续对单身群体的负面诠释，将他们形容为不成熟、自我中心且不快乐的人。

尽管自婚遭到提曼批评，这番论战的答案仍然可以从实证研究中找到。有意识选择单身并用仪式实践的人，是否比已婚人士更快乐？这些自婚仪式是全然虚假的吗？总的来说，实践个人主义和独立自主价值观的新世代单身人士真的可怜吗？

试着找到这些问题的潜在答案以前，我们必须先看看四个认定后物质主义价值观单身人士并不快乐的论述。第一个论点认为，推崇自由、享乐的后物质主义价值观的人，不一定会比较快乐。事实上，看重自由会导致快乐更少而非更多。这个逻辑在针对资本主义的论述中经常看到。在 90 年代，部分西方国家由共产主义走向市场经济时，就观察到这样的现象。相关研究认为是因为自由带来了更多的竞争、压力和不平等。除此之外，也有观点认为单身人士可能会被自己的单身生活的恒常不稳定性所吞噬。享受单身自由的可能是一群无情，只追求新事物，最终一无所有的人。

第二个认为后物质主义并不必然带来快乐的论述指出，即使单身人士能设法克服没有结婚带来的经济、心理、生活上的困难，也能承受随着自由和不确定性而来的重担，这些人依然要面临更多的差别待遇。事实上，追求单身或珍惜个人自由的人们，确实更常遭受歧视。如第三章所讨论，即使到了现在，社会制度或其他人仍然对单身抱持负面印象。研究显示，满意自己的单身状态或自愿选择单身的人，比起不满单身状态或渴望脱单的人，招致更多负面印象。第三章提到，自愿选择单身的人，常被视为对抗主流社会的叛逆分子，并因此招致批评，而不得已单身的人，则被视为不幸的例子，在找寻灵魂伴侣上需要被帮助。有鉴于此，抱着后物质主义价值观的人们是在逆流而上，面对着更加严苛的社会排斥（social exclusion）。

第三，许多人认为，坚持后物质主义价值观并选择单身，会造成经济、心理、行为、生理上的巨大负面成本。例如，有一个研究宣称年轻人只是完全忽略了婚姻的益处，而后物质主义价值观引导他们不婚，实际上是在破坏他们的幸福。的确，有证据显示已婚人士在经济、生理、心理层面都获得相当程度的正向改善。因此，那些自愿选择单身的人可能要承受经济、生理及心理层面的劣势，因为他们更可能维持较长的单身状态、更难克服这些似乎会永远存在的不利因素。假设某人因为单身而要付出较高额的房租（因为没办法和另一半分摊费用），那么对于经济压力的感受就会变得巨大，这样的情况似乎没有好转的可能。

第四个是根据马斯洛理论延伸出来的观点，他们认为抱持后物质主义价值的单身人士很可能会苦于需求不平衡。虽然提倡有失（例如，一段稳定的关系）必有得（例如，自我实现）的论点似乎有道理，且看起来是很公平的交换，但马斯洛的理论认为这样的交易不可能成立，因为自我实现位于需求金字塔的最高层，并非牺牲较低层级的需求就能达到。换句话说，需求有层级之分，单身人士误以为追求较高层级的自由和自我实现就能得到满足，却忘了自己还没有达到最基本的人际互动和情绪上的满足。根据这样的论点，牺牲家庭成就事业的工作狂、后物质主义单身人士，他们追求新鲜刺激的体验，却忽略了他们最基本的情感需求。较低层次需求的不满足，最终将妨碍自己得到快乐。

尽管如此，依然快乐单身

虽然个人主义和后物质主义是单身人士兴起的原因之一，我的研究则显示，这些价值同样能让单身人士受惠。也就是说，抱持后物质主义价值的单身人士，能够更好地处理单身生活。即使抱持这样的价值观，在某种程度上会减少单身人士的幸福感，它所带来的好处还是多过坏处。这也许可以解释为什么在后物质主义时代，有越来越多人选择单身。34 岁的萨莎在列出和后物质主义价值有关的好处列表后，对这个议题提出了一些深刻见解：

> 今年我一直在想，我对自己依然单身这件事很感恩。不过老实说，早些年我不会这么讲。我今年用了一年的时间单独旅行……这让我在今年的感恩节开始思考为何要感谢单身。一段关系需要花费大量的时间，但单身时，在工作之外你拥有所有的自由时间，可以去探索能够带给你喜悦的事物，而无须承担其他义务。好好利用并感激它吧！单身带给你机会创造自己的快乐，以及独自旅行和探索的自由，而非依赖他人给予。

萨莎一开始对单身感到痛苦，后来通过拥抱后物质主义价值，体会到喜悦和感恩：对自由、自我成长和发现新事物的感谢。她把时间奉献给自己，而不是陷入“耗费时间的关系”。至少目前看起来，她愿意继续维持单身。69 岁的瑞克，住在俄勒冈州，单身。在我们的访谈中，他阐述了对于单身的看法：“单身得有你的个人观点。这游戏最有趣的部分，就是你想怎么玩都可以。一切完全出自你的选择。”

我的数据分析，可以佐证萨莎和瑞克的有趣观点。结果显示，后物质主义信念和单身人士获得更多的幸福感始终相关，考虑到次要变量性别、教育程度、财富后，结果仍是如此。

例如，一个给予自由和享乐最高评分且未婚的单身人士，比起未婚但不认为这些价值重要的人（给予这些项目最低评分），快乐程度高出约 10%。同样地，给予创意和尝试新事物的评分高低，也能够影响未婚者的快乐程度。这个模式普遍存在于每个单身群体，包含丧偶者、离婚者和分居者，他们都能通过抱持后物质主义价值观得到快乐。

更重要的是，即使给予相近评分，比起非单身人士，单身人士能从后物质主义价值观里获益更多。

换句话说，重视后物质主义价值的单身人士，不只明显快乐得多，他们也能从后物质主义的每个评分里得到更多好处（根据得分 1 到 6 的受试者报告）。例如，所有主要特性相近（教育程度、收入等）的已婚妇女和丧偶女性，在两人都重视尝试新事物（在调查中将其评为最高分 6 分）的情况下，丧偶女性的快乐程度还是比已婚妇女高 10%。在所有可测量的后物质主义价值观上，对其抱持最大程度支持的未婚者，和同样支持其价值观的已婚人士的快乐程度，仍可以达到大概 0.4 个标准偏差。

此外，由于一开始未婚者的后物质主义价值观平均得分就高过已婚人士，自然就得到额外优势。在后物质主义价值量表上，他们每多给一分，就从中获益更多，而且他们也能从更多的优势中再次获益。

这些研究结果暗示着，后物质主义价值观在增加单身人士的幸福感方面有很大贡献。事实上，比起已婚人士，具备一整套后物质主义价值观的单身人士也许可以扭转起初的劣势，能更大胆地去追求自身幸福。33 岁的艾琳，来自苏格兰，在《BBC 杂志》上发表了一篇文章：

> 我非常高兴自己是单身……我可以自由自在地在任何时候做任何我想做的事。我为自己的日常生活、奢侈品、生活方式和自身的幸福负责。我觉得现代社会对成为一名伴侣有太多的要求。那为什么我要追求这件事呢？所以，我不认为自己错过了任何东西。我对所有朋友说，我爱单身，而且之后也不会改变任何想法。

艾琳的主张并不具有攻击性或存在任何讥讽，只是在陈述一件事实。她喜欢单身生活。她采取了和同辈以及上一辈不同的价值观，将单身视为一种祝福而非刑罚。比起被婚姻绑住，她发现自己在单身状态才能得到解放。

特别值得注意的是，和后物质主义价值相关的快乐得分上，同居者和已婚人士之间没有显著差异。尽管同居者后物质主义价值的得分较高，他们所宣称的快乐程度，并没有比已婚的对照组高。这可能是因为比起没有伴侣的单身人士，同居者的生活状态和社会结构类似于已婚人士。像梅莉莎和萨莎都在博客中写到的那样，单身人口显然受惠于后物质主义较多，因为自由对于每个想要旅行和探索的无伴侣者都非常重要。

现实世界当然不是非黑即白，也有许多人对后物质主义价值观抱持中立态度，但后物质主义价值观对单身人士大有益处。

后物质主义为什么以及如何对单身人士有利？

本章前面所提到的批评和疑问需要一些仔细的说明。为什么抱持后物质主义价值观能够帮助单身人士缩小和已婚朋友良好感觉上的差距？如何做到？有越来越多人单身，说明单身确实有一些好处。

第一种解释是，后物质主义价值观使单身人士能够对社会偏见免疫。拥有这种价值观的单身人士，比较不在乎社会规范和传统，也不倾向于和其他人比较。这样的观点根植于后物质主义中，因为重视自由、尝试新事物和遵守传统规范相互矛盾。

我进一步分析后物质主义价值观和重视循规蹈矩的信念，发现两者间的确存在显著的负相关性。

因此，后物质主义价值观不只推广了单身的生活方式，也让单身人士不再感到被他人歧视。这点尤其重要，因为社会对单身人士的评价并不好。赫伦在 2002 年和自己结婚，他写道："过去有好多年我极度渴望被认同、被注意和被关爱……但自从我和自己结婚，我感受到深深的宁静、安全感、归属感和纯粹的爱。我的焦点回到自己的内在。"

赫伦在自婚以前，总觉得自己穿着一套不合身的西装。也许是他没办法处理不安的源头，但就是有什么东西错了。单身让他觉得不舒服。自婚没有改变任何事，但似乎改变了他的认知："我就是这个样子，而且我觉得很好。"

后物质主义有利于未婚者的第二个理由是，单身人士会有意无意地定义并满足自己的家庭需求，而非通过同居或结婚。研究发现单身人士正逐渐通过替代家庭（alternative families）和公共安排（communal arrangements）找到归宿。正是同样的后物质主义价值观鼓励他们选择单身，并让他们敞开心胸接受替代的生活安排（这些创新的方式将在本书的后半段详细讨论）。在这个意义上，虽然后物质主义单身人士比较重视高层级的需求，并且投注较多的时间和资源在上面，这并不表示他们忽略了对爱与归属感的需求。

印谭是一名 38 岁的印度尼西亚女性，2015 年和男友分手，带着儿子搬到柏林居住。她在访问中告诉我："我觉得我大部分的需求都被满足了。我为什么还需要一个伴侣？性，我有了。归属感？我有朋友。那还有什么需要从交往中得到吗？我自认为可以在目前的生活方式中得到性和陪伴。所以，没什么太大问题。"

印谭认为，自己的需求可以通过朋友和性伴侣解决。像印谭这样的单身人士通过科技、社群和大都会找到更具实验性和弹性的满足方法来替代婚姻。是否居住在城市，对单身人士和已婚人士来说会有很大的差别，因为城乡差距常常存在。在另一个访问里，没有结过婚的32岁的约瑟夫，说到住在大城市如柏林的重要性："我身边都是学者，其中有许多人用非常先进或新潮的模式生活着；他们并不寻求某个特定伴侣，甚至根本不需要伴侣。住在乡下或受教育程度较低的人，大部分是比较传统保守的，我接受这件事，但是对我来说，结婚不是我想优先完成的。"

约瑟夫出生在波恩，并在接受访问前几个月搬到柏林。他将柏林视为新生活典范的枢纽，在这里，伴侣关系并非必要甚至过时。单身人士会被都市的环境吸引，在那里他们没有和他人比较的压力，也有丰富多样的社会互动和发展社交圈的机会。基于他们对新事物的探寻和对自由的珍视，单身人士从中探索出创新的生活方式，并持续重塑自己的生活方式。这些实验所创造的多样机会，不只出现在娱乐上，也出现在较低层级需要的实际满足上。

第三种解释是，后物质主义价值观是由各种能够更加促进人生幸福的因素所组成。例如，后物质主义单身人士比较倾向参与体育活动，因此改善了健康状态，更增强了他们的幸福感。一项研究揭示了后物质主义和休闲体育活动参与度的显著关联，尤其是在跑步或其他单人运动项目上。

这背后的逻辑是，物质无虞的人们会想要发展和挑战自我，并且常通过有氧运动锻炼达成这个目标。

崇尚创意和尝试新事物的人们，也比较倾向参加工作以外的社交活动，比如，报名课程或加入俱乐部，这都增加了快乐的程度（根据前面章节的分析）。后物质主义从一种认知世界观变成一种生活方式，并因此创造了一个促进更多福祉的生态体系。住在英国的 36 岁的克罗伊，在我们的访问中谈道：

> 在恋爱关系之外，我更能感觉到自己。独立让我感到快乐且享受其中。处在一段关系里只让我觉得自满，我想要鞭策自己去到更多地方，遇见更多人，做更多事情。
>
> 在有一个伴侣的状态下，我发现自己会变得有点懒得社交。你看，我其实是在社交上相当活跃的人，但在恋爱关系中这好像是一件负面的事情。单身后你会开始想："做点什么吧！不如去旅行。"然后我去了澳大利亚，这是我跟某人在一起时不太可能发生的事情。

克罗伊形容自己是"好交际的"，但任何一种情感关系都会让她觉得受限。准确来说，是因为和另一个个体产生联结会让她满足现状，以至于失去社交的动力。而恢复单身的她，能自由驾驶人生小船沿新路线前进，探索令人兴奋的新方向。

全球朝着自我发展和后物质主义的转变，似乎给单身人士带来更多提升快乐程度的机会。本章提出的证据显示，后物质主义并不像提曼认为的，会阻挡婚姻或让人看起来很可怜，损害个人的幸福。相对地，后物质主义价值观让单身人士受益的方式，是鼓励他们抵抗社会偏见、找到亲密关系的替代方案、参与让单身的自己感觉良好的活动。

虽然后物质主义的兴起导致结婚率下降，进一步损害单身人士在经济、法律和社会层面的特权。但也正是这些价值观，成为单身人士提升其他各方面福祉的良方。

诚然，价值观是不能被轻易采用或丢弃的，发展后物质主义的价值观，可能比参与前面章节建议的活动还要难。然而，在很多情况下，单身人士有意无意地花时间从事和后物质主义价值观一致的活动或工作是可能的，例如冒险旅行，参与实验性工作坊、认知治疗课程，甚至是举行自婚这种象征仪式。

虽然我们很难对自婚运动下判断，多米尼克·尤肯帕斯和她的自婚伙伴启发了我们用全新的方式去看待单身。传播独立、创意、个人自由、尝试新事物的价值观，也许会对将来可能终身未婚的 25% 的美国儿童有帮助（对世界各地的孩子亦然）。在遥远的城市（如喀布尔）更需要推广，那里有许多像扎米娜一样的女性，仍然在为婚姻自主奋斗。

第六章 探索工作与生活的平衡

对单身人士来说，通过事业上的自我实现，能增加个人的幸福感，但他们也更容易发生工作倦怠，更加需要在工作与生活之间找到平衡。

走在凡尔赛宫周围，你会注意到一座三米高的令人印象深刻的雕像：被阿里斯泰俄斯绑住的普罗透斯和他的两只海豹，正挣扎着想从束缚中逃脱。这座雕像在1714年设立，被认为是雕刻家塞巴斯蒂安·斯洛兹（Sebastien Slodtz）最重要的作品之一，他尝试刻画下这个神话的悲剧性时刻。阿里斯泰俄斯，太阳神之子，由于蛇咬死了他的爱人欧律狄刻，阿里斯泰俄斯强迫普罗透斯告诉他如何破除欧律狄刻的随从仙女对他的蜜蜂施下的诅咒——因为她们认为阿里斯泰俄斯必须为她的死负责。

在这部戏剧里，普罗透斯持续挣扎着；阿里斯泰俄斯的风流韵事并不关他的事，他也并不在乎阿里斯泰俄斯的蜜蜂是不是要死了。身为海神波赛冬的儿子，普罗透斯是牧人、预言家和变身者。他在希腊神话里有特殊的地位，被称为“变幻莫测之海”的神，让人联想到海洋持续改变的特性，或是水的流动性。在现代社会，心理学家卡尔·荣格将他定义为潜意识的拟人化实体，因为他具有预言和形体转化的天赋，和炼金术难以描述的核心本质有许多共同点。普罗透斯预知未来和解释神祇旨意的能力，吸引了许多希腊神话里的英雄向他寻求建言。但他并不喜欢被打扰，所以常常得运用形体转换的能力逃跑。

根据神话叙述，阿里斯泰俄斯遵循他母亲的建议：“唯一让普罗透斯倾听你的方式，就是不论他变成什么模样，你都要紧紧抓住他。”于是他用武力抓住普罗透斯，并试图压制他。但普罗透斯仍不停挣扎；因为他想要保留自己的空间。他尝试了许多种动物的形体，变成火甚至是水，但都失败了。他必须给阿里斯泰俄斯指引，才能够重获自由。

具有讽刺意味的是，虽然阿里斯泰俄斯最后还是释放了普罗透斯，这个白色的大理石雕塑仍然将普罗透斯被禁锢的尴尬时刻延续数世纪之久——普罗透斯被冻结着，无法变成其他模样。也许斯洛兹想将这个雕塑作为对未来人的提醒：小心！不管你是个多么有弹性的人，或追求多大的自由，别人都会为了自己的利益，试着困住你。

斯洛兹的作品安放在凡尔赛宫 262 年后的 1976 年，普罗透斯的遗风通过“多变的职业生涯（protean career）”这个词借尸还魂。道格拉斯·霍尔创造这个词来形容个人职场生涯重心从组织朝个人的转变，意指个人在教育、训练和工作上的经历多变。根据霍尔所述，职业生涯者试图将个人的职业生涯轨道作为寻求自我实现的一部分，不停改变专业领域和工作场所。这种新兴劳动力角色的成功标准源自内心而非外在。

大部分人用三种方式看待工作。有些人认为，工作提供维持生计和支付账单所需的报酬。也有人觉得工作是事业，不只能赚钱，随之而来的还有个人追求自我发展的可能性，且能感到自己是成功的、能干的。还有第三种人，将工作视为一种呼唤，这类工作者选择专业，是出于个人兴趣和自我实现，并将焦点放在创造或为了更广大的目标做出贡献。

近年来，自我实现在工作中的重要性越来越高，工作不再只为了养家糊口。20世纪的全球化和市场化，导致了更加激烈的竞争，促使许多行业寻求更好的管理方法，提升工人的工时效能。工作压力、越来越快的工作节奏，以及种种被施加于身的不合理要求，对工人的个人生活造成负面影响，进一步损害他们的身心健康。然而我们发现，近来有一股抵制的呼声，正在催化工作本质的转变。个人越来越不愿意投身于没有自我实现感的工作，这在年青一代尤其明显；在战后婴儿潮之后出生的人，相较他们的双亲，对工作有着更高的期待，偏爱忙碌、有专业发展机会和目标导向的工作。雇主也做出响应，打造出新职场文化。

自我实现已经成为通往幸福的一条重要途径，是测量我们快乐程度的既直接又可靠的方式。不论是为了达成个人目标，还是寻找更深层的生命意义，追求自我实现的人通常比较快乐。难怪治疗师和心理咨询师都将对自我实现的追求视为身心健康的基本原则，并将其作为心理治疗的方法。

因此，对工作产生认同，可以成为生活满意度的来源之一。英国的一项研究发现，在教育和健康领域工作的人，尽管对薪水不太满意，整体上却很满意自己的工作。研究显示他们满足的理由在于，觉得对社会有贡献，工作上有成就感。

工作满意度对单身人士的重要性

那么上述这些和创造快乐的单身生活有什么关系？我的研究显示，在解释单身的快乐从何而来时，工作是不可或缺的必要因素。快乐的单身人士，尤其是长期未婚的人，通过事业上的自我实现，能增加个人的幸福感。

我的分析数据显示，工作满意度对单身人士整体幸福感的贡献，大于已婚人士。重要的是，要注意“工作满意度”在这里的意思并不是工作方便度，或是一大笔薪水。我将这些因素从分析中排除了。工作满意度是更深层的，和从工作中获得自我实现有关。

为了让这个议题更有真实感，我们可以设想一下年龄、教育程度、收入和健康状况等相仿，且都感受到最高程度工作满意度的已婚人士和未婚者。在这样的例子里，两人的整体幸福感差距缩减了70%以上。对，就是这么多。其余的部分，就像前面讨论的那样，可以归因于进入婚姻的筛选过程（比较快乐的人会选择结婚，而非结婚使人快乐）。在考虑了这样的筛选机制后，我们可以这么说，令单身人士比较快乐的原因是让他／她满意的工作。

工作满意度对单身人士的快乐和幸福感的重要性，不仅仅体现在那些从未结婚的人身上，对离婚和丧偶者来说也同样重要，不过程度较轻。对于后两类人，快乐程度的差距更明显（请回想前面章节所讨论的婚姻失败或丧偶的消极影响），因此一个令人满意的工作带来的影响是可以缩减50%到60%的快乐程度差距。

在我进行的访问中，我为这样的影响找到了解释。简和先生分居了，住在纽约北部，她为我们提供了一个范例。她已经 62 岁了，在医疗保健行业工作。在访谈中，她试着回想自己之前作为家庭主妇的老年生活，并和最近的生活做比较。她说：

> 我觉得生命中最重要的是有一份你喜欢的工作，这是最重要的事情——你会觉得自己很棒。我曾是一个家庭主妇，花了 10 年的时间，开车接送小孩从这个学校到那个学校。我一整天都在做事，然后在一天结束前等着每个人上床睡觉，让我可以独自坐着写日记——那是仅有的一点私人时间。但我必须早起，开始周而复始的一天。没错你是在做事，但当你独自坐着时你会想“为什么会这样？”

简想知道她作为家庭主妇生活的意义，她照顾小孩，等待一天结束后，享受一点点专心写作的独处时间。简向我强调她的护理师工作对她来说有多重要，以及她现在有多快乐，这让她觉得自己很棒。在访谈后半段，她坚定地说，自己并不期待退休；相反，她可以理解为什么人们会想要持续工作到七八十岁。她说：“现在我还可以做事情……我需要被鞭策。我并不意外一堆美国人说他们要工作到七八十岁。”

一份有意义的工作，对生活的满意度来说很重要，这也是在访谈中不停被提到的，不只是老年单身人士这么想，年轻的单身人士也都这么认为。未婚的肖恩，32 岁，住在加州长滩。他告诉我：“你只要去寻找生活中其他部分的自我实现，比如工作，那么你就不会纠结自己是否单身。”对他来说，结婚只是自我实现的选项之一。从其他生活领域，比如，从工作中得到的自我实现感，让他得以保持单身的自由。

露易丝的故事令人惊奇。我在她装修得非常漂亮的书店进行访问，顾客可以在店里点一份餐或咖啡，或在散落一地的柔软沙发上坐着放松。露易丝婚龄 17 年，由于一些迫不得已的原因，她当时做着一份不喜欢的工作。现在 42 岁的她已经离婚，居住在布鲁塞尔。离婚后她开了一家书店，这是她的梦想之一。她说："我真的很爱我的书店，对我来说这是在我人生中第一次，我能选择要做什么……在这里，我真的想要做一些事情，比如，把书跟食物结合。我第一次担任自雇者，明白自己能做些像样的事，这让我很满足。在这之前，我从未想过能做到这些，这给我带来很大的满足感。"

露易丝并不只将经营书店看作一个她喜欢的工作，或只是从中寻找意义的事情。相反，通过开书店，她认识到自己可以独立自主。对她来说，这是人生中的成就，甚至是她自我认同里最重要的一部分。她现在将自己看作老板，一个"自雇者（self-entreneur）"。我一直从各种单身人士口中听到，他们如何将单身视为重新定义自己的一个机会。

单身人士，尤其是非常个人主义的单身人士，和其他人相比，更重视有意义的工作。因为它可以发挥自我潜能、带来自由感且让他们觉得自己有价值。可以在工作中获得附加价值或意义感的单身人士，在生活中感到更满足。此外，我做出的另外一项统计分析显示，单身人士对人生成就的平均重视程度高过已婚人士，并因此在事业上得到更多。露易丝多次告诉我她有多庆幸离开了先生，并开了自己的书店。

这和选择工作的动机大有关系。家庭导向的个体，或早早进入家庭关系的人，更可能选择提供稳定安全收入的工作，而不是能够提供附加意义的工作，因为他们必须承担在经济上支撑家庭其他成员的责任。

反过来说，未婚的单身人士（离婚或开始独居且孩子经济独立的丧偶者也包括在其中）通常没有这些责任义务，可以自由选择不够稳定，但自己非常热爱的工作。一位匿名的 35 岁女性博主，发表了关于工作的重要性和事业发展的看法，并强调单身的好处："你可以专注在自己的事业上，全力以赴。你可以发展专业，不必为了任何事暂停或中止（最典型的理由是结婚和生小孩）自己的事业。"

这位博主坚称，她的单身生活让她可以达成人生目标。对她来说，家庭生活充满了"暂停或中止"的可能，会让她从自己专注的事业上分心，这和简描绘她还是家庭主妇时需要照顾家庭的情形非常类似。

从某种意义上来说，这位博主提出了一个"工作与家庭（work-family）"的冲突议题。对已婚人士来说，人生中的自我实现基于两方面：工作和家庭。然而，这两者发生冲突时，常会以牺牲另一方为代价。当然这种情形不总是发生，有些人也会说这两者是相辅相成的。不过研究显示，许多已婚人士辛苦地在工作和对伴侣的义务上维持平衡，外出约会、拜访对方的亲朋好友、庆祝配偶的人生大事……这还不包括养育小孩，那是更费心的大工程。

相反地，许多单身人士过着快乐得多的单身生活。摆脱了家庭的义务，他们发现自己的生活更丰富，并可以全心投入在自己的事业上。为了避免工作和家庭发生冲突，有些单身人士选择不进入任何一段关系，坚守着独立的状态。再者，对单身人士来说，他们没有外来限制和压力，没有负罪感，可以全身投入在自己的事业上。

离婚但有孩子的单身人士也多少会感受到“工作与家庭”的冲突，因为他们常常必须和前任共同分担照顾孩子的责任，甚至是和前任的新配偶一起。55 岁的莉娜在以色列一家剧院工作，她离过三次婚，在访问中谈道：“我们剧院有一个戒指，是只有全身心投入在工作上的人才能获得的。我在 50 岁生日时得到了一个，我把它像婚戒一样戴在左手上，因为我已经嫁给了这家剧院。这是我最持久的婚姻。”

和前面三段婚姻相比，莉娜对工作展现出更多的热情，甚至更多的重视。她也和前面三任丈夫保持着良好关系。但从剧院收到的戒指，象征着她最珍惜的一段“婚姻”，是在剧场的工作。

然而，“嫁给工作”并不总是件简单或浪漫的事。人生还有其他领域，比如，友谊、兴趣爱好等。将时间奉献给工作的单身人士，也许可以努力从工作中获得满足感，但他们也可能面临工作倦怠或“工作与家庭”的冲突。这让单身变得有风险，我们必须仔细思考，快乐单身人士该如何避免落入工作过度的陷阱。

单身人士只能从工作中获得满足感吗?

工作倦怠由压力引起，其表现是高度的疲倦、消极怠工和无效率。近来的研究显示，未婚者比起已婚人士更容易发生工作倦怠。在单身人士中，工作倦怠好发在男性身上，尤其是未婚男性；而女性，特别是离婚者，发生风险则是中等。

工作倦怠经常发生在单身人士身上，是因为他们有高度重视自己职业生涯的倾向，并会以牺牲其他活动为代价。

单身人士绝对不想忽略亲朋好友，但是他们更渴望被视为成功的专业人士，为此可以牺牲其他社交活动。工作可以是自信和快乐的来源，也可能变成健康均衡生活的阻碍，最终导致幸福感的降低。

此外，将事业看得太重的单身人士，更容易在工作上患得患失。聚焦在单一领域的挑战上，更容易踌躇不前。当必须要成功的压力越大，因表现不佳而失去自我实现感的风险就越高。相较之下，许多已婚人士会将他们身为配偶和为人父母的角色也看得很重要。因此工作不是他们唯一的满足感来源；他们有自己的“情感安全网”。单身人士比已婚人士在事业上投入的精力更多，但他们也不该忽视自己的情感安全网。

单身人士可能参与更多样的运动、志愿者活动、小区和家族活动，广泛拓展他们的社交生活，而不像已婚人士主要专注于二人世界和他们的核心家庭。不过，单身人士的多重角色可能也会造成冲突，这些是已婚人士不需要经历的。单身人士要平衡这么多社交活动，大大增加角色间的冲突和工作倦怠发生的可能性。

除了单身人士自己加在自己身上的压力，雇主和政策上对没有伴侣或家庭者的差别待遇，也会为他们“工作与家庭”的平衡带来负面影响。如第三章所讨论的，单身人士常常被期望要比已婚的同事更努力工作，但回报并未增加。现代职场对单身人士需求的忽视，和随处可见、被认为稀松平常的单身歧视所导致的身心俱疲状况是显而易见的。

31 岁的埃布尔出生并居住在佐治亚州的米利奇维尔市。他在访谈中说：“大家都觉得单身人士应该更晚离开办公室，更早来公司，工时更长。对有家庭的人，人们认为他们应该拥有较标准的工时，朝九晚五，再加上一小时的午休。我会工作到晚上 10 点或 11 点，并在早上 6 点到公司。因为我没有伴侣，家里也没有人依靠我生活，所以我下班的时间从来不固定。”

埃布尔描述的情况，在未婚无子的人中很常见。他认为是因为单身人士没有传统的家庭责任，所以被寄予了过高的工作期待。其实大家都忽略了一个事实，许多单身人士拥有非常丰富的私生活，而且需要利用下班时间来平衡多种社会角色。认为单身人士没有社交生活，是一种误解。很多时候反而是相反的，单身人士比已婚人士更多地投入在多彩多姿的生活上。

我的统计分析更进一步显示，虽然单身人士从工作中获得更多满足感，但和已婚的同事相比，他们并没有获得和努力相对应的适当回报。未婚族群尤其如此。即使单身人自愿对工作全力以赴，雇主仍应该给予适当的报酬。

更令人惊讶的是，单身人士在平衡个人生活和工作上，比已婚人士感到更不满足。人们以为已婚人士由于家庭责任，比较难在生活和工作上找到平衡，但实际上单身人士才是更受这个问题困扰的人；对丧偶者和离婚者来说更是如此，他们觉得工作和生活失去平衡的比率，分别高过已婚人士 31% 和 22%。

因此，雇主不应该把单身员工和已婚员工区别对待，应该安排同等的工作量。

单身人士该如何保持工作与生活的平衡？

根据我做的访问，快乐的单身人士在处理工作压力、改善生活质量时，会采取几项特定策略。我发现快乐的单身人士会用至少六种方式，保持工作与生活的平衡。

第一项策略是安排健康的休闲活动，包括个人兴趣爱好（如园艺、舞蹈）；或娱乐休闲活动（如去电影院看电影或参观博物馆）。

住在伦敦的希拉今年 31 岁，在完成硕士学位的同时还要兼顾忙碌的工作。作为一名单身人士，她努力让自己保持良好的状态，坚持在忙碌的行程表中留出发展兴趣爱好、探索新事物的时间，她说："我在闲暇时有许多琐事可以做。"

第二个平衡的方法是参加培训和学习，在工作之外多花时间提升自己，比如，读书、上一些培训班、考取职业资格证书等。

哈伊姆今年 52 岁，从未结过婚，居住在以色列北部。他是一位农民，向我描述了他如何忙碌辛劳地度过一天。在结束一天的劳作后，他更喜欢投入在一些有趣的事情上，他说："独处对我来说绝对没问题——有太多好书，好音乐，还有改变我们生活的网络。当你投入地读书时，不知不觉就过了三小时。”

第三，注重健康和外表。下班后去健身房或运动，花时间自己做饭并吃得好一点，都是快乐单身生活中不可或缺的。这对身心健康很重要。对我们有益的活动还包含瑜伽和冥想。我在访谈中发现，正念练习能够给单身生活带来快乐，特别是处在高压工作环境中的人。

举一个例子，阿比盖尔，44 岁，从未结过婚，居住在俄勒冈州的波特兰。她告诉我，在上班前和下班后进行正念练习，帮助她积极面对工作。这是一个感恩的练习。她会写下三件当天发生的值得感恩的事情，训练自己专注在微小却值得感恩的时刻。

许多研究显示，正念和工作满意度之间有强大且正向的关联，和工作倦怠之间则有强反向关系。冥想带来的平静感，可以帮助达到身心的健康。研究显示，对容易感到寂寞的离婚者来说，以正念为基础的认知治疗，能够有效减少焦虑和抑郁。韩国的研究发现，正向的信念，能够缓和孤独和抑郁对老年单身人士的影响。印度的研究也发现，正念冥想可以减轻压力、提升幸福感。

第四个策略是认真打理家务。长时间的工作会挤占家务所应花费的时间。独居的单身人士必须自己处理账单、购买食物、装修家居等，同时还要承担多重社会责任。即使有钱，也需要花时间完成这些事情。海瑟提出了一个解决办法：“如果有人可以看到未婚者的需求并能协助解决，会是一个很好的商机。”

快乐单身人士会利用周末的空闲时间打理家务。30 多岁的安娜居住在英国，她这样写道：

> 我很少熨衣服，但如果有必要的话，我通常会在周日的午后熨，同时搭配震耳欲聋的音乐。我也常会在用吸尘器吸尘时跳舞，扭腰摆臀，并且把音响的音量开到最大。我家里没有人会抱怨没洗的碗，也不会有人对我丢在地上的牛仔裤发脾气。老实说，我有时做家务时还会全裸！想象着如果妈妈这时走进来！

第五个策略是“挑选”自己的家人，专注在特定家人身上。兄弟姐妹、父母、远房亲戚或朋友和他们的孩子，平时多和他们来往，联系，以免总是被公司认为单身人士不需要负担家庭责任，而被安排过多工作量。一说到家庭责任，通常被理解为以配偶或孩子为中心，这对单身人士非常不利。其实单身人士可以自由地选择他们的家人，去承担必要的家庭责任，拒绝无理由的加班。

当然最重要的是，他们也可以在和自己选定的家庭成员的互动中，得到温暖和相互帮助。之前提到的希拉对我说：“我是单身女子，但我会更多投入到友情还有其他关系中，比如我的家庭。非浪漫式关系会给我带来更多收获。比方说，我和父母、朋友、兄弟的关系是非常深厚的，因为我用心经营我们的关系。”

第六个策略就是把工作场合转变成一个社交场所。快乐单身人士会和工作中结识的人产生联结，也会持续和同事结成朋友。我们专注于工作时总是忽略友谊的重要性。快乐单身人士即便是在工作场合也会到处交朋友。

37 岁的苏西未婚，同时做两份工作，工时相当长。为了找到平衡，她会在工作中和人建立关系，在访谈中她提道：“我一周工作 5 天，每天差不多工作 12 小时。另一个职位则是一周 3 天。但我的工作是和朋友在一起集思广益，头脑风暴，所以即使我一周工作 36 个小时，我也不觉得累，我在做我热爱的事情……还有，我会经常和工作中的朋友聚会聊天。”

交朋友的确会帮助快乐单身人士保持身心愉悦。最近有一个新的 APP“不再单独用餐（Never Eat Alone）”应运而生，上班族只要登录就可以找到工作所在地的某人一起用餐。这个 APP 非常成功，许多雇主都用它来增进员工间的社交互动，确保没有人独自吃饭。开发这个 App 的公司在网站上发布了创始人玛丽的故事：“自从加入瑞银集团（UBS），玛丽在工作时常常觉得寂寞，她发现自己大部分的休息时间都是和同一群同事在一起。她决定做出改变，为了遇见新同事，她开始去敲不同部门办公室的门。这给了她探索其他人工作内容的契机，并找到志同道合的人（类似冥想和瑜伽的共同爱好者）。她最后甚至和董事长见上了面！玛丽发现，帮助员工彼此相识，能让大家都变得更好，促成一个更快乐的工作环境。”

毫无疑问，在工作时交朋友，为原本疏离的工作场合带来了突破。

第七章 单身人士的未来

独居并发展人际网络的生活方式，以不停扩张的速度挑战着婚姻制度。这不代表密集的情感交换即将消失，而是将会有多重的流动促成这样的交换。

伊代·席亚保的传奇每年都在巴布亚新几内亚流传。伊代，一个来自波拉（Boera）村的年轻人，和当地原住民摩图（Motu）人一起居住在极难长出足够作物养活每个人的干燥之地。有一天，伊代平静地钓鱼时，当地神话里的海之灵化身为一条大鳗鱼出现在他面前，把他拖到水底下。在那里它指示伊代如何制造独木舟，并驶向西方和他人进行贸易。伊代遵照这些指示造出了独木舟，放满妻子准备好的料理用陶盆，期待可以交换到一些食物。伊代勇敢面对未知的危险，登上独木舟驶向远方的地平线。

摩图人都以为再也见不到他了，但几个月之后的旱季，伊代居然划着独木舟，带着满满的食物从远方归来。摩图人明白再也不能只靠自己了，而应该去探索开发部落间的交易。从此，他们每年会举办一年一度的节日，以纪念伊代第一次成功的沿海贸易之旅，并把它命名为希里（Hiri）。

生活在当今社会的我们，对贸易早已习以为常。我们很自然在店里拿起一样东西结账，被一个能够提供任何我们所需、所求甚至所想的资源网络围绕。

对有些人来说，婚姻是类似的存在。它不是生理、社会、情绪和心理需求的唯一供应来源，而必须通过多样的交换网络，才能够满足这些需求。已经有越来越多人开始明白，传统婚姻——意即和同一个人一起生活，并相信他（她）能在半世纪甚至更长的时间里，成为几乎所有个人需要的主要供给者——简直是一件不可能的事。

想想延长的人均寿命吧。才不过一个世纪之前，美国人平均只能活到 50 岁左右，现在已经快要突破 80 了。寿命延长，让人开始想要更多样的生活。人们不只活得更久，也有了更多需求，他们寻求更多体验，想要更多能受益的机会。他们先是期望从世界，然后是从伴侣身上得到更多，并且希望和伴侣一起经历各式各样的体验。然而，对一个强大又信守承诺的人来说，成为满足他人膨胀心愿的唯一来源的压力还是非常大。

现代单身人士发现，作为传统婚姻模式的替代方案，多样的人际互动能丰富他们的生活，提升他们的幸福感。人们开始沉浸在社交网络中，取代原本“婚姻无底洞”的伴侣关系。建立了人际网络后，人们能够通过多种来源满足自身需求，而不必只从核心家庭里获取。

摩图人的封闭系统确实有许多好处，毕竟它看起来安全：航行到其他部落进行贸易是一个有风险的赌注，却不可避免。同样，对年轻的单身人士来说，婚姻起初看起来比较安全。他们之中有许多人，把以家庭为单位的自给自足模式视为能够永远幸福快乐的最佳方法，因为它被认为是可预测和可信赖的系统，能够持续满足他们的需要。然而，许多人在多年后，常常是在等到跟不上伴侣的转变时，才恍然大悟，改变原先的看法。他们领悟到婚姻不适合他们，他们要的是更有弹性、开放式的系统，能够反映出他们的人生发展。要在这么长一段时间里维持一个自给自足的系统是很难的，对他们来说，这样生活其实带来更大的风险。

许多人转而采取独居并发展人际网络的生活方式。这种越来越流行的生活方式，以不停扩张的速度挑战着婚姻制度。在这样的现实环境中，多样和分化的情感、智识，甚至是情趣用品的交换，很可能在单身人士的生活中扮演更重要、更正面的角色。有些研究者将这个即将来临的现实命名为“后传统亲密关系（posttraditionalintimacy）”时代。这不代表密集的情感交换即将消失，而是将会有多重的流动促成这样的交换。这些流动不会是固定的，而是随时带着变化多端的形态。由家庭为基础组成的社会金字塔，将变形成更加扁平的社会网络。

这些元素呈现的是一个仍难以想象的全新社会秩序的开端。伊代在想新方法供应食物给他的人民的时候，需要的不只是一个好主意。除了为贸易而做的新独木舟和料理用陶器，巴布亚神话中也用鳗鱼——伟大的海之灵——来凸显这个改变的剧烈程度。

伊代甚至需要被浸到海洋里——这是一个常用来象征潜入个人或集体意识深处的行为。同样，要了解后婚姻社会的新趋势并将其内化，需要从根本上改变对亲密交流和社会组织的看法。为了谦卑地展望未来，我希望可以引起以下讨论：

一个建立在看似自给自足的家庭单位上的社会，如何转变成一个网络和人力构成的社会，从而为人们提供各个节点所需的一切。

单身人士的未来与友谊

沿着这个脉络继续思考下去，再来看友情在单身社会扮演的角色。友情和婚姻制度其实一样古老。然而在单身社会，为了填补婚姻的空洞，友情将脱颖而出。对许多人而言，有意义的友情将成为人生目标之一，其重要程度不逊于婚姻。

单身现象在日本相当普遍，一名研究者强调人际关系的作用，并将其作为东京居民（尤其中年人）快乐程度的预测因子。研究预测："在快乐程度上，相比家庭支持，友谊支持可能会变成更重要的预测因子。"

由于友谊的非独占性本质，它的确可以作为未来单身人士塑造生活方式的基石。友谊可以提供许多交流渠道，建立亲密关系和人际互动。就像海上贸易航线一样，这些友谊将以一种不断分支的互动网络模式，开创出生理、情感、社会和智识上的交换途径。

满足主要需求的类似联结不止会更多样，对单身人士的生活来说也更重要，他们将建立更强烈、密集，甚至更正式的新形态的友谊。

罗琳来自得克萨斯州，是 47 岁的未婚女性，她告诉我："我不认为只能通过婚姻才能拥有成功人生或享受生活。即使不结婚，也可以拥有朋友和任何你所需要的东西。"金来自美国佐治亚州，今年 75 岁。我从访谈一开始就惊讶于她的活力，她描述了一生经历过的许多段关系，那些人在她的生命中来来去去。但一提到她的老朋友，她变得严肃起来："我有一个最要好的女性朋友，我们的友谊持续超过 40 年了。"显然友情是她所有拥有的东西中最稳定的，而且她现在仍然享受其中，这是一段多年来她投入了非常多的心力去呵护灌溉的关系。

友情自然只能满足某些特定需求，但涵盖范围也已经相当广，比如，社交陪伴、情感支持和激励。随着晚婚、不婚、分居现象的普遍，友谊逐渐成为人们的主要依赖。人们互相照顾，并提供经济支持，有些人预测友情的作用将越来越大。

由于友情扮演的角色逐渐重要，相关法律和协议也将出现。当许多单身人士偏好独居，朋友间的依赖会加深，共居的情形也会变得更普遍。这样的居住安排，将会需要法定的条约作为保障。

相应地，新婚姻 / 个人身份也会出现：比如，同居但非浪漫关系的共居朋友，这种新的分类在很多社会调查中被过度忽视。当婚姻变得更趋延后及不常见，与朋友同居将需要一个更明确的社会身份。

为这个成长中的族群而设的法律体系很少，有一个研究者提出“法定朋友关系（civil friendship）”的概念。会彼此照顾且同居的朋友，基本上已经等同于一个家庭单元，却几乎没有法律承认。这位研究者希望能设立保障法定朋友关系的条约，让互相依赖的朋友事先约定好，许下彼此照顾和支持的承诺。为了预防对这类单身友群的歧视，有必要将法定朋友关系等同于婚姻或民事结合（civil unions）。

在相关法律条约保护之下的法定朋友关系，将会让共居和互相依赖的单身友群获得重要权益上的保障如：税务减免、受雇权益、就医、经济和继承利益……在这个重新建构友谊角色的时代，发展快速的单身人士很可能促成许多即将到来的改变。

除了为共居友群建立法律体系，我们还可以期待看到因应友谊文化而生的机关团体和节日。第一个标志性的节日，是 1958 年巴拉圭的雷蒙·阿提密欧·布莱屈医师首先发起的世界友谊运动（World Friendship Crusade），并和他的伙伴一起发起的首次世界友谊日（World Friendship Day）。驱使他这么做的灵感是想要为友谊创造一个特殊日子，就像那些致敬母亲、父亲、其他关系甚至是树的节日一样。因为友谊实在是太重要了，不能被遗漏在节日清单之外。的确，在超过半世纪之后的 2011 年，联合国宣布将每年的 7 月 30 日列为友谊日，虽然各国庆祝友谊的日期都不太一样。

从 2015 年开始，脸书将它创立的周年纪念日 1 月 4 日指定为好友日。这个社群网站会为在网站上互动过的朋友们自动创造出个人化的拼贴图像。虽然目的是为了增加脸书使用者的流量，有商业利益的考虑，但它产生的副产品就是对友谊价值的重视。不可否认的是，好友日和友情纪念日在新媒体引起了相当多正面的响应和评论。周年纪念日曾经只用于夫妻之间的庆祝，现在朋友之间也开始庆祝，里拉·哈特菲尔德和爱莉·马泰尔就是现实中的例子，两人都 27 岁，居住在纽约，她们一起办了一个庆祝友谊满 20 周年的派对（非正式的称呼是友谊周年纪念日）。身为《时尚》总编辑的爱莉说：“友情的里程碑常常被忽视，我们想要隆重庆祝我们的周年纪念日并和所有朋友分享。”

这些新潮流提升了单身人士的幸福感。研究指出友情在幸福感上扮演着有力的角色。未来，我们可能会看到一个将单身人士的友谊看得和夫妻间的情感一样重的时代。因此，长期稳定的友情关系，也许可以取代婚姻，特别是对自愿单身人士来说。

美国记者兼作家埃德娜·布坎南对友谊是这样定义的："朋友是我们自己选择的家人。"这句话可以有多种解读，也为这个讨论带来了额外的意义。亲密度的概念从青年时期开始发展，随后在浪漫关系的伴侣和朋友间产生变异。当长期单身人士用友谊取代了婚姻，从朋友那里得到的社会支持和亲密情感，和涉入浪漫关系的人变得更加相似。

单身人士的未来与社群

当单身人士一边从亲朋好友那里获得支持，一边和各种圈子的人们社交，享受不同形式的关系身份时，同时还可以从其他单身人士组织的团体中获得有意义的帮助。单身人士可以从建立一个集结志同道合者的社群中获益良多，如我们在第四章所讨论过的，这对在社交互动上获益较多的单身人士来说尤其重要。

今日的单身人士社群仍然很少且彼此疏离，大部分都是住在市中心的年轻单身人士的临时聚集。这样的集会不只排斥年纪大的单身人士，持续时间也都很短暂。因此即使是在这些社群感到安全的年轻单身人士，也会做长远打算，并且认为一定要在"成员身份过期"以前赶快逃离和结婚。

然而，未来看起来还是很有希望。在瑞典这个以高比率单身人士著名的国家，有一个叫菲罗斯（Filos）的机构，支持亲密关系的替代形式，比如共同用餐和社区活动。

当然有些参与者还是持续在寻找一个伴侣，但这个组织本身并不专注于将人配对。相对地，菲罗斯策划共同活动，为成员提供创造社会联系的机会。某种程度上，创办人希望他们的组织能够减少人们对家庭的需求。

30岁的朱莉就曾参与过这类单身社群，她住在布鲁塞尔郊区：“这里的社群意识真的非常强。感觉就像一个家庭……我喜欢住在城市，因为出门购物、娱乐都非常方便。虽然这只是个小镇，我还是可以有这种感觉。如果我走去斯特家，路上就能见到六个认识的人。”朱莉和其他同样住在这个小镇的单身人士已经形成共同的社群意识。在有相同看法的单身人士身边，可以排除所有结婚的压力。她说，走在街上几乎遇到的都是和她一样的人，寂寞感消失了，熟悉感给了她自信和强烈的归属感。

35岁的汤尼住在纽约市郊。他告诉我住在一个单身社群的感觉：“我在这里有很多朋友，这不是一个真正的社群，而比较像一个准社群，有许多认识很多年而且感情很好的朋友住在一起。”在访谈中，汤尼说他们的社群有一些不能明言的规则，比如，对永久单身人士的接受，给予每个人选择任何生活方式的自由。

类似这样的社群刚开始兴起，成年的单身人士发展出交换网络，在那里他们可以组织自己的社会网络，而非聚焦在约会和建立家庭上。

此外，更多的单身集会也可以在这样的社群举办。当单身社群蓬勃发展，他们的影响力将会增加。他们将会为自己的需求发声，并有能力组织单身人士活动、举办节日庆典。

这些团体会发起类似未婚平权运动，将未婚者和单身人士团结起来，追求在健康、医疗、居住、育儿、移民、纳税和其他社会法律层面上的平等和公平对待。

欠拉·迪波洛在广泛地以单身为主题进行研究和写作后，用收集到的问题和请求，在网上发表有关在线单身社群需求的文章。在文章中，她提到收到了单身人士想要从虚拟社区找到志同道合人群的请求。并创立了名叫“单身人士社群”的脸书社团。想要加入的人，必须先明确并认同这个社团并非为浪漫关系而设。社团的第一项就言明：“这个社团和约会没有半点关系。”

在迪波洛发表文章的两年后，“单身人士社群”已经拥有数千名成员，他们分享彼此的想法和单身生活，每隔几小时就会有一篇新的帖子出现。成员们的话题包罗万象，他们在这些广泛的议题上彼此支持。这些互动都很正面，并具激励性。

无独有偶，许多媒体也已经注意到各年龄层未婚者在单身社群中的增长，出版商和报纸杂志开始关注单身生活的质量。当有些针对单身人士进行的调查（比如“最佳居住城市”名单）还将眼光停留在过去的约会模式时，一些新的调查已经将友谊纳入考虑，如《福布斯》（*Forbos*）就分开调查注重内心需求和找伴侣需求的单身人士。有些最新的名单已经将更多的细项纳入指标，比如夜生活丰富度、单身人士比例、消费水平……

虽然这些名单都没有太关注社群，却显示了单身社群创立与成长的迹象。通过单身人士外出、社交、居住（而不只是约会）的最佳地点，单身人士出现最多的地方，能看出哪里最具发展单身社群的潜力。

这些名单和引起的关注显示，现今的单身人士正在寻求更加正向的生活方式，而居住的选择会被社群相关因素影响。

单身社群的出现，无疑对单身人士的幸福来说非常关键。为了证明社群意识对成年人的主观幸福感具有正向影响力，对广大人口进行的研究指出，社群的凝聚力被公认能够促进不同社会群体的福祉。相反地，缺乏社群支持将会导致个体产生寂寞、抑郁、孤立和边缘化的感觉。

这些研究显示，社群能够为少数族群提供归属感，加强自我认同，并成为他们生理、心理方面支持的来源。对少数族群来说，社群能够帮助他们克服种族歧视、民族主义和其他偏见。在这方面单身人士也和少数族群一样弱势，并且能够从组织社群中获得许多力量。通过团结一致，彼此提供帮助、建议和陪伴，单身人士可以开创出更加正面的未来，减少单身歧视带来的影响。

这样的单身社群方兴未艾，而且将在未来呈现多元的样貌。例如，单身人士可能会依据特定兴趣组织社群，而每一个社群的互动特色也都不同，拥有自成一格的体系和规则；也有单身人士会围绕特定的地理位置或市中心聚集，我将在下文有关住房选项和市政服务的表述中对此做出说明。

单身人士的未来与都市规划

长久以来，住房和都市的规划都以核心家庭为标准。城市和居住区为此发展并建设出高速公路、郊区和大房子。市中心的建筑物将独立公共空间作为游乐场和幼儿园，公寓以大厨房和卧室为主打，都是设计给家庭使用的。

随着单身人士的增多，像这样的住房和都市规划，就不太适合城市的新兴人口结构了，尤其是吸引许多单身人士聚集的大城市。

如第一章讨论的，单身人士迁移到都市常常是为了寻找朋友、社群、工作和约会的机会。过去只有年轻单身人士会这么做，但最近离婚者、分居者也开始这么做了。这些单身人士大部分都偏好独居，但缺乏适当面积的公寓、合适的公共空间和足够的生活空间，他们为此感到困扰。

展望未来，正在成长的单身人群，特别是在城市的单身社群，将激发出更多探索创意性解决方案的研究。都市规划正在持续进行调整，有许多方法也已经被提出。

其中一个关于空间规划的选项是，将现存的空间、建筑物和住所改建为较小型的公寓和套房。单身人士并不需要大厨房或客厅。作为替代方案，老公寓可以被分割并改建为较小的公寓，以符合单身人士的需求，因为他们通常外食，且倾向在公共空间与朋友进行社交。对这类公寓的高度需求，已经在全世界引发以市场为导向的转变，在不远的未来，其进展预估将更为快速。

微型住宅和家居设计也在为单身人士提供便利。通过巧妙的节省空间的设计，建筑师和室内设计师在500平方英尺[①]以内的空间里，创造出更适宜居住、更时尚与舒适的住宅。然而，由于许

① 500平方英尺≈46.5平方米。——编者注

多城市都规定了出租房的最低面积，政策制定者应该依情况调整。例如，在纽约，面积不能低于400平方英尺[①]，这让许多微型住宅实际上是违法的。

另一个适应变迁的规划是建造符合想要独自生活的人们需求的新形态公寓。逻辑很简单：住宅密集化让单身人士买得起房子，且更邻近都市服务设施。

规划师和开发商已经开始想要迎合单身人士对套房和一居室公寓的需求。然而，建造小型公寓，还没有吸引到足够的关注，需求仍然大于供给。问题主要在于多单元高层建筑的风险性。在建设开始以前，许多能够解决这个问题的模式已经被提出，包含需求聚合模式，将买方、卖方集结并提供进行交易的双边市场，这种模式类似优步和爱彼迎。相似的设计还有审议发展模式（deliberative development model），由潜在居民而非开发商成为计划的提倡者和赞助者。这两种模式在新兴单身社群的兴起之下变得更加可行。通过组织共享活动和晚餐认识彼此，对单身人士来说，形成一大群共同推动新住宅计划的消费者团体将变得更加容易。

这些想法在许多单身社群逐渐变得盛行，显示出单身人士共同生活、彼此扶持的实际情况。丽娜居住在德国法兰克福，今年46岁，从未结婚，她在和我的访谈中提道：

如果我将自己和一同长大的朋友做比较，会发现我所有

---

① 400平方英尺≈37.2平方米。——编者注

的朋友都结婚了，也有了孩子。但我现在生活在一个朋友们都没结婚也没生小孩的社群之中。他们会住在一起是因为没有结婚、没有伴侣或没有孩子。而且他们都是我这个年纪的人，将永远不会有孩子。我不知道接下来会怎么发展，但当我们聊天时，有一点是公认的，“我们未来必须住在一起，想办法支持彼此。”因为到了生命的最后一天，将不会有一儿半女来照顾我们。

一个记者述说了自己的故事，让我们可以稍微了解未来的可能常态。像丽娜，和第四章所提到的人一样，40 多岁的基兰·西杜有一群从学生时代就认识的单身无子的女性朋友。

她们想要彼此同住在一栋房子里，互相陪伴照顾，也计划通过共同参与活动满足社交需求。在一篇《卫报》发表的文章中，基兰透露她们已经在谈论要每周聘请一次瑜伽教练，还有彼此的专长和兴趣如何相得益彰。她们其中一人善于烹饪，另一个热爱园艺，而基兰自己则喜欢装饰。最重要的是，她们乐于照顾对方的情感需求。她写道：“因为我和朋友已经想好我们的养老方案，变老就不再是那么令人害怕的未来，我也不再逃避这事，反而感到充满希望且大有可为。”

共同住宅（cohousing）已经成为新兴趋势，人们可以获益于彼此的支持和共享空间。在不远的将来，共同住宅也会普遍出现在年轻单身人士中。研究显示，共同住宅吸引的是不那么传统的家庭和女性上班族。因此，即使是在非为单身人士设计的共同住宅区里，传统形态的家庭也不常见，这让单身人士更容易融入其中，并从支持性社群中得利，填补配偶的缺失。

如第三章提到的，一家叫 WeLive 的公司（WeWork 没那么有名的姐妹公司）开发了共同居住的微型公寓大厦，就在华盛顿特区旁的水晶城区和曼哈顿的下城区。租金涵盖了公共空间在内的多种生活便利设施，甚至提供茶和咖啡，还会为居住在此发展友谊的居民们举办活动。

这种正在发展的新生活方式为单身人士提供了若干好处，比如，增加了小型公寓的供给，并创造既能独居又能参与社群的机会。WeLive 的首席执行官詹姆士·伍兹，在访问中表示："我们想要建立多元化小区……人们愿意对所有种类的互动保持开放，乐意放弃私人空间交换共同体验。此外，通过多合一的生活便利设施，我们在缴费、公共设施和维护上为时间宝贵的单身人士提供方便，特别是对那些在白天工作时无法依赖另一个人处理家务的人。"

城市近郊的重新规划也需要特别的关注，都市的空间有限，当单身人士越来越多，大都市外单身住宅的需求也将增长。近郊和乡村房价还可以负担，给只有一份收入的单身人士提供了减负方案。就像前面提到的朱莉说的，在小镇里和同样单身的人住在一起，让她对自己的单身身份感到自在。在小镇和近郊发展单身住宅，具有强大市场潜力。

因此，住宅区将越来越往城市外发展。这个计划创造了一个人们相邻而居、拥有共享公共空间的小区。在这方面，住宅区某种程度上类似于封闭小区，两者的不同之处在于是否有分享和陪伴。封闭小区是由对文化的恐惧和对安全的渴望所形成，且往往是高昂房产的所在地。这些小区的居民要求严格管控入口，要聘请私人保卫。而住宅区的特色是正向邻里关系、互助文化、公共空间的集体决策，以及鼓励友谊发展和社交活动。

雷·卡密是以色列最著名的建筑师之一，在贝特谢梅什（位于耶路撒冷和特拉维夫市之间的小镇）设计了一个名为塔穆斯（Tammuz）的“近郊基布兹[①]”。拜访塔穆斯的人可以看见两个公共空间：第一个是建立在漂亮山景上的圆形广场，用来举办所有的小区活动。第二个是大草坪，人们在那进行日常聚会，所有公共建筑矗立在旁。这里还有一个小饭厅和数个社交俱乐部。夏天，塔穆斯的居民，不论单身人士还是小家庭都会聚集在草坪用餐。“这些建筑物已经落成 18 年，如今它真的发挥作用，令我感到很满足。”雷·卡密说。

要吸引单身人士远离市中心居住，需要多样的住房选项和建筑物外观的改良。例如，最主要的问题是距离和孤立感。长距离通勤和缺乏社交都令人退避三舍，特别有许多单身人士热衷于夜生活。

长远来看，改善通往市中心的交通系统，对许多独居的单身人士来说很重要，尤其是老年人、行动不便的单身人士或买不起车的人。在小镇规划单身小区并不是件容易达成的任务，但有些人已经开始建造为艺术家、青年志愿者和年轻科技企业家而设的中心。这些关注单身人士需求的硬件基础设施，可以轻易吸引到寻求就业机会和较便宜居所的单身人士。

---

① 基布兹，以色列的一种集体社区。——编者注

单身人士的未来与消费主义

单身人士显然是新兴且日渐增长的重要消费客群，迫使企业做出回应，调整商品、服务和广告方式。由于单身人士参与许多活动，他们的消费偏好会和已婚人士有所区别。

消费者支出调查显示，单身人士把大部分的收入花在服饰、食物、休闲娱乐上，且花费仍在增加中。在消费模式上，单身人士也比较能够忍受风险，较不在意价格，注重品牌，会被方便性吸引。这些特性的结合，在未来几年可以预见将会彻底影响消费市场。

主打单身消费市场的企业，已经开始针对单身人士提供定制化商品和服务，例如，和已婚人士相同内容但分量较少的产品。企业也开始调查对单身人士有特殊意义的活动或商品，比如，健身器材、休闲和社交活动。因此，单身人士将受益于各式各样符合其需求的服务，消费的选择在未来势必会越来越多。

其中一个因应人口变迁做出调整的领域是餐饮服务业。这个产业在三方面针对单身消费者做出调整：更方便、更多样和更健康。首先，根据英国的研究，单身用户更少使用厨房。过去几十年，由于工时的增加和其他压力，人们普遍花费较少时间在烹饪上。单身人士更是首当其冲，因为只煮一人份的效率太低。单身人士更受方便食品的吸引，这类食物更节省时间且更容易获取。

第二，单身人士会被精致的美食所吸引，因此，量身订制的食物特别能够符合单身人口的需求，尤其是较年轻的单身人士。因为他们会意识到自己的偏好，想要尝试新口味，并且比起已婚人士更追求口味地道的食物。

第三，餐饮市场也将特别为单身人士推出较健康的外带食物。这是因为单身人士不只比较注意饮食习惯，也更愿意花钱在高质量的食物上。我的分析显示，食用蔬果和其他健康食物的习惯在单身人士中比较普遍，特别是从未结过婚者。因此，单身人士将以健康、营养的食品意识引领市场走向。

另一个将因应单身潮流做出改变的行业是旅游业。对于将旅游视为探险和自我实现方式的单身人士来说，缺乏潜在旅伴显然会令人打退堂鼓或更难负担相关费用。年轻人都会成群结伴旅游，过了适婚年龄，人们开始和伴侣、家人出游时，要找到旅伴变得更难。不过现在旅行社已经开始为中年和老年单身人士提供旅行方案，设计有安全感的联合旅游。也有旅行社开始为独行旅客安排旅行团，并且不会尝试将他们配对。这些旅行社很好地满足了独行旅客虽偏好自由和弹性，但仍想要有组织、设计好的假期行程的需求。

有些旅行社广告就直接面向想要独自旅行的人。例如，“G 冒险”旅行社（G Adventure）为吸引单身消费者，引述了旅行作家芙瑞雅·史塔克的建议：

> 在一个陌生的城镇醒来，是世上最令人愉快的感觉之一。你周围充斥着冒险。你不知道等着你的是什么，但如果你够有智慧并且懂得旅行的艺术，让自己随未知的洪流前行，你将接受上帝可能会放在你灵魂中的一切事物。为此，你习惯的思考模式，除了你最珍惜的朋友，所有日常生活中属于你

的一切，其实只是阻碍。

一个故步自封的旅行者就像躲在自己壳里的蜗牛，他像以前一样在自己家门口的台阶上漫步，却想借此看见世界每个角落。但如果你把这些都抛下，带着悠闲并放空的心灵出击，就没有什么事是不可能发生在你身上的。

“G冒险”强调独自旅行的潜在乐趣，并帮助相对应的单身人士实现他们的愿望。他们将焦点放在数量增加中的独自旅行者，为他们设计友善的单人行程，以减轻潜在恐惧感并保证他们将和志同道合的人一起旅行。许多旅行社甚至因此减免了单人入住的费用。的确，为独自旅行者提供的行程将越来越多，形式也会更加多样化，包括以运动、文化、历史、邮轮等为主题的行程。

此外，单身人士在社交生活的投入也创造出了商业前景，以及对相关机会产品的需求。例如，社交网络服务聚会APP（Meetup）已经将单身人士加到设定中。越来越多单身人士需要的是没有压力、暗示或以约会为前提的聚会。

最后，营销广告世界也正在适应单身人士的需求。虽然营销策略在传统上常利用焦虑、恐惧和负面刻板印象污名化单身人士，有些营销者正在改变做法以期打入这个新兴市场。他们开始听取专业顾问的建议，向单身人士推出不带歧视性的广告。

因此，更有自信的单身人士形象将出现在令人觊觎的广告市场中，并刻画出单身人士光明正向的一面。未来的单身人士将面对更少的歧视、刻板印象和更多的认可。

诚然，单身人士的婚姻状况不同，对应的消费习惯也会有差异。例如，自愿单身人士，或是“新单身人士（new singles）”的典型特色是更加个人主义和寻求享乐，在休闲娱乐上可能会花费更多金钱。另一方面，非自愿单身人士，特别是离婚或丧偶者，较可能由于经济上的限制，草率地选择较便宜的选项。

单身人士的未来与科技

随着科技前所未有的发展，单身人群也开始兴起，这也许并非巧合。伊代通过技术为摩图人带来突破，造了独木舟将他们带往其他部落，并借此建立了摩图的贸易网络。当今科技也同样克服了时间和空间上的限制，拓展了单身人士的影响范围。新科技提供进入和离开各种关系的选项，加强了可塑性和多元性。

虽然有许多人使用约会 APP 和网站的确是为了找乐子，但也有人的目的不是为了寻求一段关系。越来越多的单身人士反而是为了寻找各种类型的亲密和社交机会而运用科技。其中包括短期和长期的浪漫关系或柏拉图式的亲密关系。对那些想要和老朋友、新朋友社交的人来说，社群网络可以帮助他们和遥远的亲朋好友保持联系，甚至通过更有效率地分享兴趣、爱好及个人信息，增加彼此的熟悉和亲密度。

如果关系的科技化可以做得更多呢？我们可以进一步提出一个有趣的问题，那就是，科技是否能增加甚至取代男女之间彼此依赖的特定需求？

虽然用科技取代人类互动的想法看起来有点偏离主流，还是必须仔细考虑其可能性。毕竟，几年前人们就已经创造出能有意想不到的用途的机器人。机器人研究的重心最近已经转移到社交机器人的发展上，而社交辅助机器人在心理保健方面的应用早已行之有年，为人们提供陪伴，充当玩伴和教练。机器人也可以帮忙照顾老年人或是用来改善儿童的情绪。此外，目前机器人已经可以帮忙处理粗重的家务，比如，打扫和烹饪，还能解决人的心理和生理需求。

有鉴于机器人在未来的发展，有没有可能人形机器人也能够满足单身人士情感和社交上的需求?

结合了智慧技术促成的恋爱机器人，在近几年取得了重要的进步。中国工程师郑佳佳和自制人形机器人的婚礼曾被许多媒体报道。

根据郑佳佳的说法，他和莹莹（机器人的名字）约会两个月后，他决定穿上自己最棒的衣服举办婚礼，在母亲和朋友的见证下“迎娶”她。然而，这个婚礼不被承认，公众的反应也两极化。但从郑佳佳的情况来看，花时间和机器人在一起，似乎至少解决了他某部分的需求。

郑佳佳并不孤独。在巴塞罗那有一家叫作辛西亚阿玛图斯（Synthea Amatus）的公司，走在这个产业的尖端，推出世界上第一个能够提供浪漫关系的人工智能机器人。这款机器人通过利用类似 Apple Siri（苹果智能语音助手）和 Amazon Alexa（亚马逊语音服务）的语音识别技术，能够和使用者对谈并正面响应其碰触。

在日本，机器人在家庭里和社会上，已经被给予更重要的地位。日本政府甚至在着眼于2025年的“创新25”（Innovation 25）演说中，鼓励将机器人整合到家庭生活中。这个政策规划旨在以科技解决老人和病患者的照护问题。但几近讽刺的是，机器人的技术发展，也造成了日本单身人士花费更多时间陪伴电子伴侣而非家人的新兴文化。

英国广播公司记者鲁伯特·温费尔德－海伊斯在日本京都市外，遇见了由石黑浩教授制造的机器人艾瑞卡。温费尔德－海伊斯描述了他的第一印象：“从照片上可能看不出来，但当你跟她一起站在房间里，她简直就像真人一样。我走到哪里，她就转过来盯着我。她眨眼时就像在试着把视线聚焦在我身上一样。‘我喜欢吉娃娃，’她接着说，‘你喜欢吉娃娃吗？你养狗吗？’”

当我告诉她我养狗，似乎是我们对动物的共同喜爱让她明显满足地轻叹。几分钟后，我发现我的同伴正在因艾瑞卡的回答发笑。显然她发现我的日语很烂之处，正在取笑我。

当机器人学的发展引起重要的伦理学探讨，对单身人群的影响将是巨大的。开始采用辅助人工智能后，机器人科技的发展，与社会是否可能逐渐接受有意义的机器人伴侣关系，势必会挑战传统观念和家庭价值观。

毫无疑问，将科技整合进人际关系的过程将在未来几年蓄势待发。根据许多科学家和一些世界上最受尊敬的未来学家所言，我们正走在通往科技奇点（technological singularity）时代的道路上。在那个转折点，人工超级智慧（artificial superintelligence）将以超乎想象的速度，对文明造成不可预期且无法想象的改变。

机器人或后人类时代的概念，曾经是全球科幻小说的主题。

然而，工程和计算领域的进步已经引领发明家、哲学家和作家用不同的方式讨论这个主题。自 1970 年代开始适用的摩尔定律指出，集成电路上可容纳的晶体管数目，约每隔两年便会增加一倍，驱动技术能力呈指数增长。观察到变化速度的麻省理工学院科学家预测，在 2030 年到 2040 年之间，机器人将会开始演变成新系列的人工超级智能机种。

在到达奇点前的科技进展，将对单身人士造成什么影响？这当然是还没有人能够回答的问题。我们不能预测未来确定会发生什么事情，假定科技的发展会没有任何危机地持续下去，可能太天真。但在人形机器人真正普及以前，我们的社会规范可能早已因其潜力发生变化。不过，这之中的一个模式是清楚的：当我们和科技的互动变得更多元和复杂，将改变社会对“可接受”的定义。

单身的未来

为摩图人创立新贸易和人际交流航线的伊代，让自己置于极大的危险和严厉的批评中。对他来说这不只是体力上的付出，也是心灵上的提升——去到水底下和他从未见过的事物进行联结。去思考单身人士的未来，甚至接受那将要到来的现实，对我们来说也几乎是冒险的。但时候将到，我们必须开始去想想单身人士的未来，研究它将对社会造成的影响。

不论这个未来是否与友谊的地位提升、新兴单身人士社群的兴起、创新住宅和都市规划、变迁中的市场和消费主义模式、技术进展与人机关系有关，社会必须适应这个家庭规范和文化被其改变的新现实。

每个人天生或进化上都需要配对，要么为了满足基本需求，要么为了增加生存机会，这种观点可能会被取代，人们宁愿在更有弹性、易变的社群中和朋友及同类人互动，有时也许还能靠高度智慧科技辅助过上快乐单身生活。

结论

国家、城市和社会制度可以为单身人士做什么？

综上所述，即使面临社会歧视、污名和偏见，单身人口的增加是不可否认的事实，我们即将要进入单身社会。这并不只是因为已婚和单身人口比例上的变动，也是由于社会观念和功能正在变得更能接纳单身人士。单身人士也开始享受快乐单身生活：加入互助的社群、信奉后物质主义价值观、学习克服社会压力，用有意义的方式打发时间。这是当今快乐单身人士的日常实践，即使他们自己并没有完全意识到。

重要的是，本书并没有反对婚姻制度。有些研究也在部分因果关系上显示结婚会使生活质量上升（虽然也有其他研究反驳这些主张，辩论还在持续中）。本书讨论的重点在于，单身这件事会占据我们生活中越来越大部分，并且也会成为未来生活的一部分。

婚姻的结束，比我们想象中发生得更多。那些因婚姻破碎或因配偶死亡而结束关系的人，在还没准备好面对单身生活的状况下，就要承受幸福感的急遽下降。

有些人一开始就不想结婚，所以他们是自愿选择维持单身。我们都需要学习如何拥抱单身；不管我们对婚姻制度的看法是什么，这都是一个无法逃避的现实问题。

然而，许多力量仍然抗拒这么做。婚姻中许多理所当然的好处驱使许多人投入婚姻，有时甚至违反他们的意愿。换句话说，婚姻制度本身给了已婚人士特殊地位和好处，让原本不情愿这么做的个人被说服而愿意进入一个有法律保障的结合。在有些地方，这样的推演变成一场悲剧，比如第五章的故事——扎米娜之死。其他地方的推力比较不易察觉，却常以痛苦的分开收尾，即使在自由社会亦然。

试着强迫人们进入婚姻或加快其脚步，显然不会让“幸福婚姻（wedded bliss）”的比率上升。因此，不合理的推力，应该被好好反思，它们是社会规范的产物，而这些规范排斥社会中日益增长的新势力。这也加大了政府、当地机关和政策制定者去考虑该如何确保单身人口权益的必要性。单身人士不再是被忽视的少数，而是尽管多元却仍需要关注的多数。

近年来，世界知名的经济学家如阿玛蒂亚·森和约瑟夫·斯蒂格利茨、主要国际组织如经济合作与发展组织、备受关注的政治家如法国前总统尼古拉·萨科齐，都提倡以人民幸福程度作为政策制定和政府管理的测量指标。这个想法其实不那么新：早在美国独立宣言中“追求幸福”就已被列为不可剥夺的美国公民权利之一。

然而，把追求幸福实际应用在政策制定上，直到现在才变得流行。有鉴于近来对幸福的重视，在提升幸福感甚至只是开拓单身人士追求幸福的渠道上，中央政府、地方政府、都市规划者和学术界都扮演着重要的角色。

首先，政府和政策制定者必须先认识到单身人士面临的不公正待遇，并预防随之而来的歧视。对单身人士的负面刻板印象和认知，常常导致政策制定者定出鼓励关系形成的政策。显然，政府和政策制定者假设，那些他们承诺要保护的人，所做出的行为是不理性且有害的。因此“为了确保国内安宁”，政策制定者感到有必要推动市民往“正确”的方向前进。但事实证明，这些政策并不有效，因为人们无论如何还是想要保持单身。单身人士信仰他们的生活方式；他们不是冲动之下或不经思考做出这样的决定。因此，劝诱人们进入婚姻不仅不正义、不道德，还显露出糟糕的治理能力和无效率。有些婚姻倡议甚至是令人讨厌的，且可能对那些迫于压力进入婚姻的人造成伤害，引起自愿单身人士的厌恶。传统婚姻关系对单身人士的幸福来说不一定必要，尤其不是通过政府就可以促成。因此，这些迂腐的政策应该被意识到，相关政策的改动也应该被列入公共议程内。

第二，寻求保护和促进单身人士幸福的政府当局和社会机构，不仅要努力消除周遭无所不在的负面刻板印象，也要积极鼓励以快乐单身为主题的研究和相关发展。从 1970 年代早期开始，美国学校课程已经设计纳入性别、种族和环境的相关研究。

然而，由于婚姻观念如此根深蒂固，在大部分国家的课程中，仍然无法看见对学生的单身生活教育，并帮助他们准备好进入单身生活。社会工作者、心理学家和医师，应该学习如何服务单身人士。

第三，都市规划者和地方政府，应该加快他们为单身人士提供服务的步伐。都市规划者和开发商，应被鼓励对各种共居模型的应用，包括为单身人士建立的共居住宅、共居计划下的住宅区、跨世代居住安排。为单身人士设计的新居住计划，甚至是一整个住宅区，可以大大改善单身人士的生活。地方政府可以组织单身人士社群和活动中心，放宽城市对建设计划如微型住宅的限制规定，便利化相关服务设施，让单身人士有空间聚集、社交并发展出共同兴趣。

最后，学术界应该对单身生活给予更多关注。至今，许多学术研究仍基于过时的假设，认为婚姻应该在成年人生活中占重要地位。因此，单身人士在学术或政策研究中，并没有被充分，甚至是被错误地呈现。未来聚焦单身人士如何适应单身生活的研究，将是值得且必要的。通过更好地理解快乐单身人士的心理，提出如何改善单身生活的建议。

学术教育圈对单身人士的关注，能够引导政策制定者为快速增加的单身人士制定增加其福祉的法律体系。此外，心理学、社会学、教育学、经济学和科技对此做出的研究，可以为已婚人士和单身人士同时带来增加福祉的解决方案。研究方向可以包括单身人士和有伴侣者的群际关系（intergroup relations）；单身人士自我解放和自我发展的方法；市场需求和单身人士的消费主义模式；为单身人士改善运输和市政服务的有效方法；为独自生活做准备的教学实践；等等。

安息日的前几分钟，我走在童年的住宅区里，再次看着家家户户点亮的窗户。我闻着从窗口飘出的香气，几十年前每星期五晚餐的味道，现在闻起来似乎还是一样。

但我知道有些事情已经改变了，社会如今更多元了。许多我童年在小区里认识的人还是单身，有的人离婚或失去了他们的伴侣。那个我在少年时代的礼拜场合看见的驼背男人和他儿子，仍然害羞且跟他人保持距离。但对我来说，他们看起来不再奇怪，对许多环绕在他们周遭的人来说，可能也是如此。社会现实已经改变，并持续以一种越来越快的速度在演变着。环顾四周，我想知道，要是快乐单身的风气在过去几十年前就更为普遍，甚至在上一代人结婚以前就已普遍的话，他们之中有多少人会想要过单身生活？

现在，我们至少有了一些乐观的空间。社会开始包容并接受单身这件事，让许多人可以用自己的方式“追求幸福”。

我继续走，看着小区里的孩子们，他们就像年轻版的我。我们如何确定他们会快乐地成长呢？只是“快乐”，在定义上没有任何前提假设。

那可以是勇敢骑士和漂亮公主（反之亦然）“从此幸福快乐地生活”，也可以是快乐地独自生活、快乐地离婚或快乐地独居。我们的责任是，让这些孩子成长在一个能够包容他们婚姻状况的社会。社会已经进步了这么多，能够接受多元族群，我们就只差这一步，而我们也一定能够再多跨出这一步。

致谢词

这本书能够问世，我要感谢一路上陪伴我的人，感谢提供支持、共同研讨细节、阅读稿件、撰写内容、给予意见回馈、愿意让我引述言论、协助编辑、校对和设计的所有人员。

谨此向众人致谢。谢谢我亲爱的家人，你们的爱与肯定无以取代；谢谢希伯来大学费德曼公共政策与政府学院（Federmann School of Public Policy and Government）的同仁，你们的专业智识令人获益良多；还要谢谢我的好朋友，你们的支持和鼓励贯彻了这整本书。

这本书能完成，绝非我一人之力。能和最认真优秀的团队共同合作，我对此感激不尽。我尤其要向研究助理奥里尔·戴蒙德表示谢意，你提供了无比可贵的帮助。也要感谢每一位帮助我搜集本书定性资料的采访人员。我要特别向马克·摩尔还有希凯瑞拉·舒勒道谢，要是没有你们的协助，我不可能及时完成各项访谈、资料搜集和分析。我也竭诚感谢艾比耶塔·史洛尼克，本书一大部分与单身现象有关的博客文章，都是得力于你一丝不苟的搜集和分析。

最后，这份谢词中绝不能遗漏本书主编内奥米·施耐德，以及背后整个加州大学出版社团队，你们对这部作品赋予厚望，并敦促我精益求精，万分感激你们所有人。

英文参考文献

前 言

1. Bella M. DePaulo and Wendy L. Morris, "The Unrecognized Stereotyping and Discrimination against Singles," *Current Directions in Psychological Science* 15, no. 5 (2006): 251–54.

2. Todd M. Jensen, Kevin Shafer, Shenyang Guo, and Jeffry H. Larson, "Differences in Relationship Stability between Individuals in First and Second Marriages: A Propensity Score Analysis," *Journal of Family Issues* 38, no. 3 (2017): 406–32; Megan M. Sweeney, "Remarriage and Stepfamilies: Strategic Sites for Family Scholarship in the 21st Century," *Journal of Marriage and Family* 72, no. 3 (2010): 667–84.

3. Stephanie S. Spielmann, Geoff MacDonald, Jessica A. Maxwell, Samantha Joel, Diana Peragine, Amy Muise, and Emily A. Impett, "Settling for Less out of Fear of Being Single," *Journal of Personality and Social Psychology* 105, no. 6 (2013): 1049.

4. John T. Cacioppo and William Patrick, *Loneliness: Human Nature and the Need for Social Connection* (New York: W. W. Norton, 2008).

5. Ibid.; Berna van Baarsen, Tom A.B. Snijders, Johannes H. Smit, and Marijtje A.J. van Duijn, "Lonely but Not Alone: Emotional Isolation and Social Isolation as Two Distinct Dimensions of Loneliness in Older People," *Educational and Psychological Measurement* 61, no. 1 (2001): 119–35.

6. Shelley Budgeon, "Couple Culture and the Production of Singleness," *Sexualities* 11, no. 3 (2008): 301–25; Richard Fry, "A Rising Share of Young Adults

Live in Their Parents' Home," in *Social Demographic Trends Project* (Washington, DC: Pew Research Center, 2013); Eric Klinenberg, *Going Solo: The Extraordinary Rise and Surprising Appeal of Living Alone* (New York: Penguin, 2012).

7. Wendy Wang and Kim C. Parker, *Record Share of Americans Have Never Married: As Values, Economics and Gender Patterns Change*(Washington, DC: Pew Research Center, 2014).

8. National Bureau of Statistics of China, "China Statistics: National Statistics" (Beijing: National Bureau of Statistics of China, 2013).

9. Eurostat, "Urban Europe—Statistics on Cities, Towns and Suburbs," (Luxemburg: Publications Office of the European Union, 2016); Euromonitor, *Downsizing Globally: The Impact of Changing Household Structure on Global Consumer Markets* (London: Euromonitor, 2013).

10. Paul R. Amato, "Research on Divorce: Continuing Trends and New Developments," *Journal of Marriage and Family* 72, no. 3 (2010): 650–66; Wendy Wang and Kim C Parker, *Record Share of Americans Have Never Married: As Values, Economics and Gender Patterns Change* (Washington, DC: Pew Research Center, 2014).

11. Eric Klinenberg, *Going Solo: The Extraordinary Rise and Surprising Appeal of Living Alone* (New York: Penguin, 2012).

12. Terrence McCoy, "Do It for Denmark!" Campaign Wants Danes to Have More Sex: A Lot More Sex," *Washington Post*, March 27, 2014, www.washingtonpost.com/news/morning-mix/wp/2014/03/27/do-it-for-denmark-campaign-wants-danes-to-have-more-sex-a-lot-more-sex/?utm_term=.d8e6eef47764.

13. Philip Brasor and Masako Tsubuku, "A Rise in Vacancies Won't Mean Drops in Rent," July 2, 2016, www.japantimes.co.jp/community/2016/07/02/how-tos/rise-vacancies-wont-mean-drops-rent/#.WmN_R6iWbg8.

14. Vivian E. Hamilton, "Mistaking Marriage for Social Policy," *Virginia Journal of Social Policy and the Law* 11 (2004): 307–71.

15. C. Marshall and G.B. Rossman, *Designing Qualitative Research* (Newbury Park, CA: Sage, 2006); S.F. Rallis and G.B. Rossman, *Learning in the Field: An Introduction to Qualitative Research*, 3rd ed. (Thousand Oaks, CA: Sage, 2011); A.L. Strauss and J. Corbin, *Basics of Qualitative Research* (Thousand Oaks, CA: Sage, 1990).

16. A.L. Strauss and J. Corbin, *Basics of Qualitative Research* (Thousand Oaks, CA: Sage, 1990).

17. Ari Engelberg, "Religious Zionist Singles: Caught between 'Family Values' and 'Young Adulthood,'" *Journal for the Scientific Study of Religion*, 55, no. 2 (2016): 349–64.

18. Similarly to the 1990 US census, for example, in which cohabitation with a partner who is not a spouse was included as a possible and separate category, see Casey E. Copen, Kimberly Daniels, Jonathan Vespa, and William D. Mosher, "First Marriages in the United States; Data from the 2006–2010 National Survey of Family Growth" (Hyattsville, MD: Department of Health and Human Services, Centers for Disease Control and Prevention, National Center for Health Statistics, 2012); Lynne M. Casper and Philip N. Cohen, "How Does Posslq Measure Up? Historical Estimates of Cohabitation," *Demography* 37, no. 2 (2000): 237–45.

19. Tim B. Heaton and Renata Forste, "Informal Unions in Mexico and the United States," *Journal of Comparative Family Studies* 38, no. 1 (2007): 55–69; Teresa Castro Martin, "Consensual Unions in Latin America: Persistence of a Dual Nuptiality System," *Journal of Comparative Family Studies* 33, no. 1 (2002): 35–55; Brienna Perelli-Harris, Monika Mynarska, Caroline Berghammer, Ann Berrington, Ann Evans, Olga Isupova, Renske Keizer, Andreas Klärner, Trude Lappegard, and Daniele Vignoli, "Towards a Deeper Understanding of Cohabitation: Insights from Focus Group Research across Europe and Australia," *Demographic Research* 31, no. 34 (2014): 1043–78.

20. Matthew D. Bramlett and William D. Mosher, "Cohabitation, Marriage, Divorce, and Remarriage in the United States," *Vital Health Statistics* 23, no. 22 (2002): 1–32; Andrew J. Cherlin, "The Deinstitutionalization of American Marriage," *Journal of Marriage and Family* 66, no. 4 (2004): 848–61; Anke C. Zimmermann and Richard A. Easterlin, "Happily Ever After? Cohabitation, Marriage, Divorce, and Happiness in Germany," *Population and Development Review* 32, no. 3 (2006): 511–28.

21. Jane Lewis, *The End of Marriage?* (London: Institute for the Study of Civil Society, 2000); Patricia M. Morgan, *Marriage-Lite: The Rise of Cohabitation and Its Consequences* (London: Institute for the Study of Civil Society, 2000); James A. Sweet and Larry L. Bumpass, "Young Adults' Views of Marriage Cohabitation and Family" (working paper no. 33, National Survey of Families and Households, Center for Demography and Ecology, University of Wisconsin-Madison, 1990).

22. Patricia M. Morgan, *Marriage-Lite: The Rise of Cohabitation and Its Consequences* (London: Institute for the Study of Civil Society, 2000).

23. Gavin W. Jones, "The 'Flight from Marriage' in South-East and East Asia," *Journal of Comparative Family Studies* 36, no. 1 (2005): 93–119.

24. Ruut Veenhoven, "The Utility of Happiness," *Social Indicators Research* 20, no. 4 (1988): 333–54.

25. S.M. Chiang, *The Philosophy of Happiness: A History of Chinese Life Philosophy* (Taipei: Hong Yie Publication Company, 1996); Georg Wilhelm Friedrich Hegel and Robert F. Brown, *Lectures on the History of Philosophy: Greek Philosophy* (Oxford: Oxford University Press, 2006); Darrin M. McMahon, "From the Happiness of Virtue to the Virtue of Happiness: 400 BC–AD 1780," *Daedalus* 133, no. 2 (2004): 5–17; Wladyslaw Tatarkiewicz, "Analysis of Happiness," *Philosophy and Phenomenological Research* 38, no. 1 (1976): 139–40.

26. Luo Lu, "Understanding Happiness: A Look into the Chinese Folk Psychology," *Journal of Happiness Studies* 2, no. 4 (2001): 407–32.

27. Shigehiro Oishi, Jesse Graham, Selin Kesebir, and Iolanda Costa Galinha, "Concepts of Happiness across Time and Cultures," *Personality and Social Psychology Bulletin* 39, no. 5 (2013): 559–77.

28. Cassie Mogilner, Sepandar D. Kamvar, and Jennifer Aaker, "The Shifting Meaning of Happiness," *Social Psychological and Personality Science* 2, no. 4 (2010): 395–402.

29. Yew-Kwang Ng, "Happiness Surveys: Some Comparability Issues and an Exploratory Survey Based on Just Perceivable Increments," *Social Indicators Research* 38, no. 1 (1996): 1–27.

30. Adam Okulicz-Kozaryn, Zahir Irani, and Zahir Irani, "Happiness Research for Public Policy and Administration," *Transforming Government: People, Process and Policy* 10, no. 2 (2016): 196–211.

31. Martin E.P. Seligman, *Authentic Happiness: Using the New Positive Psychology to Realize Your Potential for Lasting Fulfillment* (New York: Simon and Schuster, 2004); Martin E.P. Seligman and Mihaly Csikszentmihalyi, *Positive Psychology: An Introduction* (New York: Springer, 2014).

第一章

1. Xiaqing Zhao and Hooi Lai Wan, "Drivers of Online Purchase Intention on Singles' Day: A Study of Chinese Consumers," *International Journal of Electronic Marketing and Retailing* 8, no. 1 (2017): 1–20.

2. Tiffany Hsu, "Alibaba's Singles Day Sales Hit New Record of $25.3 Billion," *New York Times,* November 10, 2017.

3. *Singular Magazine,* "National Singles Day Returns to West Hollywood," January 1, 2016.

4. Zhongwei Zhao and Wei Chen, "Changes in Household Formation and Composition in China since the Mid-twentieth Century," *Journal of Population Research* 25, no. 3 (2008): 267–86.

5. Wei-Jun Jean Yeung and Adam Ka-Lok Cheung, "Living Alone: One-Person Households in Asia," *Demographic Research* 32, no. 40 (2015): 1099–112.

6. Euromonitor, *Downsizing Globally: The Impact of Changing Household Structure on Global Consumer Markets* (London: Euromonitor International, 2013).

7. Eric Klinenberg, *Going Solo: The Extraordinary Rise and Surprising Appeal of Living Alone* (New York: Penguin, 2012).

8. Wendy Wang and Kim C. Parker, *Record Share of Americans Have Never Married: As Values, Economics and Gender Patterns Change* (Washington, DC: Pew Research Center, 2014).

9. Pew Research Center, *Parenting in America: Outlook, Worries, Aspirations Are Strongly Linked to Financial Situation* (Washington, DC: Pew Research Center, 2015).

10. Reiko Hayashi, *Social Security in Japan* (Tokyo: National Institute of Population and Social Security Research, 2016).

11. Roslyn Appleby, "Singleness, Marriage, and the Construction of Heterosexual Masculinities: Australian Men Teaching English in Japan," portal: *Journal of Multidisciplinary International Studies* 10, no. 1 (2013): 1–21; Masahiro Morioka, "A Phenomenological Study of 'Herbivore Men,'" *Review of Life Studies* 4 (2013): 1–20; James E. Roberson and Nobue Suzuki, eds., *Men and Masculinities in Contemporary Japan: Dislocating the Salaryman Doxa* (London: Routledge, 2005).

12. Masahiro Morioka, "A Phenomenological Study of 'Herbivore Men,'" *Review of Life Studies* 4 (2013): 1–20.

13. Alexandra Harney, "The Herbivore's Dilemma," *Slate*, June 2009.

14. Kathleen Kiernan, "Unmarried Cohabitation and Parenthood in Britain and Europe," *Law & Policy* 26, no. 1 (2004): 33–55.

15. Peter J. Stein, "Singlehood: An Alternative to Marriage," *Family Coordinator* 24, no. 4 (1975): 489–503.

16. Gary R. Lee and Krista K. Payne, "Changing Marriage Patterns since 1970: What's Going On, and Why?" *Journal of Comparative Family Studies* 41, no. 4 (2010): 537–55.

17. Census of India, *Houselisting and Housing Census Data* (New Delhi: Government of India, Ministry of Home Affairs, 2011); Premchand Dommaraju, "One-Person Households in India," *Demographic Research* 32, no. 45 (2015); Hyunjoon Park and Jaesung Choi, "Long-Term Trends in Living Alone among Korean Adults: Age, Gender, and Educational Differences," *Demographic Research* 32, no. 43 (2015): 1177–208; Christophe Guilmoto and Myriam de Loenzien, "Emerging, Transitory or Residual? One-Person Households in

Viet Nam," *Demographic Research* 32, no. 42 (2015): 1147–76; Chai Podhisita and Peter Xenos, "Living Alone in South and Southeast Asia: An Analysis of Census Data," *Demographic Research* 32, no. 41 (2015): 1113–46; Hyunjoon Park and Jaesung Choi, "Long-Term Trends in Living Alone among Korean Adults: Age, Gender, and Educational Differences," *Demographic Research* 32, no. 43 (2015): 1177–208.

18. Shelley Budgeon, "Couple Culture and the Production of Singleness," *Sexualities* 11, no. 3 (2008): 301–25; Euromonitor, *Downsizing Globally: The Impact of Changing Household Structure on Global Consumer Markets* (London: Euromonitor International, 2013).

19. Euromonitor, *Single Living: How Atomisation—the Rise of Singles and One-Person Households—Is Affecting Consumer Purchasing Habits* (London: Euromonitor International, 2008).

20. Mohammad Jalal Abbasi-Shavazi, Peter McDonald, and Meimanat Hossein Chavoshi, *Changes in Family, Fertility Behavior and Attitudes in Iran* (Canberra, Australia: Demography and Sociology Program, Research School of Social Sciences, 2003).

21. Amir Erfani and Kevin McQuillan, "Rapid Fertility Decline in Iran: Analysis of Intermediate Variables," *Journal of Biosocial Science* 40, no. 3 (2008): 459–78.

22. UAE Interact, *Marriage Fund Report* (Abu Dhabi, United Arab Emirates: Ministry of Information and Culture, 2015).

23. Hoda Rashad, Magued Osman, and Farzaneh Roudi-Fahimi, *Marriage in the Arab World* (Washington, DC: Population Reference Bureau, 2005).

24. Government, United Arab Emirates, *Marriage Fund Report* (Abu Dhabi, United Arab Emirates: Ministry of Information and Culture, 2017), http://beta.government.ae/en/information-and-services/social-affairs/marriage.

25. Hoda Rashad, Magued Osman, and Farzaneh Roudi-Fahimi, *Marriage in the Arab World* (Washington, DC: Population Reference Bureau, 2005); Paul Puschmann and Koen Matthijs, "The Demographic Transition in the Arab World: The Dual Role of Marriage in Family Dynamics and Population Growth," in *Population Change in Europe, the Middle-East and North Africa: Beyond the Demographic Divide,* ed. Koenraad Matthijs, Karel Neels, Christiane Timmerman, Jacques Haers, and Sara Mels (New York: Routledge, 2016), 119.

26. Stephanie Coontz, *Marriage, a History: How Love Conquered Marriage* (New York: Penguin, 2006).

27. Organization for Economic Cooperation and Development, *Fertility Rates (Indicator)* (Paris: OECD, 2017).

28. Joshua Goldstein, Wolfgang Lutz, and Maria Rita Testa, "The Emergence of Sub-replacement Family Size Ideals in Europe," *Population Research and Policy Review* 22, no. 5–6 (2003): 479–96.

29. World Bank, *Total Fertility Rate (Births per Woman)* (Washington, DC: World Bank, 2016).

30. P. Hogan, "The Effects of Demographic Factors, Family Background, and Early Job Achievement on Age at Marriage," *Demography* 15, no. 2 (1978): 161–75; Gavin W. Jones, "Delayed Marriage and Very Low Fertility in Pacific Asia," *Population and Development Review* 33, no. 3 (2007): 453–78.

31. Jiehua Lu and Xiaofei Wang, "Changing Patterns of Marriage and Divorce in Today's China," in *Analysing China's Population* (New York: Springer, 2014), 37–49.

32. Xuanning Fu and Tim B. Heaton, "A Cross-national Analysis of Family and Household Structure," *International Journal of Sociology of the Family* 25, no. 2 (1995): 1–32; Frances E. Kobrin, "The Fall in Household Size and the Rise of the Primary Individual in the United States," *Demography* 13, no. 1 (1976): 127–38.

33. Robert T. Michael and Nancy Brandon Tuma, "Entry into Marriage and Parenthood by Young Men and Women: The Influence of Family Background," *Demography* 22, no. 4 (1985): 515–44; Philip E. Ogden and François Schnoebelen, "The Rise of the Small Household: Demographic Change and Household Structure in Paris," *Population, Space and Place,* 11, no. 4 (2005): 251–68; Philip E. Ogden and Ray Hall, "The Second Demographic Transition, New Household Forms and the Urban Population of France during the 1990s," *Transactions of the Institute of British Geographers* 29, no. 1 (2004): 88–105; Peter A. Morrison, *Demographic Factors Reshaping Ties to Family and Place* (Santa Monica, CA: Rand Corporation, 1990).

34. Vern L. Bengtson and Norella M. Putney, "Who Will Care for Tomorrow's Elderly? Consequences of Population Aging East and West," in *Aging in East and West: Families, States, and the Elderly,* ed. Vern L. Bengtson, Kyong-Dong Kim, George Myers, and Ki-Soo Eun (New York: Springer, 2000), 163–85; Antonio Golini and A. Silverstrini, "Family Change, Fathers, and Children in Western Europe: A Demographic and Psychosocial Perspective," in *The Family on the Threshold of the 21st Century: Trends and Implications,* ed. Solly Dreman (New York: Psychology Press, 2013), 201.

35. Jennifer M. Ortman, Victoria A. Velkoff, and Howard Hogan, *An Aging Nation: The Older Population in the United States* (Washington, DC: US Census Bureau, Economics and Statistics Administration, US Department of Commerce, 2014).

36. Organization for Economic Cooperation and Development, *Life Expectancy at 65 (Indicator)* (Paris: OECD, 2017).

37. Ellen A. Kramarow, "The Elderly Who Live Alone in the United States: Historical Perspectives on Household Change," *Demography* 32, no. 3 (1995): 335–52; Jim Oeppen and James W. Vaupel, "Broken Limits to Life Expectancy," *Science* 296, no. 5570 (2002): 1029–31; Steven Ruggles, *Living Arrangements of the Elderly in America, 1880–1980* (Berlin: de Gruyter, 1996).

38. Axel Börsch-Supan, *Survey of Health, Ageing and Retirement in Europe (Share) Wave 6* (Munich: SHARE-ERIC, 2018).

39. Renee Stepler, *Led by Baby Boomers, Divorce Rates Climb for America's 50+ Population* (Washington, DC: Pew Research Center, 2017).

40. Adam Ka-Lok Cheung and Wei-Jun Jean Yeung, "Temporal-Spatial Patterns of One-Person Households in China, 1982–2005," *Demographic Research* 32, no. 44 (2015): 1209–38; Wei-Jun Jean Yeung and Adam Ka-Lok Cheung, "Living Alone: One-Person Households in Asia," *Demographic Research* 32, no. 40 (2015): 1099–112.

41. K. Bolin, B. Lindgren, and P. Lundborg, "Informal and Formal Care among Single-Living Elderly in Europe," *Health Economics* 17, no. 3 (2008): 393–409; Elena Portacolone, "The Notion of Precariousness among Older Adults Living Alone in the U.S.," *Journal of Aging Studies* 27, no. 2 (2013): 166–74.

42. Vanessa L. Fong, *Only Hope: Coming of Age under China's One-Child Policy* (Stanford, CA: Stanford University Press, 2004).

43. Census of India, "Houselisting and Housing Census Data," *Houselisting and Housing Census Data* (New Delhi: Government of India, Ministry of Home Affairs, 2011).

44. "Bare Branches, Redundant Males," *The Economist*, April 18, 2015, www.economist.com/asia/2015/04/18/bare-branches-redundant-males.

45. Fred Arnold and Liu Zhaoxiang, "Sex Preference, Fertility, and Family Planning in China," *Population and Development Review* 12, no. 2 (1986): 221–46; Christophe Z. Guilmoto, "Economic, Social and Spatial Dimensions of India's Excess Child Masculinity," *Population* 63, no. 1 (2008): 91–117; Shelley Budgeon, "Couple Culture and the Production of Singleness," *Sexualities* 11, no. 3 (2008): 301–25; Monica Das Gupta, "Selective Discrimination against Female Children in Rural Punjab, India," *Population and Development Review* (1987): 77–100; Chai Bin Park and Nam-Hoon Cho, "Consequences of Son Preference in a Low-Fertility Society: Imbalance of the Sex Ratio at Birth in Korea," *Population and Development Review* (1995): 59–84.

46. Eurostat, *Eurostat Regional Yearbook* (Brussels: European Commission, 2017).

47. Soon Kyu Choi and Ilan H. Meyer, *LGBT Aging: A Review of Research Findings, Needs, and Policy Implications* (Los Angeles: Williams Institute, 2016).

48. Elizabeth A. Cashdan, "Natural Fertility, Birth Spacing, and the 'First Demographic Transition,'" *American Anthropologist* 87, no. 3 (1985): 650–53; John C. Caldwell, "Toward a Restatement of Demographic Transition Theory," *Population and Development Review* (1976): 321–66.

49. Ronald Inglehart and Christian Welzel, *Modernization, Cultural Change, and Democracy: The Human Development Sequence* (Cambridge: Cambridge University Press, 2005); Wolfgang Lutz and Vegard Skirbekk, "Policies Addressing the Tempo Effect in Low-Fertility Countries," *Population and Development Review* 31, no. 4 (2005): 699–720.

50. Zillah R. Eisenstein, ed., *Capitalist Patriarchy and the Case for Socialist Feminism* (New York: Monthly Review Press, 1979); Ann Ferguson and Nancy Folbre, "The Unhappy Marriage of Patriarchy and Capitalism," *Women and Revolution* 80 (1981): 10–11.

51. Rosalind Chait Barnett and Janet Shibley Hyde, "Women, Men, Work, and Family," *American Psychologist* 56, no. 10 (2001): 781–96; Ronald Inglehart and Christian Welzel, *Modernization, Cultural Change, and Democracy: The Human Development Sequence* (Cambridge: Cambridge University Press, 2005).

52. Hans-Peter Blossfeld and Johannes Huinink, "Human Capital Investments or Norms of Role Transition? How Women's Schooling and Career Affect the Process of Family Formation," *American Journal of Sociology*, 97, no. 1 (1991): 143–68; Agnes R. Quisumbing and Kelly Hallman, *Marriage in Transition: Evidence on Age, Education, and Assets from Six Developing Countries* (New York: Population Council, 2005), 200–269.

53. Hans-Peter Blossfeld and Alessandra De Rose, "Educational Expansion and Changes in Entry into Marriage and Motherhood: The Experience of Italian Women," *Genus* 48, no. 3–4 (1992): 73–91.

54. Steve Derné, Meenu Sharma, and Narendra Sethi, *Structural Changes Rather Than the Influence of Media: People's Encounter with Economic Liberalization in India* (New Delhi: Sage India, 2014).

55. Jill Reynolds, *The Single Woman: A Discursive Investigation* (London: Routledge, 2013); Jill Reynolds and Margaret Wetherell, "The Discursive Climate of Singleness: The Consequences for Women's Negotiation of a Single Identity," *Feminism & Psychology* 13, no. 4 (2003): 489–510.

56. May Al-Dabbagh, "Saudi Arabian Women and Group Activism," *Journal of Middle East Women's Studies* 11, no. 2 (2015): 235.

57. Alanoud Alsharekh, "Instigating Social Change: Translating Feminism in the Arab World and India," *QScience Connect* (2016): 2; Sylvia Vatuk, "Islamic Feminism in India," in *Islamic Reform in South Asia,* ed. Filippo Osella and Caroline Osella, 346–82 (Cambridge: Cambridge University Press, 2013).

58. Nada Mustafa Ali, "Feminism in North Africa," *The Wiley Blackwell Encyclopedia of Gender and Sexuality Studies* (Hoboken, NJ: Wiley Blackwell, 2016); Melissa Jackson, "A Season of Change: Egyptian Women's Organizing in the Arab Spring," *Undercurrent* 11, no. 1 (2015).

59. Veronica V. Kostenko, Pavel A. Kuzmuchev, and Eduard D. Ponarin, "Attitudes towards Gender Equality and Perception of Democracy in the Arab World," *Democratization* 23, no. 5 (2015): 1–28.

60. Paul Puschmann and Koen Matthijs, "The Demographic Transition in the Arab World: The Dual Role of Marriage in Family Dynamics and Population Growth," in *Population Change in Europe, the Middle-East and North Africa: Beyond the Demographic Divide,* ed. Koenraad Matthijs, Karel Neels, Christiane Timmerman, and Jacques Haers (London: Routledge, 2016), 119.

61. Michael A. Messner, "'Changing Men' and Feminist Politics in the United States," *Theory and Society* 22, no. 5 (1993): 723–37.

62. Laurie A. Rudman and Kimberly Fairchild, "The F Word: Is Feminism Incompatible with Beauty and Romance?" *Psychology of Women Quarterly* 31, no. 2 (2007): 125–36; Laurie A. Rudman and Julie E. Phelan, "The Interpersonal Power of Feminism: Is Feminism Good for Romantic Relationships?" *Sex Roles* 57, no. 11–12 (2007): 787–99.

63. Elizabeth Gregory, *Ready: Why Women Are Embracing the New Later Motherhood* (New York: Perseus Books Group, 2012).

64. Joelle Abramowitz, "Turning Back the Ticking Clock: The Effect of Increased Affordability of Assisted Reproductive Technology on Women's Marriage Timing," *Journal of Population Economics* 27, no. 2 (2014): 603–33.

65. Ya'arit Bokek-Cohen and Limor Dina Gonen, "Sperm and Simulacra: Emotional Capitalism and Sperm Donation Industry," *New Genetics and Society* 34, no. 3 (2015): 243–73.

66. Robert E. Emery, *Marriage, Divorce, and Children's Adjustment* (New York: Sage, 1999).

67. Richard E. Lucas, Andrew E. Clark, Yannis Georgellis, and Ed Diener, "Reexamining Adaptation and the Set Point Model of Happiness: Reactions to

Changes in Marital Status," *Journal of Personality and Social Psychology* 84, no. 3 (2003): 527.

68. Jody Van Laningham, David R. Johnson, and Paul Amato, "Marital Happiness, Marital Duration, and the U-Shaped Curve: Evidence from a Five-Wave Panel Study," *Social Forces* 79, no. 4 (2001): 1313–41.

69. Vaughn Call, Susan Sprecher, and Pepper Schwartz, "The Incidence and Frequency of Marital Sex in a National Sample," *Journal of Marriage and the Family* 57, no. 3 (1995): 639–52; Helen E. Fisher, *Anatomy of Love: The Natural History of Monogamy, Adultery and Divorce* (New York: Norton, 1992).

70. Andrew E. Clark, Ed Diener, Yannis Georgellis, and Richard E Lucas, "Lags and Leads in Life Satisfaction: A Test of the Baseline Hypothesis," *Economic Journal* 118, no. 529 (2008); Anke C. Zimmermann and Richard A. Easterlin, "Happily Ever After? Cohabitation, Marriage, Divorce, and Happiness in Germany," *Population and Development Review* 32, no. 3 (2006): 511–28.

71. Alois Stutzer and Bruno S. Frey, "Does Marriage Make People Happy, or Do Happy People Get Married?" *Journal of Socio-Economics* 35, no. 2 (2006): 326–47.

72. Richard E. Lucas, "Time Does Not Heal All Wounds: A Longitudinal Study of Reaction and Adaptation to Divorce," *Psychological Science* 16, no. 12 (2005): 945–50.

73. Richard E. Lucas, "Adaptation and the Set-Point Model of Subjective Well-Being: Does Happiness Change after Major Life Events?" *Current Directions in Psychological Science* 16, no. 2 (2007): 75–79; Pasqualina Perrig-Chiello, Sara Hutchison, and Bina Knöpfli, "Vulnerability Following a Critical Life Event: Temporary Crisis or Chronic Distress? A Psychological Controversy, Methodological Considerations, and Empirical Evidence," in *Surveying Human Vulnerabilities across the Life Course* (New York: Springer, 2016), 87–111.

74. Andrew E. Clark and Yannis Georgellis, "Back to Baseline in Britain: Adaptation in the British Household Panel Survey," *Economica* 80, no. 319 (2013): 496–512; Paul Frijters, David W. Johnston, and Michael A. Shields, "Life Satisfaction Dynamics with Quarterly Life Event Data," *Scandinavian Journal of Economics* 113, no. 1 (2011): 190–211; Kelly Musick and Larry Bumpass, "Reexamining the Case for Marriage: Union Formation and Changes in Well-Being," *Journal of Marriage and Family* 74, no. 1 (2012): 1–18; Judith P.M. Soons, Aart C. Liefbroer, and Matthijs Kalmijn, "The Long-Term Consequences of Relationship Formation for Subjective Well-Being," *Journal of Marriage and Family* 71, no. 5 (2009): 1254–70.

75. Casey E. Copen, Kimberly Daniels, Jonathan Vespa, and William D. Mosher, *First Marriages in the United States: Data from the 2006–2010 National Survey of Family Growth* (Hyattsville, MD: Department of Health and Human Services, Centers for Disease Control and Prevention, National Center for Health Statistics, 2012); Eurostat, *Marriage and Divorce Statistics* (Luxembourg: European Commission, 2017); Pamela Engel, "Map: Divorce Rates around the World," *Business Insider*, May 25, 2014.

76. Robert E. Emery, Mary Waldron, Katherine M. Kitzmann, and Jeffrey Aaron, "Delinquent Behavior, Future Divorce or Nonmarital Childbearing, and Externalizing Behavior among Offspring: A 14-Year Prospective Study," *Journal of Family Psychology* 13, no. 4 (1999): 568.

77. Paul R. Amato and Bruce Keith, "Parental Divorce and Adult Well-Being: A Meta-analysis," *Journal of Marriage and the Family* (1991): 43–58; Paul R. Amato, "Explaining the Intergenerational Transmission of Divorce," *Journal of Marriage and the Family* 58, no. 3 (1996): 628–40; Larry L. Bumpass, Teresa Castro Martin, and James A. Sweet, "The Impact of Family Background and Early Marital Factors on Marital Disruption," *Journal of Family Issues* 12, no. 1 (1991): 22–42.

78. Nicholas Wolfinger, "Want to Avoid Divorce? Wait to Get Married, but Not Too Long," *Family Studies*, July 16, 2015.

79. Fakir Al Gharaibeh and Nicole Footen Bromfield, "An Analysis of Divorce Cases in the United Arab Emirates: A Rising Trend," *Journal of Divorce & Remarriage* 53, no. 6 (2012): 436–52; Andrew Cherlin, *Marriage, Divorce, Remarriage* (Cambridge, MA: Harvard University Press, 2009).

80. Albert Esteve and Ron J. Lesthaeghe, *Cohabitation and Marriage in the Americas: Geo-Historical Legacies and New Trends* (New York: Springer, 2016).

81. Nicole Hiekel and Renske Keizer, "Risk-Avoidance or Utmost Commitment? Dutch Focus Group Research on Cohabitation and Marriage," *Demographic Research* 32, no. 10 (2015): 311.

82. Amanda J. Miller, Sharon Sassler, and Dela Kusi-Appouh, "The Specter of Divorce: Views from Working-and Middle-Class Cohabitors," *Family Relations* 60, no. 5 (2011): 602–16.

83. Arielle Kuperberg, "Reassessing Differences in Work and Income in Cohabitation and Marriage," *Journal of Marriage and Family* 74, no. 4 (2012): 688–707; Elina Mäenpää and Marika Jalovaara, "The Effects of Homogamy in Socio-economic Background and Education on the Transition from Cohabitation to Marriage," *Acta Sociologica* 56, no. 3 (2013): 247–63; Jarl E. Mooyaart and Aart C. Liefbroer, "The Influence of Parental Education on Timing and Type

of Union Formation: Changes over the Life Course and over Time in the Netherlands," *Demography* 53, no. 4 (2016): 885–919.

84. Masahiro Yamada, "Parasaito shinguru no jidai [The Age of Parasite Singles]," *Tokyo: Chikuma Shobo* (1999); Masahiro Yamada, "Parasite Singles Feed on Family System," *Japan Quarterly* 48, no. 1 (2001): 10.

85. Youna Kim, *Women and the Media in Asia: The Precarious Self* (London: Palgrave Macmillan, 2012), 6–32.

86. Masahiro Yamada, "Parasite Singles Feed on Family System," *Japan Quarterly* 48, no. 1 (2001): 10.

87. Juliet Stone, Ann Berrington, and Jane Falkingham, "The Changing Determinants of UK Young Adults' Living Arrangements," *Demographic Research* 25, no. 20 (2011): 629–66.

88. Kathryn Edin and Joanna M. Reed, "Why Don't They Just Get Married? Barriers to Marriage among the Disadvantaged," *Future of Children* 15, no. 2 (2005): 117–37.

89. Hyunjoon Park, Jae Kyung Lee, and Inkyung Jo, "Changing Relationships between Education and Marriage among Korean Women," 한국사회학 47, no. 3 (2013): 51–76.

90. Richard Fry, "A Rising Share of Young Adults Live in Their Parents' Home," in *Social Demographic Trends Project* (Washington, DC: Pew Research Center, 2013).

91. Eric Klinenberg, *Going Solo: The Extraordinary Rise and Surprising Appeal of Living Alone* (New York: Penguin, 2012).

92. S. Niranjan, Saritha Nair, and T. K. Roy, "A Socio-demographic Analysis of the Size and Structure of the Family in India," *Journal of Comparative Family Studies,* 36, no. 4 (2005): 623–51; Tulsi Patel, *The Family in India: Structure and Practice* (New York: Sage, 2005).

93. David Levine, *Family Formation in an Age of Nascent Capitalism [England],* Studies in Social Discontinuity (New York: Academic Press, 1977).

94. Henrike Donner and Goncalo Santos, "Love, Marriage, and Intimate Citizenship in Contemporary China and India: An Introduction," *Modern Asian Studies* 50, no. 4 (2016): 1123–46.

95. Wim Lunsing, Tamako Sarada, Masahiro Yamada, Shumon Miura, Tamako Sarada, and Kiyo Yamamoto, "'Parasite' and 'Non-parasite' Singles: Japanese Journalists and Scholars Taking Positions," *Social Science Japan Journal* 6, no. 2 (2003): 261–65.

96. Anne Stefanie Aronsson, *Career Women in Contemporary Japan: Pursuing Identities, Fashioning Lives* (New York: Routledge, 2014); John McCreery,

Japanese Consumer Behaviour: From Worker Bees to Wary Shoppers (New York: Routledge, 2014).

97. Japan Family Planning Association, *Biannual Survey* (Tokyo: National Institute of Population and Social Security Research, 2014).

98. Andrew D. Gordon, "Consumption, Consumerism, and Japanese Modernity," in *The Oxford Handbook of the History of Consumption*, ed. Frank Trentmann, 485–504 (Oxford: Oxford University Press, 2012).

99. Richard Grassby, *Kinship and Capitalism: Marriage, Family, and Business in the English-Speaking World, 1580–1740* (Cambridge: Cambridge University Press, 2000).

100. Maggie Gallagher and Linda Waite, *The Case for Marriage* (New York: Random House, 2000).

101. Sharon Boden, *Consumerism, Romance and the Wedding Experience* (London: Palgrave Macmillan, 2003); Colin Campbell, *The Romantic Ethic and the Spirit of Modern Consumerism* (Hoboken, NJ: Blackwell, 2005).

102. Ellen A. Kramarow, "The Elderly Who Live Alone in the United States: Historical Perspectives on Household Change," *Demography* 32, no. 3 (1995): 335–52.

103. Christina M. Gibson-Davis, Kathryn Edin, and Sara McLanahan, "High Hopes but Even Higher Expectations: The Retreat from Marriage among Low-Income Couples," *Journal of Marriage and Family* 67, no. 5 (2005): 1301–12.

104. Irina Khoutyz, "Academic Mobility Programs as Part of Individual and Professional Development in a Globalized World: Uncovering Cultural Dimensions," in *Handbook of Research on Individualism and Identity in the Globalized Digital Age*, ed. F. Sigmund Topor, 168 (Hershey, PA: IGI Global, 2016).

105. Jianguo Liu, Thomas Dietz, Stephen R. Carpenter, Carl Folke, Marina Alberti, Charles L. Redman, Stephen H. Schneider, Elinor Ostrom, Alice N. Pell, and Jane Lubchenco, "Coupled Human and Natural Systems," *AMBIO: A Journal of the Human Environment* 36, no. 8 (2007): 639–49.

106. Bella M. DePaulo, *Singled Out: How Singles Are Stereotyped, Stigmatized, and Ignored, and Still Live Happily Ever After* (New York: St. Martin's Griffin, 2007).

107. Helen Katz, *The Media Handbook: A Complete Guide to Advertising Media Selection, Planning, Research, and Buying* (New York: Routledge, 2014).

108. Annette Pritchard and Nigel J. Morgan, "Sex Still Sells to Generation X: Promotional Practice and the Youth Package Holiday Market," *Journal of Vacation Marketing* 3, no. 1 (1996): 68–80; Philip Roscoe and Shiona Chillas, "The State of Affairs: Critical Performativity and the Online Dating Industry," *Organization* 21, no. 6 (2014): 797–820.

109. Dana L. Alden, Jan-Benedict E.M. Steenkamp, and Rajeev Batra, "Brand Positioning through Advertising in Asia, North America, and Europe: The Role of Global Consumer Culture," *Journal of Marketing* 63, no. 1 (1999): 75–87; Stuart Ewen, *Captains of Consciousness: Advertising and the Social Roots of the Consumer Culture* (New York: Basic Books, 2008).

110. Breana Wilson and Esther Lamidi, *Living Alone in the U.S., 2011*, FP-13-18, (Bowling Green, OH: National Center for Family & Marriage Research, 2013), http://ncfmr.bgsu.edu/pdf/family_profiles/file138254.pdf.

111. Hans-Peter Blossfeld and Johannes Huinink, "Human Capital Investments or Norms of Role Transition? How Women's Schooling and Career Affect the Process of Family Formation," *American Journal of Sociology* 97, no. 1 (1991): 143–68; Hans-Peter Blossfeld and Alessandra De Rose, "Educational Expansion and Changes in Entry into Marriage and Motherhood: The Experience of Italian Women," *Genus* 48, no. 3–4 (1992): 73–91.

112. Wolfgang Lutz and Vegard Skirbekk, "Policies Addressing the Tempo Effect in Low-Fertility Countries," *Population and Development Review* 31, no. 4 (2005): 699–720.

113. Robert T. Michael, Victor R. Fuchs, and Sharon R. Scott, "Changes in the Propensity to Live Alone: 1950–1976," *Demography* 17, no. 1 (1980): 39–56; Samuel Andrew Stouffer, *Communism, Conformity, and Civil Liberties: A Cross-section of the Nation Speaks Its Mind* (Piscataway, NJ: Transaction, 1955).

114. Lawrence Bobo and Frederick C Licari, "Education and Political Tolerance: Testing the Effects of Cognitive Sophistication and Target Group Affect," *Public Opinion Quarterly* 53, no. 3 (1989): 285–308.

115. Frederick D. Weil, "The Variable Effects of Education on Liberal Attitudes: A Comparative-Historical Analysis of Anti-Semitism Using Public Opinion Survey Data," *American Sociological Review* 50, no. 4 (1985): 458–74.

116. Premchand Dommaraju, "One-Person Households in India," *Demographic Research* 32, no. 45 (2015); Hyunjoon Park and Jaesung Choi, "Long-Term Trends in Living Alone among Korean Adults: Age, Gender, and Educational Differences," *Demographic Research* 32, no. 43 (2015): 1177–208; Christophe Guilmoto and Myriam de Loenzien, "Emerging, Transitory or Residual? One-Person Households in Viet Nam," *Demographic Research* 32, no. 42 (2015): 1147–76; Chai Podhisita and Peter Xenos, "Living Alone in South and Southeast Asia: An Analysis of Census Data," *Demographic Research* 32, no. 41 (2015): 1113–46; Wei-Jun Jean Yeung and Adam Ka-Lok Cheung, "Living Alone: One-Person Households in Asia," *Demographic Research* 32, no. 40 (2015): 1099–112.

117. Lisa R. Silberstein, *Dual-Career Marriage: A System in Transition* (New York: Psychology Press, 1992).

118. Richard E. Kopelman, Jeffrey H. Greenhaus, and Thomas F. Connolly, "A Model of Work, Family, and Interrole Conflict: A Construct Validation Study," *Organizational Behavior and Human Performance* 32, no. 2 (1983): 198–215; Lisa R. Silberstein, *Dual-Career Marriage: A System in Transition* (New York: Psychology Press, 1992).

119. Sarah Badger, Larry J. Nelson, and Carolyn McNamara Barry, "Perceptions of the Transition to Adulthood among Chinese and American Emerging Adults," *International Journal of Behavioral Development* 30, no. 1 (2006): 84–93; Rachel Gali Cinamon, "Anticipated Work-Family Conflict: Effects of Gender, Self-Efficacy, and Family Background," *Career Development Quarterly* 54, no. 3 (2006): 202–15.

120. David Card, "The Causal Effect of Education on Earnings," *Handbook of Labor Economics* 3 (1999): 1801–63; Biwei Su and Almas Heshmati, "Analysis of the Determinants of Income and Income Gap between Urban and Rural China," *China Economic Policy Review* 2, no. 1 (2013): 1–29.

121. Ellen A. Kramarow, "The Elderly Who Live Alone in the United States: Historical Perspectives on Household Change," *Demography* 32, no. 3 (1995): 335–52.

122. Hyunjoon Park and Jaesung Choi, "Long-Term Trends in Living Alone among Korean Adults: Age, Gender, and Educational Differences," *Demographic Research* 32, no. 43 (2015): 1177–208.

123. Robert T. Michael, Victor R. Fuchs, and Sharon R. Scott, "Changes in the Propensity to Live Alone: 1950–1976," *Demography* 17, no. 1 (1980): 39–56; Kathleen McGarry and Robert F. Schoeni, "Social Security, Economic Growth, and the Rise in Elderly Widows' Independence in the Twentieth Century," *Demography* 37, no. 2 (2000): 221–36.

124. Yoav Lavee and Ruth Katz, "The Family in Israel: Between Tradition and Modernity," *Marriage & Family Review* 35, no. 1–2 (2003): 193–217.

125. Eli Berman, "Sect, Subsidy, and Sacrifice: An Economist's View of Ultra-Orthodox Jews," *Quarterly Journal of Economics* 115, no. 3 (2000): 905–53; Tally Katz-Gerro, Sharon Raz, and Meir Yaish, "How Do Class, Status, Ethnicity, and Religiosity Shape Cultural Omnivorousness in Israel?" *Journal of Cultural Economics* 33, no. 1 (2009): 1–17.

126. Ron J. Lesthaeghe and Lisa Neidert, "The Second Demographic Transition in the United States: Exception or Textbook Example?" *Population and Development Review* 32, no. 4 (2006): 669–98; Wendy Wang and Kim C.

Parker, *Record Share of Americans Have Never Married: As Values, Economics and Gender Patterns Change* (Washington, DC: Pew Research Center, 2014).

127. Albert Esteve, Ron Lesthaeghe, Julieta Quilodrán, Antonio López-Gay, and Julián López-Colás, "The Expansion of Cohabitation in Mexico, 1930–2010: The Revenge of History?" in *Cohabitation and Marriage in the Americas: Geo-Historical Legacies and New Trends,* ed. Albert Esteve and Ron Lesthaeghe (New York: Springer, 2016).

128. Organization for Economic Cooperation and Development, *Fertility Rates (Indicator)* (Paris: OECD, 2017); Daniele Vignoli and Silvana Salvini, "Religion and Union Formation in Italy: Catholic Precepts, Social Pressure, and Tradition," *Demographic Research* 31, no. 35 (2014): 1079–106.

129. Albert Esteve, Ron Lesthaeghe, Julieta Quilodrán, Antonio López-Gay, and Julián López-Colás, "The Expansion of Cohabitation in Mexico, 1930–2010: The Revenge of History?" in *Cohabitation and Marriage in the Americas: Geo-Historical Legacies and New Trends,* ed. Albert Esteve and Ron Lesthaeghe (New York: Springer, 2016).

130. Alicia Adsera, "Marital Fertility and Religion in Spain, 1985 and 1999," *Population Studies* 60, no. 2 (2006): 205–21.

131. Benoît Laplante, "The Rise of Cohabitation in Quebec: Power of Religion and Power over Religion," *Canadian Journal of Sociology* 31, no. 1 (2006): 1–24.

132. Albert Esteve, Ron Lesthaeghe, and Antonio López-Gay, "The Latin American Cohabitation Boom, 1970–2007," *Population and Development Review* 38, no. 1 (2012): 55–81.

133. Justin Farrell, "The Young and the Restless? The Liberalization of Young Evangelicals," *Journal for the Scientific Study of Religion* 50, no. 3 (2011): 517–32.

134. Ziba Mir-Hosseini, "Muslim Women's Quest for Equality: Between Islamic Law and Feminism," *Critical Inquiry* 32, no. 4 (2006): 629–45.

135. Laura Levitt, *Jews and Feminism: The Ambivalent Search for Home* (London: Routledge, 2013).

136. Amita Sharma, "Feminism in India—a Fractured Movement," *History* 4, no. 2 (2015).

137. Tanya Zion-Waldoks, "Politics of Devoted Resistance Agency, Feminism, and Religion among Orthodox Agunah Activists in Israel," *Gender & Society* 29, no. 1 (2015): 73–97.

138. Brian H. Smith, *The Church and Politics in Chile: Challenges to Modern Catholicism* (Princeton, NJ: Princeton University Press, 2014).

139. Renato M. Liboro and Richard T. G. Walsh, "Understanding the Irony: Canadian Gay Men Living with HIV/AIDS, Their Catholic Devotion, and Greater Well-Being," *Journal of Religion and Health* 55, no. 2 (2016): 650–70.

140. Leonard Gargan, "Stereotypes of Singles: A Cross-cultural Comparison," *International Journal of Comparative Sociology* 27 (1986): 200.

141. Anthea Taylor, *Single Women in Popular Culture* (London: Palgrave Macmillan, 2012), 6–32.

142. Jane Arthurs, "Sex and the City and Consumer Culture: Remediating Postfeminist Drama," *Feminist Media Studies* 3, no. 1 (2003): 83–98.

143. Evan Cooper, "Decoding *Will and Grace:* Mass Audience Reception of a Popular Network Situation Comedy," *Sociological Perspectives* 46, no. 4 (2003): 513–33.

144. Shane Gunster, ""All about Nothing': Difference, Affect, and *Seinfeld*," *Television & New Media* 6, no. 2 (2005): 200–223.

145. Janine Hertel, Astrid Schütz, Bella M. DePaulo, Wendy L Morris, and Tanja S. Stucke, "She's Single, So What? How Are Singles Perceived Compared with People Who Are Married?" *Zeitschrift für Familienforschung / Journal of Family Research* 19, no. 2 (2007); E. Kay Trimberger, *The New Single Woman* (Boston: Beacon Press, 2006).

146. Shane Gunster, "All about Nothing": Difference, Affect, and *Seinfeld*," *Television & New Media* 6, no. 2 (2005): 200–223; Vesela Todorova, "Arab Women Find a Voice in Turkish Soap Operas," *The National*, November 2013; Anqi Xu and Yan Xia, "The Changes in Mainland Chinese Families during the Social Transition: A Critical Analysis," *Journal of Comparative Family Studies* (2014): 31–53.

147. Jonathan Matusitz and Pam Payano, "Globalisation of Popular Culture: From Hollywood to Bollywood," *South Asia Research* 32, no. 2 (2012): 123–38.

148. Robert Jensen and Emily Oster, "The Power of TV: Cable Television and Women's Status in India," *Quarterly Journal of Economics* 124, no. 3 (2009): 1057–94.

149. Alberto Chong and Eliana La Ferrara, "Television and Divorce: Evidence from Brazilian Novelas," *Journal of the European Economic Association* 7, no. 2–3 (2009): 458–68.

150. Harry Charalambos Triandis, *Individualism & Collectivism* (Boulder, CO: Westview Press, 1995).

151. Arjun Appadurai, *Modernity at Large: Cultural Dimensions of Globalization* (Minneapolis, MN: University of Minnesota Press, 1996).

152. Russell B. Clayton, Alexander Nagurney, and Jessica R Smith, "Cheating, Breakup, and Divorce: Is Facebook Use to Blame?" *Cyberpsychology, Behavior, and Social Networking* 16, no. 10 (2013): 717–20.

153. Russell B. Clayton, "The Third Wheel: The Impact of Twitter Use on Relationship Infidelity and Divorce," *Cyberpsychology, Behavior, and Social Networking* 17, no. 7 (2014): 425–30.

154. Juliet Stone, Ann Berrington, and Jane Falkingham, "The Changing Determinants of UK Young Adults' Living Arrangements," *Demographic Research* 25, no. 20 (2011): 629–66.

155. Rita Afsar, *Internal Migration and the Development Nexus: The Case of Bangladesh* (Dhaka: Bangladesh Institute of Development Studies, 2003); Alice Goldstein, Guo Zhigang, and Sidney Goldstein, "The Relation of Migration to Changing Household Headship Patterns in China, 1982–1987," *Population Studies* 51, no. 1 (1997): 75–84; Mary M. Kritz and Douglas T. Gurak, "The Impact of Immigration on the Internal Migration of Natives and Immigrants," *Demography* 38, no. 1 (2001): 133–45; Chai Podhisita and Peter Xenos, "Living Alone in South and Southeast Asia: An Analysis of Census Data," *Demographic Research* 32, no. 41 (2015): 1113–46.

156. Abbasi-Shavazi, Mohammad Jalal, and Abbas Askari-Nodoushan, "Family Life and Developmental Idealism in Yazd, Iran," *Demographic Research* 26, no. 10 (2012): 207–38.

157. Madhav Sadashiv Gore, *Urbanization and Family Change* (Bombay: Popular Prakashan, 1990).

158. Kenneth T. Jackson, *Crabgrass Frontier: The Suburbanization of the United States* (Oxford: Oxford University Press, 1985); Philip E. Ogden and Ray Hall, "Households, Reurbanisation and the Rise of Living Alone in the Principal French Cities, 1975–90," *Urban Studies* 37, no. 2 (2000): 367–90.

159. Hyunjoon Park and Jaesung Choi, "Long-Term Trends in Living Alone among Korean Adults: Age, Gender, and Educational Differences," *Demographic Research* 32, no. 43 (2015): 1177–208; Georg Simmel, *The Metropolis and Mental Life* (New York: Free Press, 1903); Wei-Jun Jean Yeung and Adam Ka-Lok Cheung, "Living Alone: One-Person Households in Asia," *Demographic Research* 32, no. 40 (2015): 1099–112.

160. Gill Jagger and Caroline Wright, *Changing Family Values* (Taylor & Francis, 1999); James Georgas, "Changing Family Values in Greece from Collectivist to Individualist," *Journal of Cross-cultural Psychology* 20, no. 1 (1989): 80–91.

161. Peter L. Callero, "Living Alone: Globalization, Identity, and Belonging," *Contemporary Sociology: A Journal of Reviews* 44, no. 5 (2015): 667–69; John

Eade, *Living the Global City: Globalization as Local Process* (London: Routledge, 2003).

162. Agnese Vitali, "Regional Differences in Young Spaniards' Living Arrangement Decisions: A Multilevel Approach," *Advances in Life Course Research* 15, no. 2 (2010): 97–108.

163. Robert T. Michael, Victor R. Fuchs, and Sharon R. Scott, "Changes in the Propensity to Live Alone: 1950–1976," *Demography* 17, no. 1 (1980): 39–56.

164. Zhongwei Zhao and Wei Chen, "Changes in Household Formation and Composition in China since the Mid-twentieth Century," *Journal of Population Research* 25, no. 3 (2008): 267–86.

165. Kathleen Sheldon, *Courtyards, Markets, and City Streets: Urban Women in Africa* (Boulder, CO: Westview Press, 2016).

166. Melissa Blanchard, "Sending Money or Purchasing Provisions? Senegalese Migrants' Attempts to Negotiate a Space for Autonomy in Long-Distance Family Relations," *Journal des africanistes* 84 (2014): 40–59.

167. Emily J. Shaw and Sandra Barbuti, "Patterns of Persistence in Intended College Major with a Focus on Stem Majors," *NACADA Journal* 30, no. 2 (2010): 19–34.

168. Hasan Mahmud, "Migrants Sending Money and the Family" (presented to *XVIII ISA World Congress of Sociology* Yokohama, Japan, July 14, 2014).

169. Albert Saiz, "Immigration and Housing Rents in American Cities," *Journal of Urban Economics* 61, no. 2 (2007): 345–71; Matthew R. Sanderson, Ben Derudder, Michael Timberlake, and Frank Witlox, "Are World Cities Also World Immigrant Cities? An International, Cross-city Analysis of Global Centrality and Immigration," *International Journal of Comparative Sociology* 6, no. 3–4 (2015): 173–97.

170. Stephen Castles, Hein de Haas, and Mark J. Miller, *The Age of Migration: International Population Movements in the Modern World* (New York: Guilford, 2013).

171. Robyn Iredale and Kalika N. Doloswala, "International Labour Migration from India, the Philippines and Sri Lanka: Trends and Policies," *Sri Lanka Journal of Social Sciences* 27, no. 1 (2016); Eleonore Kofman and Parvati Raghuram, "Gendered Migrations and Global Processes," in *Gendered Migrations and Global Social Reproduction* (New York: Springer, 2015), 18–39.

172. Soon Kyu Choi and Ilan H. Meyer, *LGBT Aging: A Review of Research Findings, Needs, and Policy Implications* (Los Angeles: Williams Institute, 2016); Eurostat, *Eurostat Regional Yearbook* (Brussels: European Commission, 2017).

173. Amparo González-Ferrer, "Who Do Immigrants Marry? Partner Choice among Single Immigrants in Germany," *European Sociological Review* 22, no. 2

(2006): 171–85; Katarzyna Grabska, "Lost Boys, Invisible Girls: Stories of Sudanese Marriages across Borders," *Gender, Place & Culture* 17, no. 4 (2010): 479–97.

174. Stephen P. Casazza, Emily Ludwig, and Tracy J Cohn, "Heterosexual Attitudes and Behavioral Intentions toward Bisexual Individuals: Does Geographic Area Make a Difference?" *Journal of Bisexuality* 15, no. 4 (2015): 532–53.

175. Lyndon Johnson, "The War on Poverty," *Annals of America* 18 (1964): 212–16.

176. Carl M. Brauer, "Kennedy, Johnson, and the War on Poverty," *Journal of American History* 69, no. 1 (1982): 98–119; David Zarefsky, *President Johnson's War on Poverty: Rhetoric and History* (Tuscaloosa: University of Alabama Press, 2005).

177. Robert E. Hall, *Quantifying the Lasting Harm to the US Economy from the Financial Crisis* (Cambridge, MA: National Bureau of Economic Research, 2014); David Zarefsky, *President Johnson's War on Poverty: Rhetoric and History* (Tuscaloosa: University of Alabama Press, 2005).

178. Maggie Gallagher and Linda Waite, *The Case for Marriage* (New York: Random House, 2000); Walter R. Gove, Michael Hughes, and Carolyn Briggs Style, "Does Marriage Have Positive Effects on the Psychological Well-Being of the Individual?" *Journal of Health and Social Behavior* 24, no. 2 (1983): 122–31; David R. Johnson and Jian Wu, "An Empirical Test of Crisis, Social Selection, and Role Explanations of the Relationship between Marital Disruption and Psychological Distress: A Pooled Time-Series Analysis of Four-Wave Panel Data," *Journal of Marriage and Family* 64, no. 1 (2002): 211–24.

179. Ron Haskins, "The War on Poverty: What Went Wrong?" Op-ed, Brookings, November 19, 2013, www.brookings.edu/opinions/the-war-on-poverty-what-went-wrong/.

第二章

1. Lawrence Millman, "The Old Woman Who Was Kind to Insects," in *A Kayak Full of Ghosts: Eskimo Tales* (Northampton, MA: Interlink Books, 1987).

2. Stephanie S. Spielmann, Geoff MacDonald, Jessica A. Maxwell, Samantha Joel, Diana Peragine, Amy Muise, and Emily A. Impett, "Settling for Less out of Fear of Being Single," *Journal of Personality and Social Psychology* 105, no. 6 (2013): 1049.

3. Stephanie S. Spielmann, Geoff MacDonald, Samantha Joel, and Emily A. Impett, "Longing for Ex-Partners out of Fear of Being Single," *Journal of Personality* 84, no. 6 (2016): 799–808.

4. Peter Walker, "May Appoints Minister to Tackle Loneliness Issues Raised by Jo Cox," *The Guardian,* January 16, 2018, www.theguardian.com/society/2018/jan/16/may-appoints-minister-tackle-loneliness-issues-raised-jo-cox?CMP=share_btn_link.

5. Vern L. Bengtson and Norella M. Putney, "Who Will Care for Tomorrow's Elderly? Consequences of Population Aging East and West," in *Aging in East and West: Families, States, and the Elderly,* ed. Vern L. Bengtson, Kyong-Dong Kim, George Myers, and Ki-Soo Eun (New York: Springer, 2000): 263–85; Adam Ka-Lok Cheung and Wei-Jun Jean Yeung, "Temporal-Spatial Patterns of One-Person Households in China, 1982–2005," *Demographic Research* S15, no. 44 (2015): 1209–38; Antonio Golini and A. Silverstrini, "Family Change, Fathers, and Children in Western Europe: A Demographic and Psychosocial Perspective," in *The Family on the Threshold of the 21st Century: Trends and Implications,* ed. Solly Dreman (New York: Psychology Press, 2013), 201.

6. Sofia, "Just One Single," *Blogspot,* September 16, 2008, http://justonesingle.blogspot.com.

7. Marja Aartsen and Marja Jylhä, "Onset of Loneliness in Older Adults: Results of a 28 Year Prospective Study," *European Journal of Ageing* 8, no. 1 (2011): 31–38; Margaret Gatz and Steven H. Zarit, "A Good Old Age: Paradox or Possibility," *Handbook of Theories of Aging* (1999): 396–416; Paul Halmos, *Solitude and Privacy: A Study of Social Isolation, Its Causes and Therapy* (New York: Routledge, 2013); Felix Post, "Mental Breakdown in Old Age," *British Medical Journal* 1, no. 4704 (1951): 436; G. Clare Wenger, "Morale in Old Age: A Review of the Evidence," *International Journal of Geriatric Psychiatry* 7, no. 10 (1992): 699–708.

8. Margaret Gatz and Steven H. Zarit, "A Good Old Age: Paradox or Possibility," *Handbook of Theories of Aging* (1999): 396–416.

9. Daniel Perlman and L. Anne Peplau, "Toward a Social Psychology of Loneliness," *Personal Relationships* 3 (1981): 31–56.

10. Tineke Fokkema, Jenny De Jong Gierveld, and Pearl A. Dykstra, "Cross-national Differences in Older Adult Loneliness," *Journal of Psychology* 146, no. 1–2 (2012): 201–28.

11. G. Clare Wenger, Richard Davies, Said Shahtahmasebi, and Anne Scott, "Social Isolation and Loneliness in Old Age: Review and Model Refinement," *Ageing & Society* 16, no. 3 (1996): 333–58.

12. Marja Jylhä, "Old Age and Loneliness: Cross-sectional and Longitudinal Analyses in the Tampere Longitudinal Study on Aging," *Canadian Journal on Aging / La revue canadienne du vieillissement* 23, no. 2 (2004): 157–68.

13. Marja Aartsen and Marja Jylhä, "Onset of Loneliness in Older Adults: Results of a 28 Year Prospective Study," *European Journal of Ageing* 8, no. 1 (2011): 31–38; Lena Dahlberg and Kevin J. McKee, "Correlates of Social and Emotional Loneliness in Older People: Evidence from an English Community Study," *Aging & Mental Health* 18, no. 4 (2014): 504–14; Christopher J. Einolf and Deborah Philbrick, "Generous or Greedy Marriage? A Longitudinal Study of Volunteering and Charitable Giving," *Journal of Marriage and Family* 76, no. 3 (2014): 573–86; Naomi Gerstel and Natalia Sarkisian, "Marriage: The Good, the Bad, and the Greedy," *Contexts* 5, no. 4 (2006): 16–21.

14. D.W.K. Kay, Pamela Beamish, and Martin Roth, "Old Age Mental Disorders in Newcastle upon Tyne," *British Journal of Psychiatry* 110, no. 468 (1964): 668–82; M. Powell Lawton and Renee H. Lawrence, "Assessing Health," *Annual Review of Gerontology and Geriatrics* 14, no. 1 (1994): 23–56; Kerry A. Sargent-Cox, Kaarin J. Anstey, and Mary A. Luszcz, "Patterns of Longitudinal Change in Older Adults' Self-Rated Health: The Effect of the Point of Reference," *Health Psychology* 29, no. 2 (2010): 143.

15. Steven Stack, "Marriage, Family and Loneliness: A Cross-national Study," *Sociological Perspectives* 41, no. 2 (1998): 415–32.

16. Helena Znaniecki Lopata, "Loneliness: Forms and Components," *Social Problems* 17, no. 2 (1969): 248–62; Matthijs Kalmijn and Marjolein Broese van Groenou, "Differential Effects of Divorce on Social Integration," *Journal of Social and Personal Relationships* 22, no. 4 (2005): 455–76.

17. Bella DePaulo, *Marriage vs. Single Life: How Science and the Media Got It So Wrong* (Charleston, SC: DoubleDoor Books, 2015).

18. Christina M. Gibson-Davis, Kathryn Edin, and Sara McLanahan, "High Hopes but Even Higher Expectations: The Retreat from Marriage among Low-Income Couples," *Journal of Marriage and Family* 67, no. 5 (2005): 1301–12; Maureen R. Waller and Sara S. McLanahan, "'His' and 'Her' Marriage Expectations: Determinants and Consequences," *Journal of Marriage and Family* 67, no. 1 (2005): 53–67.

19. Alois Stutzer and Bruno S. Frey, "Does Marriage Make People Happy, or Do Happy People Get Married?" *Journal of Socio-economics* 35, no. 2 (2006): 326–47.

20. Paul R. Amato, "Research on Divorce: Continuing Trends and New Developments," *Journal of Marriage and Family* 72, no. 3 (2010): 650–66; Betsey Stevenson and Justin Wolfers, *Marriage and Divorce: Changes and Their Driving Forces* (Cambridge, MA: National Bureau of Economic Research, 2007).

21. Rose McDermott, James H. Fowler, and Nicholas A. Christakis, "Breaking Up Is Hard to Do, Unless Everyone Else Is Doing It Too: Social Network Effects on Divorce in a Longitudinal Sample," *Social Forces* 92, no. 2 (2013): 491–519.

22. Renee Stepler, *Led by Baby Boomers, Divorce Rates Climb for America's 50+ Population* (Washington, DC: Pew Research Center, 2017).

23. Dan, response to "Aging Alone Doesn't Have to Mean Lonely," *Senior Planet*, January 25, 2017, https://seniorplanet.org/aging-alone-doesnt-have-to-mean-lonely/#comment-190333.

24. R.S. Weiss, *Loneliness: The Experience of Emotional and Social Isolation* (Cambridge, MA: MIT Press, 1973).

25. Nancy E. Newall, Judith G. Chipperfield, Rodney A. Clifton, Raymond P. Perry, Audrey U. Swift, and Joelle C. Ruthig, "Causal Beliefs, Social Participation, and Loneliness among Older Adults: A Longitudinal Study," *Journal of Social and Personal Relationships* 26, no. 2–3 (2009): 273–90; Thomas Scharf, Chris Phillipson, and Allison E. Smith, "Social Exclusion of Older People in Deprived Urban Communities of England," *European Journal of Ageing* 2, no. 2 (2005): 76–87.

26. Jonathan Drennan, Margaret Treacy, Michelle Butler, Anne Byrne, Gerard Fealy, Kate Frazer, and Kate Irving, "The Experience of Social and Emotional Loneliness among Older People in Ireland," *Ageing & Society* 28, no. 8 (2008): 1113–32; Pearl A. Dykstra, and Tineke Fokkema, "Social and Emotional Loneliness among Divorced and Married Men and Women: Comparing the Deficit and Cognitive Perspectives," *Basic and Applied Social Psychology* 29, no. 1 (2007): 1–12.

27. Marja Aartsen and Marja Jylhä, "Onset of Loneliness in Older Adults: Results of a 28 Year Prospective Study," *European Journal of Ageing* 8, no. 1 (2011): 31–38; Lena Dahlberg and Kevin J. McKee, "Correlates of Social and Emotional Loneliness in Older People: Evidence from an English Community Study," *Aging & Mental Health* 18, no. 4 (2014): 504–14.

28. Christopher J. Einolf and Deborah Philbrick, "Generous or Greedy Marriage? A Longitudinal Study of Volunteering and Charitable Giving," *Journal of Marriage and Family* 76, no. 3 (2014): 573–86; Naomi Gerstel and Natalia Sarkisian, "Marriage: The Good, the Bad, and the Greedy," *Contexts* 5, no. 4 (2006): 16–21.

29. Naomi Gerstel and Natalia Sarkisian, "Marriage: The Good, the Bad, and the Greedy," *Contexts* 5, no. 4 (2006): 16–21.

30. Ed Diener and Martin E.P. Seligman, "Very Happy People," *Psychological Science* 13, no. 1 (2002): 81–84.

31. Naomi Gerstel, "Divorce and Stigma," *Social Problems* 34, no. 2 (1987): 172–86.

32. Helmuth Cremer and Pierre Pestieau, "Myopia, Redistribution and Pensions," *European Economic Review* 55, no. 2 (2011): 165–75.

33. Bella DePaulo, *Marriage vs. Single Life: How Science and the Media Got It So Wrong* (Charleston, SC: DoubleDoor Books, 2015); Alois Stutzer and Bruno S. Frey, "Does Marriage Make People Happy, or Do Happy People Get Married?" *Journal of Socio-economics* 35, no. 2 (2006): 326–47.

34. Eric Klinenberg, *Heat Wave: A Social Autopsy of Disaster in Chicago* (Chicago: University of Chicago Press, 2003).

35. Eric Klinenberg, *Going Solo: The Extraordinary Rise and Surprising Appeal of Living Alone* (New York: Penguin, 2012).

36. David Haber, "Life Review: Implementation, Theory, Research, and Therapy," *International Journal of Aging and Human Development* 63, no. 2 (2006): 153–71.

37. Tova Band-Winterstein and Carmit Manchik-Rimon, "The Experience of Being an Old Never-Married Single: A Life Course Perspective," *International Journal of Aging and Human Development* 78, no. 4 (2014): 379–401.

38. C. Schact and D. Knox, "Singlehood, Hanging out, Hooking up, and Cohabitation," in *Choices in Relationships: An Introduction to Marriage and Family,* ed. C. Schact and D. Knox (Belmont, CA: Wadsworth, 2010), 132–72.

39. Robert L. Rubinstein, "Never Married Elderly as a Social Type: Reevaluating Some Images," *Gerontologist* 27, no. 1 (1987): 108–13.

40. Anonymous, *Women-Ish, Blogspot,* August 25, 2008, http://women-ish.blogspot.com; Sofia, "Just One Single," *Blogspot,* September 16, 2008, http://justonesingle.blogspot.com.

41. Ronnie, "Isolation, Loneliness and Solitude in Old Age," *Time Goes By,* December 12, 2012, www.timegoesby.net/weblog/2012/12/isolation-loneliness-and-solitude-in-old-age.html.

42. Pirkko Routasalo and Kaisu H. Pitkala, "Loneliness among Older People," *Reviews in Clinical Gerontology* 13, no. 4 (2003): 303–11.

43. Tova Band-Winterstein and Carmit Manchik-Rimon, "The Experience of Being an Old Never-Married Single: A Life Course Perspective," *International Journal of Aging and Human Development* 78, no. 4 (2014): 379–401.

44. John T. Cacioppo and William Patrick, *Loneliness: Human Nature and the Need for Social Connection* (New York: W. W. Norton, 2008).

45. Marty Beckerman, "Is Loneliness Good for You?" *Esquire,* September 29, 2010, www.esquire.com/lifestyle/sex/a8599/single-and-happy/.

46. Diane, "The Brutal Truth of Dating," *Single Shot Seattle,* July 12, 2016, https://singleshotseattle.wordpress.com.

47. Sofia, "Just One Single," *Blogspot,* August 17, 2009, http://justonesingle.blogspot.com.

48. Clive Seale, "Dying Alone," *Sociology of Health & Illness* 17, no. 3 (1995).

49. Kim Parker and D'Vera Cohn, *Growing Old in America: Expectations vs. Reality* (Washington, DC: Pew Research Center, 2009), 376–92.

50. Jenny Gierveld, Pearl A. Dykstra, and Niels Schenk, "Living Arrangements, Intergenerational Support Types and Older Adult Loneliness in Eastern and Western Europe," *Demographic Research* 27, no. 2 (2012): 167.

51. Alberto Palloni, *Living Arrangements of Older Persons* (New York: UN Population Bulletin, 2001).

52. Linda Abbit, "Urban Cohousing the Babayaga Way," *Senior Planet,* March 6, 2016, https://seniorplanet.org/senior-housing-alternatives-urban-cohousing-the-babayaga-way/.

53. Jane Gross, "Older Women Team Up to Face Future Together," *New York Times,* February 27, 2004, www.nytimes.com/2004/02/27/us/older-women-team-up-to-face-future-together.html.

54. Jon Pynoos, "Housing for Older Adults: A Personal Journey in Environmental Gerontology," in *Environments in an Aging Society: Autobiographical Perspectives in Environmental Gerontology,* ed. Habib Chaudhury and Frank Oswald (New York: Springer, 2018), 147–64; Mariano Sánchez, José M. García, Pilar Díaz, and Mónica Duaigües, "Much More Than Accommodation in Exchange for Company: Dimensions of Solidarity in an Intergenerational Homeshare Program in Spain," *Journal of Intergenerational Relationships* 9, no. 4 (2011): 374–88.

55. Beth Pinsker, "Your Money: Creative Caregiving Solutions for the 'Sandwich Generation,'" *Reuters,* May 31, 2017, www.reuters.com/article/us-money-retirement-sandwichgen-idUSKBN18R2TT.

56. Yagana Shah, "'Airbnb for Seniors' Helps Link Travelers with Like-Minded Hosts," *Huffington Post,* June 1, 2016, www.huffingtonpost.com/entry/airbnb-for-seniors-helps-link-travelers-with-like-minded-hosts_us_57487aa1e4bodacf7ad4c130.

57. Stephen M. Golant, "Political and Organizational Barriers to Satisfying Low-Income US Seniors' Need for Affordable Rental Housing with Supportive Services," *Journal of Aging & Social Policy* 15, no. 4 (2003): 21–48.

58. California Department of Aging, "Programs & Services," State of California, 2017, www.aging.ca.gov/Programs/.

59. Shannon, response to Jane Gross, "Single, Childless, and Downright Terrified," *New York Times,* July 29, 2008, https://newoldage.blogs.nytimes.com/2008/07/29/single-childless-and-downright-terrified/#comment-2065.

60. Steven R. Asher and Jeffrey G. Parker, "Significance of Peer Relationship Problems in Childhood," in *Social Competence in Developmental Perspective,* ed. Barry Schneider, Grazia Attili, Jacqueline Nadel, and Roger Weissberg (Dordrecht, Netherlands: Kluwer Academic Publishers, 1989), 5–23; Ana M. Martínez Alemán, "College Women's Female Friendships: A Longitudinal View," *Journal of Higher Education* 81, no. 5 (2010): 553–82.

61. Jenna Mahay and Alisa C. Lewin, "Age and the Desire to Marry," *Journal of Family Issues* 28, no. 5 (2007): 706–23.

62. Stephen Katz, *Cultural Aging: Life Course, Lifestyle, and Senior Worlds* (Peterborough, Ontario: Broadview Press, 2005).

63. Bella M. DePaulo, *Singlism: What It Is, Why It Matters, and How to Stop It* (Charleston, SC: DoubleDoor Books, 2011); Neta Yodovich and Kinneret Lahad, "I Don't Think This Woman Had Anyone in Her Life': Loneliness and Singlehood in Six Feet Under," *European Journal of Women's Studies,* April 8, 2017, doi.org/10.1177/1350506817702411.

64. Todd D. Nelson, *Ageism: Stereotyping and Prejudice against Older Persons* (Cambridge, MA: MIT Press, 2004).

65. Jaber F. Gubrium, "Being Single in Old Age," *International Journal of Aging and Human Development* 6, no. 1 (1975): 29–41.

66. Robert L. Rubinstein, "Never Married Elderly as a Social Type: Reevaluating Some Images," *Gerontologist* 27, no. 1 (1987): 108–13.

67. Tetyana Pudrovska, Scott Schieman, and Deborah Carr, "Strains of Singlehood in Later Life: Do Race and Gender Matter?" *Journals of Gerontology: Series B* 61, no. 6 (2006): S315–S22.

68. Martin E. P. Seligman and Mihaly Csikszentmihalyi, *Positive Psychology: An Introduction* (Washington, DC: American Psychological Association, 2000), 1.

69. Shelly L. Gable and Jonathan Haidt, "What (and Why) Is Positive Psychology?" *Review of General Psychology* 9, no. 2 (2005): 103.

70. John W. Rowe and Robert L Kahn, "Successful Aging," *The Gerontologist* 37, no. 4 (1997): 433–40.

71. Colin A. Depp and Dilip V. Jeste, "Definitions and Predictors of Successful Aging: A Comprehensive Review of Larger Quantitative Studies," *American Journal of Geriatric Psychiatry* 14, no. 1 (2006): 6–20; William J. Strawbridge, Margaret I. Wallhagen, and Richard D. Cohen, "Successful Aging and

Well-Being Self-Rated Compared with Rowe and Kahn," *The Gerontologist* 42, no. 6 (2002): 727–33.

72. Jerrold M. Pollak, "Correlates of Death Anxiety: A Review of Empirical Studies," omega—*Journal of Death and Dying* 10, no. 2 (1980): 97–121.

73. J.M. Tomás, P. Sancho, M. Gutiérrez, and L. Galiana, "Predicting Life Satisfaction in the Oldest-Old: A Moderator Effects Study," *Social Indicators Research* 117, no. 2 (2014): 601–13.

74. David Haber, *Health Promotion and Aging: Practical Applications for Health Professionals* (New York: Springer, 2013).

75. Willard W. Hartup, and Nan Stevens, "Friendships and Adaptation in the Life Course," *Psychological Bulletin* 121, no. 3 (1997): 355.

76. Lorraine M. Bettini and M. Laurie Norton, "The Pragmatics of Intergenerational Friendships," *Communication Reports* 4, no. 2 (1991): 64–72.

77. Rebecca G. Adams, "People Would Talk: Normative Barriers to Cross-sex Friendships for Elderly Women," *The Gerontologist* 25, no. 6 (1985): 605–11.

78. Harry Weger, "Cross-sex Friendships," in *The International Encyclopedia of Interpersonal Communication,* ed. Charles R. Berger (Hoboken, NJ: John Wiley, 2015).

79. Barbara, response to "Aging Alone Doesn't Have to Mean Lonely," *Senior Planet,* February 25, 2017, "https://seniorplanet.org/aging-alone-doesnt-have-to-mean-lonely/#comment-193356.

80. Kendra, "Her Children Would Have Hated Her ... Said Oprah Winfrey," *Happily Never Married,* May 12, 2013, http://happilynevermarried.com/page/2/.

81. David Haber, *Health Promotion and Aging: Practical Applications for Health Professionals* (New York: Springer, 2013).

82. Walker Thornton, "Aging Alone Doesn't Have to Mean Lonely," November 8, 2013, https://seniorplanet.org/aging-alone-doesnt-have-to-mean-lonely.

83. Barbara Barbosa Neves, Fausto Amaro, and Jaime Fonseca, "Coming of (Old) Age in the Digital Age: ICT Usage and Non-usage among Older Adults," *Sociological Research Online* 18, no. 2 (2013): 6.

84. Sabina Lissitsa and Svetlana Chachashvili-Bolotin, "Life Satisfaction in the Internet Age—Changes in the Past Decade," *Computers in Human Behavior* 54 (2016): 197–206.

85. Colleen Leahy Johnson and Donald J. Catalano, "Childless Elderly and Their Family Supports," *The Gerontologist* 21, no. 6 (1981): 610–18.

86. Wendy J. Casper, Dennis J. Marquardt, Katherine J. Roberto, and Carla Buss, "The Hidden Family Lives of Single Adults without Dependent Chil-

dren," in *The Oxford Handbook of Work and Family,* ed. Tammy D. Allen and Lillian T. Eby (Oxford: Oxford University Press, 2016), 182.

87. Susan De Vos, "Kinship Ties and Solitary Living among Unmarried Elderly Women in Chile and Mexico," *Research on Aging* 22, no. 3 (2000): 262–89.

88. Nieli Langer and Marie Ribarich, "Aunts, Uncles—Nieces, Nephews: Kinship Relations over the Lifespan," *Educational Gerontology* 33, no. 1 (2007): 75–83.

89. Anonymous, "Fall Hopelessly in Love with Yourself," October 7, 2016, *Medium,* https://medium.com/@ahechoes.

90. Ronald H. Aday, Gayle C. Kehoe, and Lori A. Farney, "Impact of Senior Center Friendships on Aging Women Who Live Alone," *Journal of Women & Aging* 18, no. 1 (2006): 57–73.

91. Diane Weis Farone, Tanya R. Fitzpatrick, and Thanh V. Tran, "Use of Senior Centers as a Moderator of Stress-Related Distress among Latino Elders," *Journal of Gerontological Social Work* 46, no. 1 (2005): 65–83.

92. Marcia S. Marx, Jiska Cohen-Mansfield, Natalie G. Regier, Maha Dakheel-Ali, Ashok Srihari, and Khin Thein, "The Impact of Different Dog-Related Stimuli on Engagement of Persons with Dementia," *American Journal of Alzheimer's Disease & Other Dementias* 25, no. 1 (2010): 37–45.

93. E. Paul Cherniack and Ariella R. Cherniack, "The Benefit of Pets and Animal-Assisted Therapy to the Health of Older Individuals," *Current Gerontology and Geriatrics Research* (2014), http://dx.doi.org/10.1155/2014/623203.

94. P.L. Bernstein, E. Friedmann, and A. Malaspina, "Animal-Assisted Therapy Enhances Resident Social Interaction and Initiation in Long-Term Care Facilities," *Anthrozoös* 13, no. 4 (2000): 213–24; Katharine M. Fick, "The Influence of an Animal on Social Interactions of Nursing Home Residents in a Group Setting," *American Journal of Occupational Therapy* 47, no. 6 (1993): 529–34.

95. Stephanie S. Spielmann, Geoff MacDonald, Jessica A. Maxwell, Samantha Joel, Diana Peragine, Amy Muise, and Emily A. Impett, "Settling for Less out of Fear of Being Single," *Journal of Personality and Social Psychology* 105, no. 6 (2013): 1049.

第三章

1. Arland Thornton and Deborah Freedman, "Changing Attitudes toward Marriage and Single Life," *Family Planning Perspectives* 14, no. 6 (1981): 297–303;

James Q. Wilson, *The Marriage Problem: How Our Culture Has Weakened Families* (New York: Harper Collins, 2002).

2. Eriko Maeda and Michael L. Hecht, "Identity Search: Interpersonal Relationships and Relational Identities of Always-Single Japanese Women over Time," *Western Journal of Communication* 76, no. 1 (2012): 44–64; Anne-Rigt Poortman and Aart C. Liefbroer, "Singles' Relational Attitudes in a Time of Individualization," *Social Science Research* 39, no. 6 (2010): 938–49; Elizabeth A. Sharp and Lawrence Ganong, "'I'm a Loser, I'm Not Married, Let's Just All Look at Me': Ever-Single Women's Perceptions of Their Social Environment," *Journal of Family Issues* 32, no. 7 (2011): 956–80.

3. Brenda Major and Laurie T. O'Brien, "The Social Psychology of Stigma," *Annual Review of Psychology* 56, no. 1 (2005): 393–421.

4. Paul Jay Fink, *Stigma and Mental Illness* (Washington, DC: American Psychiatric Press, 1992).

5. Jennifer Crocker and Brenda Major, "Social Stigma and Self-Esteem: The Self-Protective Properties of Stigma," *Psychological Review* 96, no. 4 (1989): 608–30.

6. Bruce G. Link, Elmer L. Struening, Sheree Neese-Todd, Sara Asmussen, and Jo C. Phelan, "Stigma as a Barrier to Recovery: The Consequences of Stigma for the Self-Esteem of People with Mental Illnesses," *Psychiatric Services* 52, no. 12 (2001): 1621–26.

7. Brenda Major and Laurie T. O'Brien, "The Social Psychology of Stigma," *Annual Review of Psychology* 56, no. 1 (2005): 393–421.

8. Tara Vishwanath, "Job Search, Stigma Effect, and Escape Rate from Unemployment," *Journal of Labor Economics* 7, no. 4 (1989): 487–502.

9. Bella M. DePaulo and Wendy L. Morris, "The Unrecognized Stereotyping and Discrimination against Singles," *Current Directions in Psychological Science* 15, no. 5 (2006): 251–54.

10. Janine Hertel, Astrid Schütz, Bella M. DePaulo, Wendy L. Morris, and Tanja S. Stucke, "She's Single, So What? How Are Singles Perceived Compared with People Who Are Married?" *Zeitschrift für Familienforschung / Journal of Family Research* 19, no. 2 (2007): 139–58; Peter J. Stein, "Singlehood: An Alternative to Marriage," *Family Coordinator* 24, no. 4 (1975): 489–503.

11. Bella M. DePaulo, *Singlism: What It Is, Why It Matters, and How to Stop It* (Charleston, SC: DoubleDoor Books, 2011).

12. Bella M. DePaulo and Wendy L. Morris, "The Unrecognized Stereotyping and Discrimination against Singles," *Current Directions in Psychological Science* 15, no. 5 (2006): 251–54.

13. Tobias Greitemeyer, "Stereotypes of Singles: Are Singles What We Think?" *European Journal of Social Psychology* 39, no. 3 (2009): 368–83.

14. Jennifer Crocker and Brenda Major, "Social Stigma and Self-Esteem: The Self-Protective Properties of Stigma," *Psychological Review* 96, no. 4 (1989): 608; Paul Jay Fink, *Stigma and Mental Illness* (Washington, DC: American Psychiatric Press, 1992); Brenda Major and Laurie T. O'Brien, "The Social Psychology of Stigma," *Annual Review of Psychology* 56, no. 1 (2005): 393–421.

15. Paul C. Luken, "Social Identity in Later Life: A Situational Approach to Understanding Old Age Stigma," *International Journal of Aging and Human Development* 25, no. 3 (1987): 177–93.

16. A. Kay Clifton, Diane McGrath, and Bonnie Wick, "Stereotypes of Woman: A Single Category?" *Sex Roles* 2, no. 2 (1976): 135–48; Alice H. Eagly and Valerie J. Steffen, "Gender Stereotypes Stem from the Distribution of Women and Men into Social Roles," *Journal of Personality and Social Psychology* 46, no. 4 (1984): 735.

17. Dena Saadat Hassouneh-Phillips, "'Marriage Is Half of Faith and the Rest Is Fear of Allah': Marriage and Spousal Abuse among American Muslims," *Violence against Women* 7, no. 8 (2001): 927–46.

18. Calvin E. Zongker, "Self-Concept Differences between Single and Married School-Age Mothers," *Journal of Youth and Adolescence* 9, no. 2 (1980): 175–84.

19. Matt Volz, "Fired Pregnant Teacher Settles with Montana Catholic School," *Boston Globe,* March 15, 2016, www.bostonglobe.com/news/nation/2016/03/15/fired-pregnant-teacher-settles-with-montana-catholic-school/ShlqaNHnaXXWO2HVUcDxiM/story.html.

20. Daniel Kalish, "Teacher Fired for Being Unmarried and Pregnant," HKM Employment Attorneys, February 21, 2014, https://hkm.com/employment-blog/teacher-fired-unmarried-pregnant/.

21. Ashitha Nagesh, "Unmarried Teacher Sacked Because She Was 'Living in Sin' with Her Boyfriend," *Metro,* December 4, 2017, http://metro.co.uk/2017/12/04/teacher-lost-her-job-after-parents-complained-about-her-living-in-sin-7130641/.

22. Bruce Thain, "Jewish Teacher Sacked from Orthodox Nursery for 'Living in Sin' with Boyfriend Wins Case for Religious and Sexual Discrimination," *Independent,* December 4, 2017, www.independent.co.uk/news/uk/home-news/jewish-teacher-zelda-de-groen-orthodox-gan-menachem-nursery-hendon-north-london-wedlock-employment-a8090471.html.

23. Amanda Terkel, "Sen. Jim DeMint: Gays and Unmarried, Pregnant Women Should Not Teach Public School," *Huffington Post,* October 2, 2010, www.huffingtonpost.com/2010/10/02/demint-gays-unmarried-pregnant-women-teachers_n_748131.html.

24. Sarah Labovitch-Dar, "They Did Not Get Accepted," *Ha'Aretz,* June 28, 2001, www.haaretz.co.il/misc/1.713241.

25. Anonymous, response to Bella DePaulo, "Is It Bad to Notice Discrimination?" *Psychology Today,* on June 3, 2008, www.psychologytoday.com/blog/living-single/200805/is-it-bad-notice-discrimination.

26. Kate Antonovics and Robert Town, "Are All the Good Men Married? Uncovering the Sources of the Marital Wage Premium," *American Economic Review* 94, no. 2 (2004): 317–21.

27. Bella M. DePaulo, *Singled Out: How Singles Are Stereotyped, Stigmatized, and Ignored, and Still Live Happily Ever After* (New York: St. Martin's Griffin, 2007).

28. Ibid.; Kinneret Lahad, *A Table for One: A Critical Reading of Singlehood, Gender and Time* (Manchester, UK: University of Manchester, 2017); Wendy L. Morris, Stacey Sinclair, and Bella M. DePaulo, "No Shelter for Singles: The Perceived Legitimacy of Marital Status Discrimination," *Group Processes & Intergroup Relations* 10, no. 4 (2007): 457–70.

29. Bella M. DePaulo, *Singled Out: How Singles Are Stereotyped, Stigmatized, and Ignored, and Still Live Happily Ever After* (New York: St. Martin's Griffin, 2007); Jianguo Liu, Thomas Dietz, Stephen R. Carpenter, Carl Folke, Marina Alberti, Charles L. Redman, Stephen H. Schneider, Elinor Ostrom, Alice N. Pell, and Jane Lubchenco, "Coupled Human and Natural Systems," *AMBIO: A Journal of the Human Environment* 36, no. 8 (2007): 639–49.

30. Bella M. DePaulo and Wendy L. Morris, "Target Article: Singles in Society and in Science," *Psychological Inquiry* 16, no. 2–3 (2005): 57–83; Wendy L. Morris and Brittany K. Osburn, "Do You Take This Marriage? Perceived Choice over Marital Status Affects the Stereotypes of Single and Married People," in *Singlehood from Individual and Social Perspectives,* ed. Katarzyna Adamczyk (Krakow, Poland: Libron, 2016), 145–62.

31. Karen Gritter, *Community of Single People Group* (blog), Facebook, November 1, 2017, www.facebook.com/groups/CommunityofSinglePeople/permalink/1924789547839689/.

32. Lisa Arnold and Christina Campbell, "The High Price of Being Single in America," *The Atlantic,* January 14, 2013.

33. Bella M. DePaulo, *Singled Out: How Singles Are Stereotyped, Stigmatized, and Ignored, and Still Live Happily Ever After* (New York: St. Martin's Griffin, 2007).

34. Vickie M. Mays and Susan D. Cochran, "Mental Health Correlates of Perceived Discrimination among Lesbian, Gay, and Bisexual Adults in the United States," *American Journal of Public Health* 91, no. 11 (2001): 1869–76.

35. Ann R. Fischer and Christina M. Shaw, "African Americans' Mental Health and Perceptions of Racist Discrimination: The Moderating Effects of Racial Socialization Experiences and Self-Esteem," *Journal of Counseling Psychology* 46, no. 3 (1999): 395.

36. Samuel Noh, Morton Beiser, Violet Kaspar, Feng Hou, and Joanna Rummens, "Perceived Racial Discrimination, Depression, and Coping: A Study of Southeast Asian Refugees in Canada," *Journal of Health and Social Behavior* 40, no. 3 (1999): 193–207.

37. Elizabeth A. Pascoe and Laura Smart Richman, "Perceived Discrimination and Health: A Meta-analytic Review," *Psychological Bulletin* 135, no. 4 (2009): 531.

38. Haslyn E. R. Hunte and David R. Williams, "The Association between Perceived Discrimination and Obesity in a Population-Based Multiracial and Multiethnic Adult Sample," *American Journal of Public Health* 99, no. 7 (2009): 1285–92; Nancy Krieger and Stephen Sidney, "Racial Discrimination and Blood Pressure: The Cardia Study of Young Black and White Adults," *American Journal of Public Health* 86, no. 10 (1996): 1370–78.

39. Luisa N. Borrell, Ana V. Diez Roux, David R. Jacobs, Steven Shea, Sharon A. Jackson, Sandi Shrager, and Roger S. Blumenthal, "Perceived Racial /Ethnic Discrimination, Smoking and Alcohol Consumption in the Multiethnic Study of Atherosclerosis (MESA)," *Preventive Medicine* 51, no. 3 (2010): 307–12; Frederick X. Gibbons, Meg Gerrard, Michael J. Cleveland, Thomas A. Wills, and Gene Brody, "Perceived Discrimination and Substance Use in African American Parents and Their Children: A Panel Study," *Journal of Personality and Social Psychology* 86, no. 4 (2004): 517–29.

40. Eliza K. Pavalko, Krysia N. Mossakowski, and Vanessa J. Hamilton, "Does Perceived Discrimination Affect Health? Longitudinal Relationships between Work Discrimination and Women's Physical and Emotional Health," *Journal of Health and Social Behavior* 44, no. 1 (2003): 18–33.

41. Lyn Parker, Irma Riyani, and Brooke Nolan, "The Stigmatisation of Widows and Divorcees (Janda) in Indonesia, and the Possibilities for Agency," *Indonesia and the Malay World* 44, no. 128 (2016): 27–46.

42. Samuel Noh and Violet Kaspar, "Perceived Discrimination and Depression: Moderating Effects of Coping, Acculturation, and Ethnic Support," *American Journal of Public Health* 93, no. 2 (2003): 232–38.

43. Bella M. DePaulo and Wendy L. Morris, "The Unrecognized Stereotyping and Discrimination against Singles," *Current Directions in Psychological Science* 15, no. 5 (2006): 251–54.

44. Eric Klinenberg, *Going Solo: The Extraordinary Rise and Surprising Appeal of Living Alone* (New York: Penguin, 2012); Bella M. DePaulo, *Singled Out: How Singles Are Stereotyped, Stigmatized, and Ignored, and Still Live Happily Ever After* (New York: St. Martin's Griffin, 2007).

45. Bella DePaulo, *How We Live Now: Redefining Home and Family in the 21st Century* (Hillsboro, OR: Atria Books, 2015); Kinneret Lahad, *A Table for One: A Critical Reading of Singlehood, Gender and Time* (Manchester, UK: University of Manchester, 2017).

46. Pieter A. Gautier, Michael Svarer, and Coen N. Teulings, "Marriage and the City: Search Frictions and Sorting of Singles," *Journal of Urban Economics* 67, no. 2 (2010): 206–18.

47. Wendy L. Morris, "The Effect of Stigma Awareness on the Self-Esteem of Singles," Online Archive of University of Virginia Scholarship, 2005.

48. Lauri, response to Bella DePaulo, "Is It Bad to Notice Discrimination?" *Psychology Today,* on June 16, 2008, www.psychologytoday.com/blog/living-single/200805/is-it-bad-notice-discrimination.

49. Ibid.

50. Roy F. Baumeister, Jennifer D. Campbell, Joachim I. Krueger, and Kathleen D. Vohs, "Does High Self-Esteem Cause Better Performance, Interpersonal Success, Happiness, or Healthier Lifestyles?" *Psychological Science in the Public Interest* 4, no. 1 (2003): 1–44.

51. Gian Vittorio Caprara, Patrizia Steca, Maria Gerbino, Marinella Paciello, and Giovanni Maria Vecchio, "Looking for Adolescents' Well-Being: Self-Efficacy Beliefs as Determinants of Positive Thinking and Happiness," *Epidemiologia e psichiatria sociale* 15, no. 1 (2006): 30–43.

52. Ulrich Schimmack and Ed Diener, "Predictive Validity of Explicit and Implicit Self-Esteem for Subjective Well-Being," *Journal of Research in Personality* 37, no. 2 (2003): 100–106.

53. Aurora Szentagotai and Daniel David, "Self-Acceptance and Happiness," in *The Strength of Self-Acceptance: Theory, Practice and Research,* ed. Michael E. Bernard (New York: Springer, 2013), 121–37.

54. Nadine F. Marks, "Flying Solo at Midlife: Gender, Marital Status, and Psychological Well-Being," *Journal of Marriage and Family* 58, no. 4 (1996): 917–32.

55. Evangelos C. Karademas, "Self-Efficacy, Social Support and Well-Being: The Mediating Role of Optimism," *Personality and Individual Differences* 40, no. 6 (2006): 1281–90.

56. Charles S. Carver, Michael F. Scheier, and Suzanne C. Segerstrom, "Optimism," *Clinical Psychology Review* 30, no. 7 (2010): 879–89.

57. Bella M. DePaulo, *Singled Out: How Singles Are Stereotyped, Stigmatized, and Ignored, and Still Live Happily Ever After* (New York: St. Martin's Griffin, 2007); Monica Kirkpatrick Johnson, "Family Roles and Work Values: Processes of Selection and Change," *Journal of Marriage and Family* 67, no. 2 (2005): 352–69.

58. Sally Macintyre, Anne Ellaway, Geoff Der, Graeme Ford, and Kate Hunt, "Do Housing Tenure and Car Access Predict Health Because They Are Simply Markers of Income or Self Esteem? A Scottish Study," *Journal of Epidemiology and Community Health* 52, no. 10 (1998): 657–64.

59. Richard J. Riding and Stephen Rayner, *Self Perception* (London: Greenwood, 2001).

60. Lois M. Tamir and Toni C. Antonucci, "Self-Perception, Motivation, and Social Support through the Family Life Course," *Journal of Marriage and Family* 43, no. 1 (1981): 151–60.

61. Christopher G. Ellison, "Religious Involvement and Self-Perception among Black Americans," *Social Forces* 71, no. 4 (1993): 1027–55.

62. Najah Mahmoud Manasra, "The Effect of Remaining Unmarried on Self-Perception and Mental Health Status: A Study of Palestinian Single Women" (PhD diss., De Montfort University, 2003).

63. Ed Diener and Marissa Diener, "Cross-cultural Correlates of Life Satisfaction and Self-Esteem," in *Culture and Well-Being: The Collected Works of Ed Diener,* ed. Ed Diener (Dordrecht, Netherlands: Springer, 2009), 71–91.

64. Bianca Fileborn, Rachel Thorpe, Gail Hawkes, Victor Minichiello, and Marian Pitts, "Sex and the (Older) Single Girl: Experiences of Sex and Dating in Later Life," *Journal of Aging Studies* 33 (2015): 67–75; Jennifer A. Moore and H. Lorraine Radtke, "Starting 'Real' Life: Women Negotiating a Successful Midlife Single Identity," *Psychology of Women Quarterly* 39, no. 3 (2015): 305–19.

65. Lauren F. Winner, "Real Sex: The Naked Truth about Chastity," *Theology & Sexuality* 26, no. 1 (2015).

66. Christena Cleveland, "Singled Out: How Churches Can Embrace Unmarried Adults," *Christena Cleveland* (blog), December 2, 2013, www.christenacleveland.com/blogarchive/2013/12/singled-out.

67. Bella M. DePaulo, *Singled Out: How Singles Are Stereotyped, Stigmatized, and Ignored, and Still Live Happily Ever After* (New York: St. Martin's Griffin, 2007); Kinneret Lahad, "'Am I Asking for Too Much?' The Selective Single Woman as a New Social Problem," *Women's Studies International Forum* 40, no. 5 (2013): 23–32.

68. Jenny Gierveld, Pearl A. Dykstra, and Niels Schenk, "Living Arrangements, Intergenerational Support Types and Older Adult Loneliness in Eastern and Western Europe," *Demographic Research* 27, no. 2 (2012): 167.

69. WeLive, "We Live: Love Your Life," 2017, www.welive.com/.

70. Lisette Kuyper and Tineke Fokkema, "Loneliness among Older Lesbian, Gay, and Bisexual Adults: The Role of Minority Stress," *Archives of Sexual Behavior* 39, no. 5 (2010): 1171–80.

71. Hyun-Jun Kim and Karen I. Fredriksen-Goldsen, "Living Arrangement and Loneliness among Lesbian, Gay, and Bisexual Older Adults," *The Gerontologist* 56, no. 3 (2016): 548–58.

72. Jesus Ramirez-Valles, Jessica Dirkes, and Hope A. Barrett, "Gayby Boomers' Social Support: Exploring the Connection between Health and Emotional and Instrumental Support in Older Gay Men," *Journal of Gerontological Social Work* 57, no. 2–4 (2014): 218–34.

73. Elyakim Kislev, "Deciphering the 'Ethnic Penalty' of Immigrants in Western Europe: A Cross-classified Multilevel Analysis," *Social Indicators Research* (2016); Elyakim Kislev, "The Effect of Education Policies on Higher-Education Attainment of Immigrants in Western Europe: A Cross-classified Multilevel Analysis," *Journal of European Social Policy* 26, no. 2 (2016): 183–99.

74. Jennifer O'Connell, "Being on Your Own on Valentine's Day: Four Singletons Speak," *Irish Times*, February 11, 2017, www.irishtimes.com/life-and-style/people/being-on-your-own-on-valentine-s-day-four-singletons-speak-1.2964287.

75. Rachel, "A Call for Single Action," *Rachel's Musings*, September 16, 2013, www.rabe.org/a-call-for-single-action/.

76. Bella M. DePaulo, *Singled Out: How Singles Are Stereotyped, Stigmatized, and Ignored, and Still Live Happily Ever After* (New York: St. Martin's Griffin, 2007); Bella DePaulo, *Marriage vs. Single Life: How Science and the Media Got It So Wrong* (Charleston, SC: DoubleDoor Books, 2015); Bella DePaulo, "Single in a Society Preoccupied with Couples," in *Handbook of Solitude: Psychological Perspectives on Social Isolation, Social Withdrawal, and Being Alone*, ed. Robert J. Coplan and Julie C. Bowker (New York: John Wiley & Sons, 2014), 302–16.

77. Alice Poma and Tommaso Gravante, "'This Struggle Bound Us': An Analysis of the Emotional Dimension of Protest Based on the Study of Four

Grassroots Resistances in Spain and Mexico," *Qualitative Sociology Review* 12, no. 1 (2016).

78. Anonymous, "When Singlutionary Is "Sick of Being Single!" *Singlutionary,* October 9, 2011, http://singlutionary.blogspot.com.

79. Wendy L. Morris and Brittany K. Osburn, "Do You Take This Marriage? Perceived Choice over Marital Status Affects the Stereotypes of Single and Married People," *Singlehood from Individual and Social Perspectives* (2016): 145–62; Gal Slonim, Nurit Gur-Yaish, and Ruth Katz, "By Choice or by Circumstance?: Stereotypes of and Feelings about Single People," *Studia Psychologica* 57, no. 1 (2015): 35–48.

80. Wendy L. Morris and Brittany K. Osburn, "Do You Take This Marriage? Perceived Choice over Marital Status Affects the Stereotypes of Single and Married People," *Singlehood from Individual and Social Perspectives* (2016): 145–62; Gal Slonim, Nurit Gur-Yaish, and Ruth Katz, "By Choice or by Circumstance?: Stereotypes of and Feelings about Single People," *Studia Psychologica* 57, no. 1 (2015): 35–48.

81. Gal Slonim, Nurit Gur-Yaish, and Ruth Katz, "By Choice or by Circumstance?: Stereotypes of and Feelings about Single People," *Studia Psychologica* 57, no. 1 (2015): 35–48.

82. Ad Bergsma, "Do Self-Help Books Help?" *Journal of Happiness Studies* 9, no. 3 (2008): 341–60.

83. Linda Bolier, Merel Haverman, Gerben J. Westerhof, Heleen Riper, Filip Smit, and Ernst Bohlmeijer, "Positive Psychology Interventions: A Meta-analysis of Randomized Controlled Studies," *BMC Public Health* 13, no. 1 (2013): 119.

第四章

1. D'Vera Cohn, Jeffrey S. Passel, Wendy Wang, and Gretchen Livingston, *Barely Half of U.S. Adults Are Married—a Record Low* (Washington, DC: Pew Research Center, 2011).

2. Heather A. Turner and R. Jay Turner, "Gender, Social Status, and Emotional Reliance," *Journal of Health and Social Behavior* 40, no. 4 (1999): 360–73.

3. Donald A. West, Robert Kellner, and Maggi Moore-West, "The Effects of Loneliness: A Review of the Literature," *Comprehensive Psychiatry* 27, no. 4 (1986): 351–63.

4. Megan Bruneau, "I'm 30, Single, and Happy; and Truthfully, That Scares Me," *Medium* (blog), November 6, 2016, https://medium.com/@meganbruneau.

5. Froma Walsh, "The Concept of Family Resilience: Crisis and Challenge," *Family Process* 35, no. 3 (1996): 261–81.

6. Jung-Hwa Ha and Deborah Carr, "The Effect of Parent-Child Geographic Proximity on Widowed Parents' Psychological Adjustment and Social Integration," *Research on Aging* 27, no. 5 (2005): 578–610.

7. Sarah, "The First Confession," *Confessions of a Single Thirty-Something* (blog), October 10, 2011, http://confessions-sarah.blogspot.com.

8. Bella M. DePaulo, *Singled Out: How Singles Are Stereotyped, Stigmatized, and Ignored, and Still Live Happily Ever After* (New York: St. Martin's Griffin, 2007).

9. Christina Victor, Sasha Scambler, John Bond, and Ann Bowling, "Being Alone in Later Life: Loneliness, Social Isolation and Living Alone," *Reviews in Clinical Gerontology* 10, no. 4 (2000): 407–17; Froma Walsh, "The Concept of Family Resilience: Crisis and Challenge," *Family Process* 35, no. 3 (1996): 261–81.

10. Sarah, "The First Confession," *Confessions of a Single Thirty-Something* (blog), October 10, 2011, http://confessions-sarah.blogspot.com.

11. Wendy L. Morris, Stacey Sinclair, and Bella M DePaulo, "No Shelter for Singles: The Perceived Legitimacy of Marital Status Discrimination," *Group Processes & Intergroup Relations* 10, no. 4 (2007): 457–70.

12. Judith Anne McKenzie, "Disabled People in Rural South Africa Talk about Sexuality," *Culture, Health & Sexuality* 15, no. 3 (2013): 372–86; Nattavudh Powdthavee, "What Happens to People before and after Disability? Focusing Effects, Lead Effects, and Adaptation in Different Areas of Life," *Social Science & Medicine* 69, no. 12 (2009): 1834–44; Perry Singleton, "Insult to Injury Disability, Earnings, and Divorce," *Journal of Human Resources* 47, no. 4 (2012): 972–90.

13. Jennie E. Brand, "The Far-Reaching Impact of Job Loss and Unemployment," *Annual Review of Sociology* 41 (2015): 359–75.

14. Kerwin Kofi Charles and Melvin Stephens Jr., "Job Displacement, Disability, and Divorce," *Journal of Labor Economics* 22, no. 2 (2004): 489–522.

15. Naomi Gerstel and Natalia Sarkisian, "Marriage: The Good, the Bad, and the Greedy," *Contexts* 5, no. 4 (2006): 16–21.

16. Bella M. DePaulo, *Singled Out: How Singles Are Stereotyped, Stigmatized, and Ignored, and Still Live Happily Ever After* (New York: St. Martin's Griffin, 2007).

17. Bella M. DePaulo, *Singlism: What It Is, Why It Matters, and How to Stop It* (Charleston, SC: DoubleDoor Books, 2011).

18. Bella M. DePaulo and Wendy L. Morris, "The Unrecognized Stereotyping and Discrimination against Singles," *Current Directions in Psychological Science* 15, no. 5 (2006): 251–54.

19. Eleanore Wells, "How Many Ways to Be Single? (A Guest Post)," *Eleanore Wells* (blog), June 5, 2012, http://eleanorewells.com/.

20. Barry Wellman, "The Development of Social Network Analysis: A Study in the Sociology of Science," *Contemporary Sociology: A Journal of Reviews* 37, no. 3 (2008): 221–22; Barry Wellman, "The Network Is Personal: Introduction to a Special Issue of Social Networks," *Social Networks* 29, no. 3 (2007): 349–56.

21. Rhonda McEwen and Barry Wellman, "Relationships, Community, and Networked Individuals," in *The Immersive Internet: Reflections on the Entangling of the Virtual with Society, Politics and the Economy,* ed. R. Teigland and D. Power (London: Palgrave Macmillan, 2013), 168–79.

22. Elisa Bellotti, "What Are Friends For? Elective Communities of Single People," *Social Networks* 30, no. 4 (2008): 318–29.

23. Ambrose Leung, Cheryl Kier, Tak Fung, Linda Fung, and Robert Sproule, "Searching for Happiness: The Importance of Social Capital," in *The Exploration of Happiness: Present and Future Perspectives,* ed. A. Delle Fave (Dordrecht, Netherlands: Springer, 2013), 247–67.

24. Benjamin Cornwell, Edward O. Laumann, and L. Philip Schumm, "The Social Connectedness of Older Adults: A National Profile," *American Sociological Review* 73, no. 2 (2008): 185–203; Jennifer A. Moore and H. Lorraine Radtke, "Starting 'Real' Life: Women Negotiating a Successful Midlife Single Identity," *Psychology of Women Quarterly* 39, no. 3 (2015): 305–19.

25. Hunni H., "A Happier Hunni, Part 1," *Thirty-One, Single and Living at Home* (blog), October 27, 2012, http://thirtysingleand.blogspot.com.

26. Bella DePaulo, "Who Is Your Family If You Are Single with No Kids? Part 2," *Living Single* (blog), *Psychology Today,* August 21, 2011, www.psychologytoday.com/us/blog/living-single/201108/who-is-your-family-if-you-are-single-no-kids-part-2.

27. Kelly Musick and Larry Bumpass, "Reexamining the Case for Marriage: Union Formation and Changes in Well-Being," *Journal of Marriage and Family* 74, no. 1 (2012): 1–18.

28. Paul R. Amato, Alan Booth, David R. Johnson, and Stacy J. Rogers, *Alone Together: How Marriage in America Is Changing* (Cambridge, MA: Harvard University Press, 2007).

29. Eric Klinenberg, *Going Solo: The Extraordinary Rise and Surprising Appeal of Living Alone* (New York: Penguin, 2012).

30. Shahla Ostovar, Negah Allahyar, Hassan Aminpoor, Fatemeh Moafian, Mariani Binti Md Nor, and Mark D. Griffiths, "Internet Addiction and Its

Psychosocial Risks (Depression, Anxiety, Stress and Loneliness) among Iranian Adolescents and Young Adults: A Structural Equation Model in a Cross-sectional Study," *International Journal of Mental Health and Addiction* 14, no. 3 (2016): 257–67.

31. Nicole B. Ellison, Charles Steinfield, and Cliff Lampe, "The Benefits of Facebook 'Friends': Social Capital and College Students' Use of Online Social Network Sites," *Journal of Computer-Mediated Communication* 12, no. 4 (2007): 1143–68; Nicole B. Ellison, Jessica Vitak, Rebecca Gray, and Cliff Lampe, "Cultivating Social Resources on Social Network Sites: Facebook Relationship Maintenance Behaviors and Their Role in Social Capital Processes," *Journal of Computer-Mediated Communication* 19, no. 4 (2014): 855–70.

32. R.J. Shillair, R.V. Rikard, S.R. Cotten, and H.Y. Tsai, "Not So Lonely Surfers: Loneliness, Social Support, Internet Use and Life Satisfaction in Older Adults," in *iConference 2015 Proceedings* (Newport Beach, CA: iSchools, 2015).

33. Rachel Grieve, Michaelle Indian, Kate Witteveen, G. Anne Tolan, and Jessica Marrington, "Face-to-Face or Facebook: Can Social Connectedness Be Derived Online?" *Computers in Human Behavior* 29, no. 3 (2013): 604–9.

34. Kyung-Tag Lee, Mi-Jin Noh, and Dong-Mo Koo, "Lonely People Are No Longer Lonely on Social Networking Sites: The Mediating Role of Self-Disclosure and Social Support," *Cyberpsychology, Behavior, and Social Networking* 16, no. 6 (2013): 413–18.

35. Ari Engelberg, "Religious Zionist Singles: Caught between 'Family Values' and 'Young Adulthood,'" *Journal for the Scientific Study of Religion* 55, no. 2 (2016): 349–64.

36. Michael Woolcock, "Social Capital and Economic Development: Toward a Theoretical Synthesis and Policy Framework," *Theory and Society* 27, no. 2 (1998): 151–208.

37. Orsolya Lelkes, "Knowing What Is Good for You: Empirical Analysis of Personal Preferences and the 'Objective Good,'" *Journal of Socio-Economics* 35, no. 2 (2006): 285–307; Ambrose Leung, Cheryl Kier, Tak Fung, Linda Fung, and Robert Sproule, "Searching for Happiness: The Importance of Social Capital," *Journal of Happiness Studies* 12, no. 3 (2011); Robert D. Putnam, *Bowling Alone: The Collapse and Revival of American Community* (New York: Simon and Schuster, 2001); Nattavudh Powdthavee, "Putting a Price Tag on Friends, Relatives, and Neighbours: Using Surveys of Life Satisfaction to Value Social Relationships," *Journal of Socio-Economics* 37, no. 4 (2008): 1459–80.

38. John F. Helliwell and Christopher P. Barrington-Leigh, "How Much Is Social Capital Worth?" in *The Social Cure*, ed. J. Jetten, C. Haslam and

S.A. Haslam (London: Psychology Press, 2010), 55–71; Rainer Winkelmann, "Unemployment, Social Capital, and Subjective Well-Being," *Journal of Happiness Studies* 10, no. 4 (2009): 421–30.

39. John F. Helliwell, "How's Life? Combining Individual and National Variables to Explain Subjective Well-Being," *Economic Modelling* 20, no. 2 (2003): 331–60; Florian Pichler, "Subjective Quality of Life of Young Europeans: Feeling Happy but Who Knows Why?" *Social Indicators Research* 75, no. 3 (2006): 419–44.

40. Erin York Cornwell and Linda J. Waite, "Social Disconnectedness, Perceived Isolation, and Health among Older Adults," *Journal of Health and Social Behavior* 50, no. 1 (2009): 31–48.

41. John F. Helliwell, Christopher P. Barrington-Leigh, Anthony Harris, and Haifang Huang, "International Evidence on the Social Context of Well-Being," in *International Differences in Well-Being*, ed. Ed Diener, John F. Helliwell, and Daniel Kahneman (Oxford: Oxford University Press, 2010).

42. Bernd Hayo and Wolfgang Seifert, "Subjective Economic Well-Being in Eastern Europe," *Journal of Economic Psychology* 24, no. 3 (2003): 329–48.

43. John F. Helliwell and Robert D. Putnam, "The Social Context of Well-Being," *Philosophical Transactions of the Royal Society* (London), series B (August 31, 2004): 1435–46.

44. Dani Rodrik, "Where Did All the Growth Go? External Shocks, Social Conflict, and Growth Collapses," *Journal of Economic Growth* 4, no. 4 (1999): 385–412; Paul J. Zak and Stephen Knack, "Trust and Growth," *Economic Journal* 111, no. 470 (2001): 295–321.

45. Anna, "Living Alone in Your Thirties," *Not Your Stereotypical Thirtysomething Woman* (blog), May 30, 2011, http://livingaloneinyourthirties.blogspot.co.il/.

46. Naomi Gerstel and Natalia Sarkisian, "Marriage: The Good, the Bad, and the Greedy," *Contexts* 5, no. 4 (2006): 16–21.

47. Rose McDermott, James H. Fowler, and Nicholas A. Christakis, "Breaking Up Is Hard to Do, Unless Everyone Else Is Doing It Too: Social Network Effects on Divorce in a Longitudinal Sample," *Social Forces* 92, no. 2 (2013): 491–519.

48. Bella DePaulo, *How We Live Now: Redefining Home and Family in the 21st Century* (Hillsboro, OR: Atria Books, 2015).

49. Jacqui Louis, "'Single and …' #6 Parenting," *Medium* (blog), May 22, 2016, https://medium.com/@jacqui_84.

50. Alois Stutzer and Bruno S. Frey, "Does Marriage Make People Happy, or Do Happy People Get Married?" *Journal of Socio-Economics* 35, no. 2 (2006): 326–47.

51. Richard E. Lucas, Andrew E. Clark, Yannis Georgellis, and Ed Diener, "Reexamining Adaptation and the Set Point Model of Happiness: Reactions to Changes in Marital Status," *Journal of Personality and Social Psychology* 84, no. 3 (2003): 527.

52. S. Burt, M. Donnellan, M.N. Humbad, B.M. Hicks, M. McGue, and W.G. Iacono, "Does Marriage Inhibit Antisocial Behavior?: An Examination of Selection vs. Causation Via a Longitudinal Twin Design," *Archives of General Psychiatry* 67, no. 12 (2010): 1309–15; Arne Mastekaasa, "Marriage and Psychological Well-Being: Some Evidence on Selection into Marriage," *Journal of Marriage and Family* 54, no. 4 (1992): 901–11; Alois Stutzer and Bruno S. Frey, "Does Marriage Make People Happy, or Do Happy People Get Married?" *Journal of Socio-Economics* 35, no. 2 (2006): 326–47.

53. To identify social interactions, two subjective measures were estimated. The first is a social-activities-frequency self-assessment ranging on a scale from 1 (Much less than most) to 5 (Much more than most). The second is a social-meetings-frequency self-assessment ranging on a scale from 1 (Never) to 7 (Every day). The first question is phrased in the survey as follows: "Compared to other people of your age, how often would you say you take part in social activities?" The second question is phrased as follows: "How often do you meet socially with friends, relatives, or work colleagues?"

54. Keith N. Hampton, Lauren F. Sessions, and Eun Ja Her, "Core Networks, Social Isolation, and New Media: How Internet and Mobile Phone Use Is Related to Network Size and Diversity," *Information, Communication & Society* 14, no. 1 (2011): 130–55.

55. Phyllis Solomon, "Peer Support/Peer Provided Services Underlying Processes, Benefits, and Critical Ingredients," *Psychiatric Rehabilitation Journal* 27, no. 4 (2004): 392.

56. Bella DePaulo, *How We Live Now: Redefining Home and Family in the 21st Century* (Hillsboro, OR: Atria Books, 2015); Bella DePaulo, "Single in a Society Preoccupied with Couples," in *Handbook of Solitude: Psychological Perspectives on Social Isolation, Social Withdrawal, and Being Alone,* ed. Robert J. Coplan and Julie C. Bowker (New York: John Wiley, 2014), 302–16; Eric Klinenberg, *Going Solo: The Extraordinary Rise and Surprising Appeal of Living Alone* (New York: Penguin, 2012).

57. Clever Elsie, "Single, Not Alone for the Holidays," *Singletude* (blog), January 2, 2010, http://singletude.blogspot.com.

58. Paul R. Amato, Alan Booth, David R. Johnson, and Stacy J. Rogers, *Alone Together: How Marriage in America Is Changing* (Cambridge, MA: Harvard University Press, 2007).

59. Barry Wellman, "The Development of Social Network Analysis: A Study in the Sociology of Science," *Contemporary Sociology: A Journal of Reviews* 37, no. 3 (2008): 221–22; Barry Wellman, "The Network Is Personal: Introduction to a Special Issue of Social Networks," *Social Networks* 29, no. 3 (2007): 349–56.

60. Peter J. Stein, "Singlehood: An Alternative to Marriage," *Family Coordinator* 24, no. 4 (1975): 489–503; Jan E. Stets, "Cohabiting and Marital Aggression: The Role of Social Isolation," *Journal of Marriage and Family* 53, no. 3 (1991): 669–80.

61. Naomi Gerstel and Natalia Sarkisian, "Marriage: The Good, the Bad, and the Greedy," *Contexts* 5, no. 4 (2006): 16–21.

62. Bella DePaulo, *How We Live Now: Redefining Home and Family in the 21st Century* (Hillsboro, Oregon: Atria Books, 2015); Bella DePaulo, "Single in a Society Preoccupied with Couples," in *Handbook of Solitude: Psychological Perspectives on Social Isolation, Social Withdrawal, and Being Alone,* ed. Robert J. Coplan and Julie C. Bowker (New York: John Wiley, 2014), 302–16.

63. E. Kay Trimberger, *The New Single Woman* (Boston: Beacon Press, 2006).

64. Pamela Anne Quiroz, "From Finding the Perfect Love Online to Satellite Dating and 'Loving-the-One-You're-Near': A Look at Grindr, Skout, Plenty of Fish, Meet Moi, Zoosk and Assisted Serendipity," *Humanity & Society* 37, no. 2 (2013): 181.

65. Lucy Rahim, "The 12 Non-dating Apps Single People Need This Valentine's Day," *The Telegraph,* February 14, 2017.

66. Dana L. Alden, Jan-Benedict E.M. Steenkamp, and Rajeev Batra, "Brand Positioning through Advertising in Asia, North America, and Europe: The Role of Global Consumer Culture," *Journal of Marketing* (1999): 75–87; Stuart Ewen, *Captains of Consciousness: Advertising and the Social Roots of the Consumer Culture* (New York: Basic Books, 2008); Christopher Donald Yee, "Re-urbanizing Downtown Los Angeles: Micro Housing Densifying the City's Core" (Master of Architecture thesis, University of Washington, 2013).

67. Bella DePaulo, "Single in a Society Preoccupied with Couples," in *Handbook of Solitude: Psychological Perspectives on Social Isolation, Social Withdrawal, and Being Alone,* ed. Robert J. Coplan and Julie C. Bowker (New York: John Wiley, 2014), 302–16; Gal Slonim, Nurit Gur-Yaish, and Ruth Katz, "By Choice or by Circumstance?: Stereotypes of and Feelings about Single People," *Studia Psychologica* 57, no. 1 (2015): 35–48.

第五章

1. Abigail Pesta, "Why I Married Myself: These Women Dedicated Their Lives to Self-Love," *Cosmopolitan,* December 2016.

2. *Sex and the City,* "A Woman's Right to Shoes," season 4, episode 9, aired August 17, 2003.

3. Ronald Inglehart, "The Silent Revolution in Europe: Intergenerational Change in Post-industrial Societies," *American Political Science Review* 65, no. 4 (1971): 991–1017; Dirk J. Van de Kaa, "Postmodern Fertility Preferences: From Changing Value Orientation to New Behavior," *Population and Development Review* 27 (2001): 290–331.

4. Abigail Pesta, "Why I Married Myself: These Women Dedicated Their Lives to Self-Love," *Cosmopolitan,* December 2016.

5. Self Marriage Ceremonies, www.selfmarriageceremonies.com.

6. Ronald Inglehart, *The Silent Revolution: Changing Values and Political Styles among Western Publics* (Princeton, NJ: Princeton University Press, 1977).

7. Rhonda McEwen and Barry Wellman, "Relationships, Community, and Networked Individuals," in *The Immersive Internet: Reflections on the Entangling of the Virtual with Society, Politics and the Economy,* ed. R. Teigland and D. Power (London: Palgrave Macmillan, 2013), 168–79; Anne-Rigt Poortman and Aart C. Liefbroer, "Singles' Relational Attitudes in a Time of Individualization," *Social Science Research* 39, no. 6 (2010): 938–49.

8. David Levine, *Family Formation in an Age of Nascent Capitalism [England],* Studies in Social Discontinuity (New York: Academic Press, 1977).

9. Raymond M. Duch and Michaell A. Taylor, "Postmaterialism and the Economic Condition," *American Journal of Political Science* 37, no. 3 (1993): 747–79; Ronald Inglehart, "The Silent Revolution in Europe: Intergenerational Change in Post-industrial Societies," *American Political Science Review* 65, no. 4 (1971): 991–1017; Ronald Inglehart and Paul R. Abramson, "Measuring Postmaterialism," *American Political Science Review* 93, no. 3 (1999): 665–77.

10. Eric Klinenberg, *Going Solo: The Extraordinary Rise and Surprising Appeal of Living Alone* (New York: Penguin, 2012).

11. Joseph G. Altonji and Rebecca M. Blank, "Race and Gender in the Labor Market," in *Handbook of Labor Economics,* ed. Orley Ashenfelter and David Card (Amsterdam: Elsevier, 1999), 3143–259; Susan R. Orden and Norman M. Bradburn, "Dimensions of Marriage Happiness," *American Journal of Sociology* 73, no. 6 (1968): 715–31; Moshe Semyonov, Rebeca Raijman, and Anat Yom-Tov, "Labor Market Competition, Perceived Threat, and Endorsement of Eco-

nomic Discrimination against Foreign Workers in Israel," *Social Problems* 49, no. 3 (2002): 416–31.

12. Andrew J. Cherlin, "The Deinstitutionalization of American Marriage," *Journal of Marriage and Family* 66, no. 4 (2004): 848–61.

13. Abraham Harold Maslow, Robert Frager, James Fadiman, Cynthia McReynolds, and Ruth Cox, *Motivation and Personality* (New York: Harper & Row, 1970); Abraham Maslow, *Motivation and Personality* (New York: Harper & Brothers, 1954).

14. Verta Taylor and Nancy Whittier, "Analytical Approaches to Social Movement Culture: The Culture of the Women's Movement," *Social Movements and Culture* 4 (1995): 163–87.

15. Rachel F. Moran, "How Second-Wave Feminism Forgot the Single Woman," *Hofstra Law Review* 33, no. 1 (2004): 223–98.

16. Judith Evans, *Feminist Theory Today: An Introduction to Second-Wave Feminism* (New York: Sage, 1995); Imelda Whelehan, *Modern Feminist Thought: From the Second Wave to Post-Feminism* (New York: NYU Press, 1995).

17. Melissa, "Being Happy about Being Single," *Single Gal in the City* (blog), July 13, 2009, http://melissa-singlegalinthecity.blogspot.com.

18. Stephen Castles, Hein de Haas, and Mark J. Miller, *The Age of Migration: International Population Movements in the Modern World* (New York: Guilford Press, 2013).

19. Eliza Griswold, "Why Afghan Women Risk Death to Write Poetry," *New York Times,* April 29, 2012, www.nytimes.com/2012/04/29/magazine/why-afghan-women-risk-death-to-write-poetry.html.

20. Rosalind Chait Barnett and Janet Shibley Hyde, "Women, Men, Work, and Family," *American Psychologist* 56, no. 10 (2001): 781–96.

21. Hans-Peter Blossfeld and Alessandra De Rose, "Educational Expansion and Changes in Entry into Marriage and Motherhood: The Experience of Italian Women," *Genus* 48, no. 3–4 (1992): 73–91; Agnes R. Quisumbing and Kelly Hallman, *Marriage in Transition: Evidence on Age, Education, and Assets from Six Developing Countries* (New York: Population Council, 2005), 200–269.

22. Hans-Peter Blossfeld and Johannes Huinink, "Human Capital Investments or Norms of Role Transition? How Women's Schooling and Career Affect the Process of Family Formation," *American Journal of Sociology* 97, no. 1 (1991): 143–68.

23. Anonymous, "My Uterus Is Hiding," *Shoes, Booze and Losers: A Primer for the Thirty-Something Spinster,* October 24, 2008, http://elusivbutterfli.blogspot.com.

24. Rosalind Chait Barnett and Janet Shibley Hyde, "Women, Men, Work, and Family," *American Psychologist* 56, no. 10 (2001): 781–96.

25. Orna Donath, "Regretting Motherhood: A Sociopolitical Analysis," *Signs* 40, no. 2 (2015): 343–67.

26. Sarah Fischer, *The Mother Bliss Lie: Regretting Motherhood* (Munich: Ludwig Verlag, 2016); Anke C. Zimmermann and Richard A. Easterlin, "Happily Ever After? Cohabitation, Marriage, Divorce, and Happiness in Germany," *Population and Development Review* 32, no. 3 (2006): 511–28.

27. Jan Delhey, "From Materialist to Post-materialist Happiness? National Affluence and Determinants of Life Satisfaction in Cross-national Perspective," *Social Indicators Research* 97, no. 1 (2010): 65–84; Richard Florida, *The Rise of the Creative Class—Revisited: Revised and Expanded* (New York: Basic Books, 2014).

28. Anonymous, "The Introverted Singlutionary," *Singlutionary*, August 3, 2010, http://singlutionary.blogspot.com.

29. Gal Slonim, Nurit Gur-Yaish, and Ruth Katz, "By Choice or by Circumstance?: Stereotypes of and Feelings about Single People," *Studia Psychologica* 57, no. 1 (2015): 35–48.

30. Tim Teeman, "Why Singles Should Say 'I Don't' to the Self-Marriage Movement," *Daily Beast*, December 30, 2014, www.thedailybeast.com/articles/2014/12/30/why-singles-should-say-i-don-t-to-the-self-marriage-movement.html.

31. Bella M. DePaulo and Wendy L. Morris, "The Unrecognized Stereotyping and Discrimination against Singles," *Current Directions in Psychological Science* 15, no. 5 (2006): 251–54.

32. Hilke Brockmann, Jan Delhey, Christian Welzel, and Hao Yuan, "The China Puzzle: Falling Happiness in a Rising Economy," *Journal of Happiness Studies* 10, no. 4 (2009): 387–405.

33. Richard A. Easterlin, "Lost in Transition: Life Satisfaction on the Road to Capitalism," *Journal of Economic Behavior & Organization* 71, no. 2 (2009): 130–45.

34. Bella M. DePaulo and Wendy L. Morris, "The Unrecognized Stereotyping and Discrimination against Singles," *Current Directions in Psychological Science* 15, no. 5 (2006): 251–54; Peter J. Stein, "Singlehood: An Alternative to Marriage," *Family Coordinator* 24, no. 4 (1975): 489–503.

35. Jill Reynolds and Margaret Wetherell, "The Discursive Climate of Singleness: The Consequences for Women's Negotiation of a Single Identity," *Feminism & Psychology* 13, no. 4 (2003): 489–510.

36. Anne-Rigt Poortman and Aart C. Liefbroer, "Singles' Relational Attitudes in a Time of Individualization," *Social Science Research* 39, no. 6 (2010): 938–49.

37. Wendy L. Morris and Brittany K. Osburn, "Do You Take This Marriage? Perceived Choice over Marital Status Affects the Stereotypes of Single and Married People," in *Singlehood from Individual and Social Perspectives*, ed. K. Adamczyk (Krakow, Poland: Libron, 2016): 145–62; Gal Slonim, Nurit Gur-Yaish, and Ruth Katz, "By Choice or by Circumstance?: Stereotypes of and Feelings about Single People," *Studia Psychologica* 57, no. 1 (2015): 35–48.

38. S. Burt, M. Donnellan, M.N. Humbad, B.M. Hicks, M. McGue, and W.G. Iacono, "Does Marriage Inhibit Antisocial Behavior?: An Examination of Selection vs. Causation via a Longitudinal Twin Design," *Archives of General Psychiatry* 67, no. 12 (2010): 1309–15; M. Garrison, and E.S. Scott, *Marriage at the Crossroads: Law, Policy, and the Brave New World of Twenty-First-Century Families* (Cambridge: Cambridge University Press, 2012); Heather L. Koball, Emily Moiduddin, Jamila Henderson, Brian Goesling, and Melanie Besculides, "What Do We Know about the Link between Marriage and Health?" *Journal of Family Issues* 31, no. 8 (2010): 1019–40.

39. Norval Glenn, "Is the Current Concern about American Marriage Warranted?" *Virginia Journal of Social Policy & Law* 9 (2001): 5–47.

40. Matthew E. Dupre and Sarah O. Meadows, "Disaggregating the Effects of Marital Trajectories on Health," *Journal of Family Issues* 28, no. 5 (2007): 623–52; Walter R. Gove, Michael Hughes, and Carolyn Briggs Style, "Does Marriage Have Positive Effects on the Psychological Well-Being of the Individual?" *Journal of Health and Social Behavior* 24, no. 2 (1983): 122–31; Mary Elizabeth Hughes and Linda J. Waite, "Marital Biography and Health at Mid-Life," *Journal of health and Social Behavior* 50, no. 3 (2009): 344–58; David R. Johnson and Jian Wu, "An Empirical Test of Crisis, Social Selection, and Role Explanations of the Relationship between Marital Disruption and Psychological Distress: A Pooled Time-Series Analysis of Four-Wave Panel Data," *Journal of Marriage and Family* 64, no. 1 (2002): 211–24; John McCreery, *Japanese Consumer Behaviour: From Worker Bees to Wary Shoppers* (New York: Routledge, 2014); David A. Sbarra and Paul J. Nietert, "Divorce and Death: Forty Years of the Charleston Heart Study," *Psychological Science* 20, no. 1 (2009): 107–13; Terrance J. Wade and David J. Pevalin, "Marital Transitions and Mental Health," *Journal of Health and Social Behavior* 45, no. 2 (2004): 155–70; Chris Power, Bryan Rodgers, and Steven Hope, "Heavy Alcohol Consumption and Marital Status:

Disentangling the Relationship in a National Study of Young Adults," *Addiction* 94, no. 10 (1999): 1477–87.

41. Rosalind Barnett, Karen C. Gareis, Jacquelyn Boone James, and Jennifer Steele, "Planning Ahead: College Seniors' Concerns about Career-Marriage Conflict," *Journal of Vocational Behavior* 62, no. 2 (2003): 305–19; Wilmar B. Schaufeli, Toon W. Taris, and Willem Van Rhenen, "Workaholism, Burnout, and Work Engagement: Three of a Kind or Three Different Kinds of Employee Well-Being?" *Applied Psychology* 57, no. 2 (2008): 173–203.

42. Sasha Cagen, "Be Grateful for Being Single," *SashaCagen.com,* November 24, 2010, http://sashacagen.com/blog.

43. James Friel, "Letter To: Viewpoint: Why Are Couples So Mean to Single People?" *BBC Magazine,* November 7, 2012.

44. Jill Reynolds, *The Single Woman: A Discursive Investigation* (London: Routledge, 2013); Anne-Rigt Poortman and Aart C. Liefbroer, "Singles' Relational Attitudes in a Time of Individualization," *Social Science Research* 39, no. 6 (2010): 938–49.

45. Heron Saline, "Stories," *Self Marriage Ceremonies,* n.d., www.selfmarriage ceremonies.com/stories.

46. Abraham Harold Maslow, Robert Frager, James Fadiman, Cynthia McReynolds, and Ruth Cox, *Motivation and Personality* (New York: Harper & Row, 1970); Abraham Maslow, *Toward a New Psychology of Being* (New York: Van Nostrand Reinhold, 1968).

47. Bella DePaulo, *How We Live Now: Redefining Home and Family in the 21st Century* (Hillsboro, OR: Atria Books, 2015); Kath Weston, *Families We Choose: Lesbians, Gays, Kinship* (New York: Columbia University Press, 2013).

48. Bella DePaulo, *How We Live Now: Redefining Home and Family in the 21st Century* (Hillsboro, OR: Atria Books, 2015).

49. Rein B. Jobse and Sako Musterd, "Changes in the Residential Function of the Big Cities," in *The Randstad: A Research and Policy Laboratory,* ed. Frans M. Dieleman and Sako Musterd (Dordrecht: Springer, 1992), 39–64.

50. Pieter A. Gautier, Michael Svarer, and Coen N. Teulings, "Marriage and the City: Search Frictions and Sorting of Singles," *Journal of Urban Economics* 67, no. 2 (2010): 206–18.

51. A. Sicilia Camacho, C. Aguila Soto, D. González-Cutre, and J. A. Moreno-Murcia, "Postmodern Values and Motivation towards Leisure and Exercise in Sports Centre Users," *RICYDE: Revista Internacional de Ciencias del Deporte* 7, no. 25 (2011): 320–35.

52. Ramón Llopis-Goig, "Sports Participation and Cultural Trends: Running as a Reflection of Individualisation and Post-materialism Processes in Spanish Society," *European Journal for Sport and Society* 11, no. 2 (2014): 151–69.

53. Andrew J. Cherlin, "The Deinstitutionalization of American Marriage," *Journal of Marriage and Family* 66, no. 4 (2004): 848–61.

54. Norval Glenn, "Is the Current Concern about American Marriage Warranted?" *Virginia Journal of Social Policy & Law* 9 (2001): 5–47.

55. Tim Teeman, "Why Singles Should Say 'I Don't' to the Self-Marriage Movement," *Daily Beast*, December 30, 2014, www.thedailybeast.com/articles/2014/12/30/why-singles-should-say-i-don-t-to-the-self-marriage-movement.html.

56. Bella DePaulo, "The Urgent Need for a Singles Studies Discipline," *Signs: Journal of Women in Culture and Society* 42, no. 4 (2017): 1015–19; Bella DePaulo, Rachel F. Moran, and E. Kay Trimberger, "Make Room for Singles in Teaching and Research," *Chronicle of Higher Education* 54, no. 5 (2007): 44.

57. Wendy Wang and Kim C. Parker, *Record Share of Americans Have Never Married: As Values, Economics and Gender Patterns Change* (Washington, DC: Pew Research Center, 2014).

第六章

1. Richard F. Thomas, *Virgil: Georgics* (Cambridge: Cambridge University Press, 1988).

2. C.G. Jung, *Mysterium Coniunctionis: An Inquiry into the Separation and Synthesis of Psychic Opposites in Alchemy* (New York: Routledge, 1963).

3. Douglas T. Hall, "The Protean Career: A Quarter-Century Journey," *Journal of Vocational Behavior* 65, no. 1 (2004): 1–13.

4. Amy Wrzesniewski, Clark McCauley, Paul Rozin, and Barry Schwartz, "Jobs, Careers, and Callings: People's Relations to Their Work," *Journal of Research in Personality* 31, no. 1 (1997): 21–33.

5. Raymond A. Noe, John R. Hollenbeck, Barry Gerhart, and Patrick M. Wright, *Human Resource Management: Gaining a Competitive Advantage,* 10th ed. (New York: McGraw-Hill, 2015); Beverly J. Silver, *Forces of Labor: Workers' Movements and Globalization since 1870* (Cambridge: Cambridge University Press, 2003).

6. Prudence L. Carter, *Keepin' It Real: School Success beyond Black and White* (Oxford: Oxford University Press, 2005).

7. Stephanie Armour, "Generation Y: They've Arrived at Work with a New Attitude," *USA Today,* November 6, 2005.

8. Hua Jiang and Rita Linjuan Men, "Creating an Engaged Workforce: The Impact of Authentic Leadership, Transparent Organizational Communication, and Work-Life Enrichment," *Communication Research* 44, no. 2 (2017): 225–43.

9. Daniel M. Haybron, "Happiness, the Self and Human Flourishing," *Utilitas* 20, no. 1 (2008): 21–49.

10. Alan Gewirth, *Self-Fulfillment* (Princeton, NJ: Princeton University Press, 1998); Sheryl Zika and Kerry Chamberlain, "On the Relation between Meaning in Life and Psychological Well-Being," *British Journal of Psychology* 83, no. 1 (1992): 133–45.

11. Robert Ehrlich, "New Rules: Searching for Self-Fulfillment in a World Turned Upside Down," *Telos,* no. 50 (1981): 218–28.

12. Viktor E. Frankl, *The Will to Meaning: Foundations and Applications of Logotherapy* (New York: Penguin, 2014); Eva S. Moskowitz, *In Therapy We Trust: America's Obsession with Self-Fulfillment* (Baltimore, MD: JHU Press, 2001).

13. Saziye Gazioglu and Aysit Tansel, "Job Satisfaction in Britain: Individual and Job-Related Factors," *Applied Economics* 38, no. 10 (2006): 1163–71.

14. Monica Kirkpatrick Johnson, "Family Roles and Work Values: Processes of Selection and Change," *Journal of Marriage and Family* 67, no. 2 (2005): 352–69.

15. Ruth Wein, "The 'Always Singles': Moving from a 'Problem' Perception," *Psychotherapy in Australia* 9, no. 2 (2003): 60–65.

16. Jessica E. Donn, "Adult Development and Well-Being of Mid-Life Never Married Singles" (PhD diss., Miami University, 2005).

17. Ilene Philipson, *Married to the Job: Why We Live to Work and What We Can Do about It* (New York: Simon and Schuster, 2003).

18. Anonymous, "Ten Things Not to Tell Your 30-Something Single Women Friends," *Thirty-Two and Single* (blog), January 7, 2014, http://thirtytwoandsingle.blogspot.com.

19. E. Jeffrey Hill, Alan J. Hawkins, Maria Ferris, and Michelle Weitzman, "Finding an Extra Day a Week: The Positive Influence of Perceived Job Flexibility on Work and Family Life Balance," *Family Relations* 50, no. 1 (2001): 49–58.

20. Mark Tausig and Rudy Fenwick, "Unbinding Time: Alternate Work Schedules and Work-Life Balance," *Journal of Family and Economic Issues* 22, no. 2 (2001): 101–19.

21. Kiran Sahu and Priya Gupta, "Burnout among Married and Unmarried Women Teachers," *Indian Journal of Health and Wellbeing* 4, no. 2 (2013): 286;

Türker Tuğsal, "The Effects of Socio-Demographic Factors and Work-Life Balance on Employees' Emotional Exhaustion," *Journal of Human Sciences* 14, no. 1 (2017): 653–65.

22. Christina Maslach, Wilmar B. Schaufeli, and Michael P. Leiter, "Job Burnout," *Annual Review of Psychology* 52, no. 1 (2001): 397–422.

23. Kim Engler, Katherine Frohlich, Francine Descarries, and Mylène Fernet, "Single, Childless Working Women's Construction of Wellbeing: On Balance, Being Dynamic and Tensions between Them," *Work* 40, no. 2 (2011): 173–86.

24. Jeffrey H. Greenhaus and Nicholas J. Beutell, "Sources of Conflict between Work and Family Roles," *Academy of Management Review* 10, no. 1 (1985): 76–88; Jean M. Twenge and Laura A. King, "A Good Life Is a Personal Life: Relationship Fulfillment and Work Fulfillment in Judgments of Life Quality," *Journal of Research in Personality* 39, no. 3 (2005): 336–53; Jean M. Twenge, W. Keith Campbell, and Craig A. Foster, "Parenthood and Marital Satisfaction: A Meta-analytic Review," *Journal of Marriage and Family* 65, no. 3 (2003): 574–83.

25. Bella M. DePaulo, *Singled Out: How Singles Are Stereotyped, Stigmatized, and Ignored, and Still Live Happily Ever After* (New York: St. Martin's Griffin, 2007).

26. Jeanne Brett Herman and Karen Kuczynski Gyllstrom, "Working Men and Women: Inter- and Intra-Role Conflict," *Psychology of Women Quarterly* 1, no. 4 (1977): 319–33.

27. Wendy J. Casper and Bella DePaulo, "A New Layer to Inclusion: Creating Singles-Friendly Work Environments," in *Work and Quality of Life: Ethical Practices in Organizations,* ed. Nora P. Reilly, M. Joseph Sirgy, and C. Allen Gorman (Dordrecht: Springer, 2012), 217–34.

28. Elizabeth A. Hamilton, Judith R. Gordon, and Karen S. Whelan-Berry, "Understanding the Work-Life Conflict of Never-Married Women without Children," *Women in Management Review* 21, no. 5 (2006): 393–415.

29. Jessica Keeney, Elizabeth M. Boyd, Ruchi Sinha, Alyssa F. Westring, and Ann Marie Ryan, "From 'Work-Family' to 'Work-Life': Broadening Our Conceptualization and Measurement," *Journal of Vocational Behavior* 82, no. 3 (2013): 221–37.

30. Naomi Gerstel and Natalia Sarkisian, "Marriage: The Good, the Bad, and the Greedy," *Contexts* 5, no. 4 (2006): 16–21.

31. Martha R. Crowther, Michael W. Parker, W. Andrew Achenbaum, Walter L. Larimore, and Harold G. Koenig, "Rowe and Kahn's Model of Successful Aging Revisited Positive Spirituality—the Forgotten Factor," *The Gerontologist* 42, no. 5 (2002): 613–20; Dawood Ghaderi, "The Survey of

Relationship between Religious Orientation and Happiness among the Elderly Man and Woman in Tehran," *Iranian Journal of Ageing* 5, no. 4 (2011): 64–71; Jeff Levin, "Religion and Happiness among Israeli Jews: Findings from the ISSP Religion III Survey," *Journal of Happiness Studies* 15, no. 3 (2014): 593–611; Sombat Tapanya, Richard Nicki, and Ousa Jarusawad, "Worry and Intrinsic/Extrinsic Religious Orientation among Buddhist (Thai) and Christian (Canadian) Elderly Persons," *International Journal of Aging and Human Development* 44, no. 1 (1997): 73–83.

32. Mirella Di Benedetto and Michael Swadling, "Burnout in Australian Psychologists: Correlations with Work-Setting, Mindfulness and Self-Care Behaviours," *Psychology, Health & Medicine* 19, no. 6 (2014): 705–15; Ute R. Hülsheger, Hugo J. E. M. Alberts, Alina Feinholdt, and Jonas W. B. Lang, "Benefits of Mindfulness at Work: The Role of Mindfulness in Emotion Regulation, Emotional Exhaustion, and Job Satisfaction," *Journal of Applied Psychology* 98, no. 2 (2013): 310.

33. Abolfazl Rahimi, Monireh Anoosheh, Fazlollah Ahmadi, and Mahshid Foroughan, "Exploring Spirituality in Iranian Healthy Elderly People: A Qualitative Content Analysis," *Iranian Journal of Nursing and Midwifery Research* 18, no. 2 (2013): 163–70.

34. Daryoush Ghasemian, Atefeh Zebarjadi Kuzehkanan, and Ramezan Hassanzadeh, "Effectiveness of MBCT on Decreased Anxiety and Depression among Divorced Women Living in Tehran, Iran," *Journal of Novel Applied Sciences* 3, no. 3 (2014): 256–59; John D. Teasdale, Zindel V. Segal, J. Mark G. Williams, Valerie A. Ridgeway, Judith M. Soulsby, and Mark A. Lau, "Prevention of Relapse/Recurrence in Major Depression by Mindfulness-Based Cognitive Therapy," *Journal of Consulting and Clinical Psychology* 68, no. 4 (2000): 615–23.

35. Yoo Sun Moon and Do Hoon Kim, "Association between Religiosity/Spirituality and Quality of Life or Depression among Living-Alone Elderly in a South Korean City," *Asia-Pacific Psychiatry* 5, no. 4 (2013): 293–300.

36. P. Udhayakumar and P. Ilango, "Spirituality, Stress and Wellbeing among the Elderly Practicing Spirituality," *Samaja Karyada Hejjegalu* 2, no. 10 (2012): 37–42.

37. Christena Cleveland, "Singled Out: How Churches Can Embrace Unmarried Adults," *Christena Cleveland* (blog), December 2, 2013, www.christenacleveland.com/blogarchive/2013/12/singled-out.

38. Gill Seyfang, "Growing Cohesive Communities One Favour at a Time: Social Exclusion, Active Citizenship and Time Banks," *International Journal of Urban and Regional Research* 27, no. 3 (2003): 699–706.

39. Anna, "Only the Lonely?" *Not Your Stereotypical Thirtysomething Woman* (blog), September 2, 2012, http://livingaloneinyourthirties.blogspot.com/2012/09/.

40. Shelley Budgeon and Sasha Roseneil, "Editors' Introduction: Beyond the Conventional Family," *Current Sociology* 52, no. 2 (2004): 127–34.

41. Debra A. Major and Lisa M. Germano, "The Changing Nature of Work and Its Impact on the Work-Home Interface," in *Work-Life Balance: A Psychological Perspective,* ed. Fiona Jones, Ronald J. Burke, and Mina Westman (New York: Taylor & Francis, 2006).

42. Frederick Cornwallis Conybeare, *Philostratus: The Life of Apollonius of Tyana* (Cambridge, MA: Harvard University Press, 1912).

第七章

1. Michael Goddard, "Historicizing Edai Siabo: A Contemporary Argument about the Pre-colonial Past among the Motu-Koita of Papua New Guinea," *Oceania* 81, no. 3 (2011): 280–96.

2. Helen V. Milner, *Resisting Protectionism: Global Industries and the Politics of International Trade* (Princeton, NJ: Princeton University Press, 1988).

3. Xuanning Fu and Tim B. Heaton, "A Cross-national Analysis of Family and Household Structure," *International Journal of Sociology of the Family* 25, no. 2 (1995): 1–32.

4. Susan R. Orden and Norman M. Bradburn, "Dimensions of Marriage Happiness," *American Journal of Sociology* 73, no. 6 (1968): 715–31.

5. Christopher J. Einolf and Deborah Philbrick, "Generous or Greedy Marriage? A Longitudinal Study of Volunteering and Charitable Giving," *Journal of Marriage and Family* 76, no. 3 (2014): 573–86; Naomi Gerstel and Natalia Sarkisian, "Marriage: The Good, the Bad, and the Greedy," *Contexts* 5, no. 4 (2006): 16–21.

6. Rhonda McEwen and Barry Wellman, "Relationships, Community, and Networked Individuals," in *The Immersive Internet: Reflections on the Entangling of the Virtual with Society, Politics and the Economy,* ed. R. Teigland and D. Power (London: Palgrave Macmillan, 2013), pp. 168–79; Barry Wellman, "Networked Individualism: How the Personalized Internet, Ubiquitous Connectivity, and the Turn to Social Networks Can Affect Learning Analytics," in *Proceedings of the Second International Conference on Learning Analytics and Knowledge* (New York: ACM, 2012), 1.

7. Shelley Budgeon, "Friendship and Formations of Sociality in Late Modernity: The Challenge of 'Post-traditional Intimacy,'" *Sociological Research Online* 11, no. 3 (2006): 1–11.

8. William James, *The Varieties of Religious Experience* (Cambridge, MA: Harvard University Press, 1985); Carl Gustav Jung, *The Archetypes and the Collective Unconscious,* trans. R.F.C. Hull (London: Routledge, 1959).

9. Hiromi Taniguchi, "Interpersonal Mattering in Friendship as a Predictor of Happiness in Japan: The Case of Tokyoites," *Journal of Happiness Studies* 16, no. 6 (2015): 1475–91.

10. Julia Hahmann, "Friendship Repertoires and Care Arrangement," *International Journal of Aging and Human Development* 84, no. 2 (2017): 180–206.

11. Masako Ishii-Kuntz, "Social Interaction and Psychological Well-Being: Comparison across Stages of Adulthood," *International Journal of Aging and Human Development* 30, no. 1 (1990): 15–36.

12. Bella DePaulo, *How We Live Now: Redefining Home and Family in the 21st Century* (Hillsboro, OR: Atria Books, 2015).

13. Joanne Kersh, Laura Corona, and Gary Siperstein, "Social Well-Being and Friendship of People with Intellectual Disability," in *The Oxford Handbook of Positive Psychology and Disability* (Oxford: Oxford University, 2013), pp. 60–81.

14. Lynne M. Casper and Philip N. Cohen, "How Does Posslq Measure Up? Historical Estimates of Cohabitation," *Demography* 37, no. 2 (2000): 237–45.

15. Natascha Gruver, "Civil Friendship: A Proposal for Legal Bonds Based on Friendship and Care," in *Conceptualizing Friendship in Time and Place,* ed. Carla Risseeuw and Marlein van Raalte (Leiden, Netherlands: Brill, 2017), 285–302.

16. Paul R. Brewer, "Public Opinion about Gay Rights and Gay Marriage," *International Journal of Public Opinion Research* 26, no. 3 (2014): 279–82; Ben Clements and Clive D. Field, "Public Opinion toward Homosexuality and Gay Rights in Great Britain," *Public Opinion Quarterly* 78, no. 2 (2014): 523–47.

17. Carla Risseeuw and Marlein van Raalte, *Conceptualizing Friendship in Time and Place* (Leiden, Netherlands: Brill, 2017).

18. *Times of India,* "Friendship Day 2017: Everything You Want to Know about Friendship Day," updated August 4, 2017, https://timesofindia.indiatimes.com/life-style/events/when-is-friendship-day-2017-everything-you-wanted-to-know-about-it/articleshow/59877813.cms.

19. United Nations General Assembly, Sixty-fifth session, Agenda item 15, "Culture of Peace," April 27, 2011.

20. Mark Zuckerberg, "Celebrating Friends Day at Facebook HQ," Facebook, February 4, 2016, www.facebook.com/zuck/videos/vb.4/10102634961507811.

21. See, for example, Cara McGoogan, "'Happy Friends Day': Why Has Facebook Made Up This Weird Holiday?" February 2, 2017, *The Telegraph,*

www.telegraph.co.uk/technology/2017/02/02/happy-friends-day-has-facebook-made-weird-holiday/.

22. Michelle Ruiz, "Why You Should Celebrate Your Friendiversary," *Cosmopolitan,* February 6, 2014.

23. Robert E. Lane, "The Road Not Taken: Friendship, Consumerism, and Happiness," *Critical Review* 8, no. 4 (1994): 521–54.

24. Tanya Finchum and Joseph A. Weber, "Applying Continuity Theory to Older Adult Friendships," *Journal of Aging and Identity* 5, no. 3 (2000): 159–68.

25. Yohanan Eshel, Ruth Sharabany, and Udi Friedman, "Friends, Lovers and Spouses: Intimacy in Young Adults," *British Journal of Social Psychology* 37, no. 1 (1998): 41–57.

26. Mary E. Procidano and Kenneth Heller, "Measures of Perceived Social Support from Friends and from Family: Three Validation Studies," *American Journal of Community Psychology* 11, no. 1 (1983): 1–24.

27. Jean M. Twenge, Ryne A. Sherman, and Brooke E. Wells, "Changes in American Adults' Sexual Behavior and Attitudes, 1972–2012," *Archives of Sexual Behavior* 44, no. 8 (2015): 2273–85.

28. Marla E. Eisenberg, Diann M. Ackard, Michael D. Resnick, and Dianne Neumark-Sztainer, "Casual Sex and Psychological Health among Young Adults: Is Having 'Friends with Benefits' Emotionally Damaging?" *Perspectives on Sexual and Reproductive Health* 41, no. 4 (2009): 231–37.

29. Jacqueline Woerner and Antonia Abbey, "Positive Feelings after Casual Sex: The Role of Gender and Traditional Gender-Role Beliefs," *Journal of Sex Research* 54, no. 6 (2017): 717–27.

30. Andreas Henriksson, *Organising Intimacy: Exploring Heterosexual Singledoms at Swedish Singles Activities* (Karlstad, Sweden: Karlstad University, 2014).

31. Eric Klinenberg, *Going Solo: The Extraordinary Rise and Surprising Appeal of Living Alone* (New York: Penguin, 2012).

32. Bella DePaulo, "Creating a Community of Single People," *Single at Heart* (blog), PsychCentral, last updated July 10, 2015.

33. Karsten Strauss, "The 12 Best Cities for Singles," *Forbes,* February 3, 2016, www.forbes.com/sites/karstenstrauss/2016/02/03/the-12-best-cities-for-singles/#2315f7a01949.

34. Richie Bernardo, "2016's Best & Worst Cities for Singles," WalletHub, December 5, 2016, https://wallethub.com/edu/best-worst-cities-for-singles/9015/.

35. William B. Davidson and Patrick R. Cotter, "The Relationship between Sense of Community and Subjective Well-Being: A First Look," *Journal of Community Psychology* 19, no. 3 (1991): 246–53.

36. Seymour B. Sarason, *The Psychological Sense of Community: Prospects for a Community Psychology* (San Francisco, CA: Jossey-Bass, 1974).

37. Neharika Vohra and John Adair, "Life Satisfaction of Indian Immigrants in Canada," *Psychology and Developing Societies* 12, no. 2 (2000): 109–38.

38. Dawn Darlaston-Jones, "Psychological Sense of Community and Its Relevance to Well-Being and Everyday Life in Australia," *Australian Community Psychologist* 19, no. 2 (2007): 6–25.

39. Maria Isabel Hombrados-Mendieta, Luis Gomez-Jacinto, Juan Manuel Dominguez-Fuentes, and Patricia Garcia-Leiva, "Sense of Community and Satisfaction with Life among Immigrants and the Native Population," *Journal of Community Psychology* 41, no. 5 (2013): 601–14.

40. Irene Bloemraad, *Becoming a Citizen: Incorporating Immigrants and Refugees in the United States and Canada* (Berkeley, CA: University of California Press, 2006); R. D. Julian, A. S. Franklin, and B. S. Felmingham, *Home from Home: Refugees in Tasmania* (Canberra: Australian Government Publishing Services, 1997).

41. Lia Karsten, "Family Gentrifiers: Challenging the City as a Place Simultaneously to Build a Career and to Raise Children," *Urban Studies* 40, no. 12 (2003): 2573–84.

42. NYU Furman Center, *Compact Units: Demand and Challenges* (New York: New York University, 2014).

43. Claude S. Fischer, *To Dwell among Friends: Personal Networks in Town and City* (Chicago: University of Chicago Press, 1982).

44. Peteke Feijten and Maarten Van Ham, "Residential Mobility and Migration of the Divorced and Separated," *Demographic Research* 17 (2008): 623–53.

45. Caitlin McGee, Laura Wynne, and Steffen Lehmann, "Housing Innovation for Compact, Resilient Cities," in *Growing Compact: Urban Form, Density and Sustainability,* ed. Joo Hwa P. Bay and Steffen Lehmann (New York: Routledge, 2017).

46. Christopher Donald Yee, "Re-urbanizing Downtown Los Angeles: Micro Housing—Densifying the City's Core" (Master's thesis, University of Washington, 2013).

47. Emily Badger, "The Rise of Singles Will Change How We Live in Cities," *Washington Post,* April 21, 2015.

48. Andrea Sharam, Lyndall Elaine Bryant, and Thomas Alves, "Identifying the Financial Barriers to Deliberative, Affordable Apartment Development in Australia," *International Journal of Housing Markets and Analysis* 8, no. 4 (2015): 471–83.

49. Louise Crabtree, "Self-Organised Housing in Australia: Housing Diversity in an Age of Market Heat," *International Journal of Housing Policy,* 18, no. 1 (2016): 1–20.

50. Kiran Sidhu, "Why I'll Be Spending My Golden Years with My Golden Girls," *The Guardian,* August 26, 2017.

51. Sheila M. Peace and Caroline Holland, *Inclusive Housing in an Ageing Society: Innovative Approaches* (Bristol, UK: Policy Press, 2001).

52. Zeynep Toker, "New Housing for New Households: Comparing Cohousing and New Urbanist Developments with Women in Mind," *Journal of Architectural and Planning Research* 27, no. 4 (2010): 325–39.

53. Anne P. Glass, "Lessons Learned from a New Elder Cohousing Community," *Journal of Housing for the Elderly* 27, no. 4 (2013): 348–68.

54. Guy Nerdi, "Living in Communal Communities Has Become a Social and Real Estate Trend," *Globes,* February 2, 2018, www.globes.co.il/news/article.aspx?did=1001224953.

55. Maryann Wulff and Michele Lobo, "The New Gentrifiers: The Role of Households and Migration in Reshaping Melbourne's Core and Inner Suburbs," *Urban Policy and Research* 27, no. 3 (2009): 315–31.

56. Bernadette Hanlon, "Beyond Sprawl: Social Sustainability and Reinvestment in the Baltimore Suburbs," in *The New American Suburb: Poverty, Race, and the Economic Crisis,* ed. Katrin B. Anacker (New York: Routledge, 2015), pp. 133–52.

57. Maria L. Ruiu, "Differences between Cohousing and Gated Communities: A Literature Review," *Sociological Inquiry* 84, no. 2 (2014): 316–35.

58. Mike Davis, *Ecology of Fear: Los Angeles and the Imagination of Disaster* (New York: Henry Holt, 1998).

59. Guy Nerdi, "Living in Communal Communities Has Become a Social and Real Estate Trend," *Globes,* February 2, 2018, www.globes.co.il/news/article.aspx?did=1001224953.

60. Richard L. Florida, *The Flight of the Creative Class* (New York: Harper Business, 2005); Ann Markusen, "Urban Development and the Politics of a Creative Class: Evidence from a Study of Artists," *Environment and Planning A* 38, no. 10 (2006): 1921–40; Allen John Scott, "Beyond the Creative City: Cognitive-Cultural Capitalism and the New Urbanism," *Regional Studies* 48, no. 4 (2014): 565–78.

61. James Murdoch III, Carl Grodach, and Nicole Foster, "The Importance of Neighborhood Context in Arts-Led Development: Community Anchor or Creative Class Magnet?" *Journal of Planning Education and Research*

36, no. 1 (2016): 32–48; Gavin Shatkin, "Reinterpreting the Meaning of the 'Singapore Model': State Capitalism and Urban Planning," *International Journal of Urban and Regional Research* 38, no. 1 (2014): 116–37.

62. Ronald D. Michman, Edward M Mazze, and Alan James Greco, *Lifestyle Marketing: Reaching the New American Consumer* (Westport, CT: Greenwood, 2003).

63. Naveen Donthu and David I. Gilliland, "The Single Consumer," *Journal of Advertising Research* 42, no. 6 (2002): 77–84.

64. Bureau of Labor Statistics, "Consumer Expenditures in 2014," in *Consumer Expenditure Survey* (Washington, DC: US Bureau of Labor Statistics, 2016); Eric Klinenberg, *Going Solo: The Extraordinary Rise and Surprising Appeal of Living Alone* (New York: Penguin, 2012).

65. Olfa Bouhlel, Mohamed Nabil Mzoughi, and Safa Chaieb, "Singles: An Expanding Market," *Business Management Dynamics* 1, no. 3 (2011): 22–32.

66. Martin Klepek and Kateřina Matušínská, "Factors Influencing Marketing Communication Perception by Singles in Czech Republic," Working Paper in Interdisciplinary Economics and Business Research, no. 25, Silesian University in Opava, School of Business Administration in Karvina, December 2015, www.iivopf.cz/images/Working_papers/WPIEBRS_25_Klepek_Matusinska.pdf.

67. Eric Klinenberg, *Going Solo: The Extraordinary Rise and Surprising Appeal of Living Alone* (New York: Penguin, 2012).

68. Marie Buckley, Cathal Cowan, and Mary McCarthy, "The Convenience Food Market in Great Britain: Convenience Food Lifestyle (CFL) Segments," *Appetite* 49, no. 3 (2007): 600–617.

69. Sinead Furey, Heather McIlveen, Christopher Strugnell, and Gillian Armstrong, "Cooking Skills: A Diminishing Art?" *Nutrition & Food Science* 30, no. 5 (2000).

70. Isabel Ryan, Cathal Cowan, Mary McCarthy, and Catherine O'Sullivan, "Food-Related Lifestyle Segments in Ireland with a Convenience Orientation," *Journal of International Food & Agribusiness Marketing* 14, no. 4 (2004): 29–47.

71. Marie Marquis, "Exploring Convenience Orientation as a Food Motivation for College Students Living in Residence Halls," *International Journal of Consumer Studies* 29, no. 1 (2005): 55–63.

72. Stavri Chrysostomou, Sofia N. Andreou, and Alexandros Polycarpou, "Developing a Food Basket for Fulfilling Physical and Non-physical Needs in Cyprus: Is It Affordable?" *European Journal of Public Health* 27, no. 3 (2017): 553–58.

73. Erica Wilson and Donna E. Little, "The Solo Female Travel Experience: Exploring the 'Geography of Women's Fear,'" *Current Issues in Tourism* 11, no. 2 (2008): 167–86.

74. Erica Wilson and Donna E. Little, "A 'Relative Escape'? The Impact of Constraints on Women Who Travel Solo," *Tourism Review International* 9, no. 2 (2005): 155–75.

75. Christian Laesser, Pietro Beritelli, and Thomas Bieger, "Solo Travel: Explorative Insights from a Mature Market (Switzerland)," *Journal of Vacation Marketing* 15, no. 3 (2009): 217–27.

76. Freya Stark, *Baghdad Sketches* (Evanston, IL: Northwestern University Press, 1992).

77. Bella DePaulo, *How We Live Now: Redefining Home and Family in the 21st Century* (Hillsboro, OR: Atria Books, 2015).

78. Bella DePaulo, *Singled Out: How Singles Are Stereotyped, Stigmatized, and Ignored, and Still Live Happily Ever After* (New York: St. Martin's Griffin, 2007).

79. E.J. Schultz, "As Single Becomes New Norm, How to Market without Stigma," AdAge, October 11, 2010, http://adage.com/article/news/advertising-market-singles-stigma/146376/.

80. Michelle Markelz, "Why You Must Market to Single People This Valentine's Day," American Marketing Association, 2017, www.ama.org/publications/MarketingNews/Pages/how-to-market-to-single-people.aspx.

81. Lawrence H. Wortzel, "Young Adults: Single People and Single Person Households," *ACR North American Advances* 4, no. 1 (1977): 324–29.

82. Bella DePaulo, *How We Live Now: Redefining Home and Family in the 21st Century* (Hillsboro, OR: Atria Books, 2015).

83. Zygmunt Bauman, *Liquid Love: On the Frailty of Human Bonds* (Cambridge, UK: Polity Press, 2003).

84. Mitchell Hobbs, Stephen Owen, and Livia Gerber, "Liquid Love? Dating Apps, Sex, Relationships and the Digital Transformation of Intimacy," *Journal of Sociology* 53, no. 2 (2017): 271–84.

85. Valerie Francisco, "'The Internet Is Magic': Technology, Intimacy and Transnational Families," *Critical Sociology* 41, no. 1 (2015): 173–90.

86. Manolo Farci, Luca Rossi, Giovanni Boccia Artieri, and Fabio Giglietto, "Networked Intimacy: Intimacy and Friendship among Italian Facebook Users," *Information, Communication & Society* 20, no. 5 (2017): 784–801.

87. Clément Chastagnol, Céline Clavel, Matthieu Courgeon, and Laurence Devillers, "Designing an Emotion Detection System for a Socially Intelligent Human-Robot Interaction," in *Natural Interaction with Robots,*

Knowbots and Smartphones, ed. J. Mariani, S. Rosset, M. Garnier-Rizet, and L. Devillers (New York: Springer, 2014), pp. 199–211; Kerstin Dautenhahn, "Socially Intelligent Robots: Dimensions of Human-Robot Interaction," *Philosophical Transactions of the Royal Society of London B: Biological Sciences* 362, no. 1480 (2007): 679–704.

88. Sarah M. Rabbitt, Alan E. Kazdin, and Brian Scassellati, "Integrating Socially Assistive Robotics into Mental Healthcare Interventions: Applications and Recommendations for Expanded Use," *Clinical Psychology Review* 35 (2015): 35–46.

89. Mark Hay, "Why Robots Are the Future of Elder Care," *GOOD,* June 24, 2015; United States Patent: [Shinichi] Oonaka, "Child-Care Robot and a Method of Controlling the Robot," February 19, 2013, https://patents.google.com/patent/US8376803B2/en; Fumihide Tanaka and Takeshi Kimura, "Care-Receiving Robot as a Tool of Teachers in Child Education," *Interaction Studies* 11, no. 2 (2010): 263.

90. Interestingly, the rise of robot companionship, whether friendly, romantic, sexual, or otherwise, was preceded by the popularity of dolls. Research shows two reasons why dolls became popular in past centuries. First, they filled the need for intersubjective relations. Second, "ownership" of the dolls allows users to combine pleasure and control in a low-risk fashion. In fact, the use of manufactured dolls for sexual purposes can be traced back to early-twentieth-century Europe, where men turned to dolls for comfort. Although the focus here is mainly men with dolls, women are also recorded as forming emotional ties with dolls and mannequins. Today, however, robots are perceived, and function, more positively and constructively. See Anthony Ferguson, *The Sex Doll: A History* (Jefferson, NC: McFarland, 2010); Heidi J. Nast, "Into the Arms of Dolls: Japan's Declining Fertility Rates, the 1990s Financial Crisis and the (Maternal) Comforts of the Posthuman," *Social & Cultural Geography* 18, no. 6 (2017): 758–85; and Alexander F. Robertson, *Life Like Dolls: The Collector Doll Phenomenon and the Lives of the Women Who Love Them* (London: Routledge, 2004).

91. Benjamin Haas, "Chinese Man 'Marries' Robot He Built Himself," *The Guardian,* April 4, 2017.

92. Ronan O'Connell, "World's First Artificially Intelligent Sex Dolls," *News.com.au*, October 14, 2017, www.news.com.au/lifestyle/relationships/sex/worlds-first-artificially-intelligent-sex-dolls/news-story/755a409e8b16685b562eb7987953824c; Rupert Wingfield-Hayes, "Meeting the Pioneers of Japan's Coming Robot Revolution," *BBC News,* September 17, 2015, www.bbc.com/news/world-asia-pacific-34272425.

93. Jennifer Robertson, "Robo Sapiens Japanicus: Humanoid Robots and the Posthuman Family," *Critical Asian Studies* 39, no. 3 (2007): 369–98.

94. Innovation 25 Strategy Council, *Innovation 25 Interim Report* (Tokyo: Government of Japan, 2007).

95. Jennifer Robertson, "Human Rights vs. Robot Rights: Forecasts from Japan," *Critical Asian Studies* 46, no. 4 (2014): 571–98.

96. Rupert Wingfield-Hayes, "Meeting the Pioneers of Japan's Coming Robot Revolution," *BBC News*, September 17, 2015, www.bbc.com/news/world-asia-pacific-34272425.

97. Jen Mills, "Sex Robot Breaks on First Public Outing after Being Groped by Mob," *Metro*, October 15, 2017, http://metro.co.uk/2017/10/15/sex-robot-breaks-on-first-public-outing-after-being-groped-by-mob-7001144/.

98. David Levy, *Love and Sex with Robots: The Evolution of Human-Robot Relationships* (New York: HarperCollins, 2007).

99. Adrian David Cheok, David Levy, Kasun Karunanayaka, and Yukihiro Morisawa, "Love and Sex with Robots," in *Handbook of Digital Games and Entertainment Technologies*, ed. Ryohei Nakatsu, Matthias Rauterberg, and Paolo Ciancarini (Singapore: Springer, 2017), pp. 833–58.

100. Gianmarco Veruggio, Fiorella Operto, and George Bekey, "Roboethics: Social and Ethical Implications," in *Springer Handbook of Robotics*, ed. Bruno Siciliano and Oussama Khatib (Heidelberg: Springer, 2016), pp. 2135–60.

101. Elizabeth Broadbent, "Interactions with Robots: The Truths We Reveal about Ourselves," *Annual Review of Psychology* 68 (2017): 627–52.

102. Jennifer Robertson, "Robo Sapiens Japanicus: Humanoid Robots and the Posthuman Family," *Critical Asian Studies* 39, no. 3 (2007): 369–98.

103. Francesco Ferrari, Maria Paola Paladino, and Jolanda Jetten, "Blurring Human-Machine Distinctions: Anthropomorphic Appearance in Social Robots as a Threat to Human Distinctiveness," *International Journal of Social Robotics* 8, no. 2 (2016): 287–302.

104. David Levy, *Love and Sex with Robots: The Evolution of Human-Robot Relationships* (New York: HarperCollins, 2007).

105. Mark Goldfeder and Yosef Razin, "Robotic Marriage and the Law," *Journal of Law and Social Deviance* 10 (2015): 137–76.

106. Maartje Margaretha Allegonda de Graaf, "Living with Robots: Investigating the User Acceptance of Social Robots in Domestic Environments" (PhD diss., Universiteit Twente, 2015), p. 574.

107. Maartje Margaretha Allegonda de Graaf, Somaya Ben Allouch, and Jan A. G. M. Van Dijk, "Long-Term Acceptance of Social Robots in Domestic

Environments: Insights from a User's Perspective" (paper presented to the AAAI 2016 Spring Symposium on "Enabling Computing Research in Socially Intelligent Human-Robot Interaction: A Community-Driven Modular Research Platform, Palo Alto, CA, March 21, 2016).

108. Ray Kurzweil, "The Singularity Is Near," in *Ethics and Emerging Technologies*, ed. Ronald L. Sandler (London: Palgrave Macmillan, 2016), p. 393.

109. Grace A. Martin, "For the Love of Robots: Posthumanism in Latin American Science Fiction between 1960–1999" (PhD diss., University of Kentucky, 2015).

110. Chris Mack, "The Multiple Lives of Moore's Law," *IEEE Spectrum* 52, no. 4 (2015): 31–37.

111. Christopher L. Magee and Tessaleno C. Devezas, "How Many Singularities Are Near and How Will They Disrupt Human History?" *Technological Forecasting and Social Change* 78, no. 8 (2011): 1365–78.

结 论

1. H. Chun and I. Lee, "Why Do Married Men Earn More: Productivity or Marriage Selection?" *Economic Inquiry* 39, no. 2 (2001): 307–19; Willy Pedersen and Morten Blekesaune, "Sexual Satisfaction in Young Adulthood Cohabitation, Committed Dating or Unattached Life?" *Acta Sociologica* 46, no. 3 (2003): 179–93; Steven Stack and J. Ross Eshleman, "Marital Status and Happiness: A 17-Nation Study," *Journal of Marriage and the Family*, 60, no. 2 (1998): 527–36.

2. Deborah Carr and Kristen W. Springer, "Advances in Families and Health Research in the 21st Century," *Journal of Marriage and Family* 72, no. 3 (2010): 743–61.

3. John F. Helliwell, Richard Layard, and Jeffrey Sachs, *World Happiness Report 2015* (New York: Sustainable Development Solutions Network, 2015); Adam Okulicz-Kozaryn, Zahir Irani, and Zahir Irani, "Happiness Research for Public Policy and Administration," *Transforming Government: People, Process and Policy* 10, no. 2 (2016); Gus O'Donnell, Angus Deaton, Martine Durand, David Halpern, and Richard Layard, *Wellbeing and Policy* (London: Legatum Institute, 2014); Joseph E. Stiglitz, Amartya Sen, and Jean-Paul Fitoussi, *Report by the Commission on the Measurement of Economic Performance and Social Progress* (Paris: Commission on the Measurement of Economic Performance and Social Progress, 2010).

4. John F. Helliwell and Haifang Huang, "How's Your Government? International Evidence Linking Good Government and Well-Being," *British Jour-*

nal of Political Science 38, no. 4 (2008): 595–619; John F. Helliwell, Haifang Huang, Shawn Grover, and Shun Wang, "Good Governance and National Well-Being: What Are the Linkages?" (OECD Working Papers on Public Governance, No. 25, OECD Publishing), http://dx.doi.org/10.1787/5jxv9f651hvj-en.

5. Bella DePaulo, "Single in a Society Preoccupied with Couples," in *Handbook of Solitude: Psychological Perspectives on Social Isolation, Social Withdrawal, and Being Alone,* ed. Robert J. Coplan and Julie C. Bowker (New York: John Wiley, 2014), 302–16.

6. Simon Abbott, "Race Studies in Britain," *Social Science Information* 10, no. 1 (1971): 91–101; Jayne E. Stake, "Pedagogy and Student Change in the Women's and Gender Studies Classroom," *Gender and Education* 18, no. 2 (2006): 199–212.

7. Eurostat, *Marriage and Divorce Statistics* (Luxembourg: European Commission, 2017); Wendy Wang and Kim C. Parker, *Record Share of Americans Have Never Married: As Values, Economics and Gender Patterns Change* (Washington, DC: Pew Research Center, 2014).

8. Linda Abbit, "Urban Cohousing the Babayaga Way," *Senior Planet,* March 6, 2016, https://seniorplanet.org/senior-housing-alternatives-urban-cohousing-the-babayaga-way/.

9. Jane Gross, "Older Women Team Up to Face Future Together," *New York Times,* February 27, 2004, www.nytimes.com/2004/02/27/us/older-women-team-up-to-face-future-together.html.

10. Yagana Shah, "'Airbnb for Seniors' Helps Link Travelers with Like-Minded Hosts," *Huffington Post,* June 1, 2016, www.huffingtonpost.com/entry/airbnb-for-seniors-helps-link-travelers-with-like-minded-hosts_us_57487aa1e4b0dacf7ad4c130.

11. Jenny Gierveld, Pearl A. Dykstra, and Niels Schenk, "Living Arrangements, Intergenerational Support Types and Older Adult Loneliness in Eastern and Western Europe," *Demographic Research* 27, no. 2 (2012): 167.

12. Bella DePaulo, Rachel F. Moran, and E. Kay Trimberger, "Make Room for Singles in Teaching and Research," *Chronicle of Higher Education* 54, no. 5 (2007): 44.

13. Bella DePaulo, "The Urgent Need for a Singles Studies Discipline," *Signs: Journal of Women in Culture and Society* 42, no. 4 (2017): 1015–19.